파이썬 머신러닝 실무 테크닉 100

**Python JISSEN KIKAI GAKUSHU SYSTEM
HYAPPON NOKKU by Terumasa Shimoyama,
Takayuki Miki, Junji Ito**

파이썬 머신러닝 실무 테크닉 100

1쇄 발행 2021년 12월 14일

지은이 시모야마 데루마사, 미키 다카유키, 이토 준지
옮긴이 김모세
펴낸이 장성두
펴낸곳 주식회사 제이펍

출판신고 2009년 11월 10일 제406-2009-000087호
주소 경기도 파주시 회동길 159 3층 3-B호 / **전화** 070-8201-9010 / **팩스** 02-6280-0405
홈페이지 www.jpub.kr / **원고투고** submit@jpub.kr / **독자문의** help@jpub.kr / **교재문의** textbook@jpub.kr

편집부 김정준, 이민숙, 최병찬, 이주원, 송영화
소통기획부 이상복, 송찬수, 배인혜 / **소통지원부** 민지환, 김수연 / **총무부** 김유미

진행 이주원 / **교정·교열** 이미연 / **내지디자인** 이민숙 / **내지편집** 북아이 / **표지디자인** 미디어픽스
용지 에스에이치페이퍼 / **인쇄** 한승문화사 / **제본** 일진제책사

ISBN 979-11-91600-43-8 (93000)
값 25,000원

제이펍은 독자 여러분의 아이디어와 원고 투고를 기다리고 있습니다. 책으로 펴내고자 하는 아이디어나 원고가 있는
분께서는 책의 간단한 개요와 차례, 구성과 저(역)자 약력 등을 메일(submit@jpub.kr)로 보내 주세요.

파이썬 머신러닝 실무 테크닉 100

시모야마 데루마사, 미키 다카유키, 이토 준지 지음 / 김모세 옮김

제이펍

차례

옮긴이 머리말   x
들어가며   xii
이 책의 효과적인 활용법   xv
베타리더 후기   xvii

PART I 데이터 분석 시스템

CHAPTER 01 분석 준비를 위한 테크닉 10   3

테크닉 1   데이터를 모두 로딩하자 ⋯⋯⋯⋯⋯⋯⋯⋯⋯ 5
테크닉 2   데이터를 유니온(결합)하자 ⋯⋯⋯⋯⋯⋯⋯ 9
테크닉 3   폴더 안에 있는 파일을 확인하자 ⋯⋯⋯⋯ 11
테크닉 4   여러 데이터를 유니온(결합)하자 ⋯⋯⋯⋯ 13
테크닉 5   데이터 통계량을 확인하자 ⋯⋯⋯⋯⋯⋯⋯ 16
테크닉 6   불필요한 데이터를 제거하자 ⋯⋯⋯⋯⋯⋯ 18
테크닉 7   마스터 데이터를 조인(결합)하자 ⋯⋯⋯⋯ 20
테크닉 8   마스터가 존재하지 않는 코드에 이름을 설정하자 ⋯⋯ 21
테크닉 9   분석 기초 테이블을 파일에 저장하자 ⋯⋯ 24
테크닉 10   셀을 사용하기 쉽게 정리하자 ⋯⋯⋯⋯⋯ 25

CHAPTER 02 데이터를 시각화하고 분석하기 위한 테크닉 10   28

테크닉 11   데이터를 로딩하고 불필요한 항목을 제외하자 ⋯⋯ 29
테크닉 12   데이터 전체 이미지를 파악하자 ⋯⋯⋯⋯ 32
테크닉 13   월별 매출을 집계하자 ⋯⋯⋯⋯⋯⋯⋯⋯⋯ 34
테크닉 14   월별 추이를 시각화하자 ⋯⋯⋯⋯⋯⋯⋯⋯ 37
테크닉 15   매출로부터 히스토그램을 만들자 ⋯⋯⋯⋯ 39
테크닉 16   시/도/군/구별 매출을 집계해서 시각화하자 ⋯⋯ 41
테크닉 17   클러스터링을 위해 데이터를 가공하자 ⋯⋯ 43

테크닉 18 클러스터링을 이용해 매장을 그룹화하자 ················· 45

테크닉 19 그룹의 경향을 분석하자 ································· 47

테크닉 20 클러스터링 결과를 t-SNE로 시각화하자 ················· 48

CHAPTER 03 **시각화 구조를 구축하기 위한 테크닉 10** 51

테크닉 21 매장을 필터링해서 시각화하자 ····················· 53

테크닉 22 여러 매장의 상세 정보를 시각화하자 ················· 58

테크닉 23 슬라이드바를 이용해 주문 건수를 조사하자 ··········· 61

테크닉 24 토글 버튼을 이용해 지역 데이터를 추출하자 ··········· 63

테크닉 25 날짜를 지정해 데이터를 추출하자 ··················· 66

테크닉 26 스토리를 생각해서 데이터를 구축하자 ··············· 69

테크닉 27 주문 취소 이유를 분석하자 ······················· 75

테크닉 28 가설을 검증하자 ····························· 76

테크닉 29 스토리를 기반으로 부속과 데이터를 조합해 대시보드를 만들자 80

테크닉 30 대시보드를 개선하자 ························· 87

CHAPTER 04 **보고 구조를 만들기 위한 테크닉 10** 91

테크닉 31 특정 매장의 매출을 엑셀로 출력하자 ··············· 93

테크닉 32 엑셀 테이블을 정리해 출력하자 ··················· 99

테크닉 33 매출 이외의 데이터도 출력하자 ··················· 101

테크닉 34 문제가 있는 위치를 빨간색으로 출력하자 ··········· 104

테크닉 35 엑셀의 셀 함수를 이용해 일 단위로 집계하자 ········· 105

테크닉 36 꺾은선 그래프로 출력하자 ····················· 107

테크닉 37 보고서용 데이터를 준비하자 ··················· 109

테크닉 38 데이터시트에 필요한 데이터를 출력하자 ··········· 113

테크닉 39 요약 시트를 만들자 ······················· 116

테크닉 40 매장별 보고서를 엑셀로 출력하자 ··············· 121

CHAPTER 05	분석 시스템을 구축하기 위한 테크닉 10	123

테크닉 41	기본 폴더를 만들자	125
테크닉 42	입력 데이터 확인 구조를 만들자	127
테크닉 43	보고서(본부용) 작성 처리를 함수화하자	132
테크닉 44	보고서(매장용) 작성 처리를 함수화하자	136
테크닉 45	함수를 실행하고 동작을 확인하자	141
테크닉 46	데이터 업데이트에 대응해 폴더를 만들자	143
테크닉 47	시/도/군/구별로 폴더를 만들고 데이터를 출력하자	144
테크닉 48	지난달 데이터를 동적으로 로딩하자	146
테크닉 49	과거 데이터와 비교하자	152
테크닉 50	화면에서 실행할 수 있게 하자	154

PART II 머신러닝 시스템

CHAPTER 06	머신러닝용 데이터를 가공하기 위한 테크닉 10	161

테크닉 51	데이터 가공을 위한 밑준비를 하자	162
테크닉 52	데이터를 로딩하고 데이터 가공 방향성을 검토하자	164
테크닉 53	1개월분 데이터로 기본적인 가공을 하자	166
테크닉 54	머신러닝용 변수를 만들자	168
테크닉 55	매장 단위로 집계해서 변수를 만들자	170
테크닉 56	데이터 가공과 매장별 집계를 함수로 실행하자	173
테크닉 57	모든 데이터를 로딩하고 데이터를 가공하자	176
테크닉 58	목적 변수를 만들자	178
테크닉 59	설명 변수와 목적 변수를 연결해 머신러닝용 데이터를 완성하자	181
테크닉 60	머신러닝용 데이터를 확인하고 출력하자	182

CHAPTER 07	머신러닝 모델을 구현하기 위한 테크닉 10	185

| 테크닉 61 | 폴더를 만들고 머신러닝용 데이터를 저장하자 | 186 |
| 테크닉 62 | 범주형 변수에 대응하자 | 187 |

테크닉 63	학습 데이터와 테스트 데이터를 나누자	189
테크닉 64	모델 하나를 구현하자	190
테크닉 65	모델을 평가하자	192
테크닉 66	모델의 중요도를 확인해 보자	196
테크닉 67	모델 구현부터 평가까지의 과정을 함수화하자	197
테크닉 68	모델 파일과 평가 결과를 출력하자	199
테크닉 69	알고리즘을 확장해 다각적으로 평가하자	200
테크닉 70	평일/휴일 모델을 한 번에 실행하자	203

CHAPTER 08 머신러닝 모델로 새로운 데이터를 예측하기 위한 테크닉 10 208

테크닉 71	폴더를 만들고 데이터 로딩을 준비하자	209
테크닉 72	예측할 신규 데이터를 로딩하자	210
테크닉 73	신규 데이터를 매장별로 집계하자	212
테크닉 74	신규 데이터의 범주형 변수에 대응하자	215
테크닉 75	모델 투입 직전의 형식으로 정리하자	216
테크닉 76	모델 파일을 로딩하자	217
테크닉 77	신규 데이터를 예측하자	218
테크닉 78	예측 결과를 히트맵으로 그리자	220
테크닉 79	실적 데이터를 만들자	222
테크닉 80	현장용 보고서를 만들어 출력하자	223

CHAPTER 09 소규모 머신러닝 시스템을 만들기 위한 테크닉 10 226

테크닉 81	폴더를 만들고 초기 변수를 정의하자	227
테크닉 82	신규 데이터를 로딩하고 매장별 데이터를 만들자	231
테크닉 83	월별 매장 데이터를 업데이트하자	235
테크닉 84	머신러닝용 데이터를 만들고 업데이트하자	236
테크닉 85	머신러닝 모델용 사전 데이터를 가공하자	239
테크닉 86	머신러닝 모델을 구현하고 평가하자	240
테크닉 87	신규 데이터 예측을 위한 밑준비를 하자	244
테크닉 88	신규 데이터를 예측하자	245

| 테크닉 89 | 현장용 보고서를 만들고 출력하자 | 246 |
| 테크닉 90 | 머신러닝 모델의 정밀도 추이를 시각화하자 | 249 |

CHAPTER 10 머신러닝 시스템 대시보드를 만들기 위한 테크닉 10   252

테크닉 91	단일 데이터를 로딩하자	253
테크닉 92	업데이트 데이터를 로딩해 매장별 데이터를 만들자	255
테크닉 93	머신러닝 모델의 중요 변수 데이터를 로딩하고 결합하자	256
테크닉 94	머신러닝 모델의 예측 결과를 로딩하고 결합하자	257
테크닉 95	머신러닝 모델용 사전 데이터를 가공하자	259
테크닉 96	매장 분석용 대시보드를 만들자	261
테크닉 97	머신러닝 모델의 정밀도 평가 대시보드를 만들자	264
테크닉 98	머신러닝 모델의 혼동 행렬 대시보드를 만들자	266
테크닉 99	머신러닝 모델의 변수 중요도 분석 대시보드를 만들자	269
테크닉 100	머신러닝 모델의 예측 결과를 시각화해서 검증하자	272

| 마치며 | 275 |
| 찾아보기 | 278 |

옮긴이 머리말

우리가 사는 세상은 그야말로 데이터로 가득한 세상입니다. 주위를 보면 데이터가 아닌 것이 없을 만큼, 저와 여러분 주위에는 수많은 데이터가 넘쳐납니다. 그리고 최근에는 이 데이터를 어떻게 활용하느냐가 개인의 성과는 물론이고 비즈니스 실적을 결정하는 큰 요인이 되었습니다.

우리가 데이터를 분석하는 이유는 무엇일까요? 바로 문제 해결입니다. 과거 사실을 통해 현재를 이해하고, 현재에 대한 이해를 바탕으로 미래를 예측하려 합니다. 그렇게 함으로써 예측한 미래에 적합한 행동을 결정하고, 행동 결과에서 얻은 피드백을 활용해 더 나은 시도를 하기 위함이지요. 이게 바로 문제 해결 과정입니다. 그러므로 반복적이고 지속적으로 시도하고 행동하려면 마찬가지로 반복적이고 지속적으로 데이터를 분석해야 합니다. 과거 데이터는 물론, 행동 결과로 얻은 데이터도 반복적으로 빠르게 분석할 수 있어야 합니다.

머신러닝의 기술적 배경이나 지식에 관해 설명하는 책은 많습니다. 이미지 분석, 텍스트 분석, 영상 분석, 얼굴 인식 등 기술적인 측면에서 접근하거나 학습하는 것은 매우 중요합니다. 그러나 우리에게 더 중요한 것은 어쩌면 순수한 기술이 아니라, 이 기술을 삶과 업무에 활용하는 방법일 것입니다. 즉, 분석 결과를 판단하고 적절하게 적용하는 능력이 더욱 중요하다는 의미입니다. 이 책은 비록 규모는 작지만, 머신러닝을 활용해 문제를 해결하기 위한 전체적인 과정을 다루고 있습니다. 문제 상황, 가설 수립, 데이터 전처리, 데이터 분석, 가설과의 비교, 문제점 파악, 보고서 작성, 솔루션 검토에 이르는 일련의 과정을 통해 단지 기술로서의 데이터 분석만이 아닌, 활용 수단으로서의 데이터 분석에 관해서도 학습할 수 있을 것입니다.

좋은 책을 번역할 기회를 주신 제이펍 장성두 대표님, 편집과 교정을 함께 해주신 이주원 과장님과 이미연 님께 감사드립니다. 또한, 베타리딩에 참여해 주신 분께도 깊이 감사드립니다. 덕분에 많은 분이 이 책을 더 쉽게 읽고 이해할 수 있게 되었습니다. 마지막으로, 출/퇴근 후 시간을 함께 보내지도 못하고 번역하는 동안 싫은 소리 한마디 없이 옆에서 든든히 지지해 준 아내와 세 아이에게 감사의 마음을 전합니다. 고맙습니다.

옮긴이 **김모세**

 들어가며

필요한 대책을 수립한다는 강한 의지,
지속적인 작은 성과를 거두기 위한 최소한의 구조화

웹에서 수많은 정보를 손쉽게 얻고 새로운 프로그래밍 언어를 간단히 학습할 수 있는 시대입니다. 기술 장벽은 크게 낮아졌고, 누구나 강한 의지와 PC 한 대만 가지고 있으면 엔지니어가 될 수 있는 시대가 왔습니다.

하지만 실무 현장에서의 기술 활용이나 대처 방법과 같은 노하우는 입문서로 공부하는 것만으로는 결코 익힐 수 없습니다. 이 책은 실무 현장을 가정한 100개의 테크닉을 익힘으로써, 현장의 시각으로 바라보고 현장에 적합한 형태로 기술을 응용할 수 있도록 구성했습니다. 데이터 가공을 시작으로 머신러닝은 물론 최적화 문제나 이미지 인식, 자연어 처리 등 폭넓은 기술을 실무 현장에서 끌어낼 수 있도록 설계했습니다. 이 책을 통해 사내외에서 데이터 분석이나 머신러닝 등의 데이터 활용 프로젝트를 새롭게 시작하는 분이나 기존의 프로젝트를 진행하는 분께 힘이 되면 좋겠습니다.

다양한 입문서로 기술을 습득해 현장에 투입되었는데 여러분의 분석 결과나 기술이 받아들여지지 않는다면 어떻게 될까요? 유감이지만 현장에서는 언제나 그런 일이 일어납니다. 그 이유는 무엇일까요? 현장에서 통용되기 위해서는 단지 기술뿐만 아니라 실제 환경에서의 운용 상황을 고려해 작은 성과를 지속해서 만들어 낼 수 있는 최소한 구조가 필요합니다. 이 구조를 통해 이를 활용하는 동료를 조금씩 늘리며 하나의 문화를 만들어 나가게 됩니다.

이 책에서는 실무 현장을 가정한 100개의 문제를 풀면서 작은 규모이지만 지속적인 데이터 분석과 머신러닝을 수행하는 구조를 구현합니다. 이 책만으로는 대규모 시스템이나 다양한 도구를 사용하게 할 수는 없지만, 데이터 활용 프로젝트를 시작하고 확실하게 정착

시키고자 첫걸음을 내딛는 데는 분명 도움이 될 것입니다.

이 책은 '데이터 분석 시스템'과 '머신러닝 시스템'의 두 부분으로 구성되었습니다. 1부에서는 데이터를 분석하고 그 결과를 대책으로 연결하기 위한 구조를 구현합니다. 데이터 가공을 시작으로, 탐색적으로 데이터를 시각화합니다. 그리고 데이터 시각화를 위한 대시보드를 만들고, 다양한 각도에서 분석할 수 있는 구조를 추가합니다. 이 과정에서 얻은 지식은 대책으로 연결할 수 있도록 엑셀 형식의 보고서로 표현해 봅시다. 마지막으로, 데이터를 지속해서 업데이트할 수 있도록 폴더 구조 등을 정리해 소규모 구조를 완성합니다. 2부에서는 머신러닝 모델을 구현하고 그 모델을 대책으로 연결하기 위한 구조를 구현합니다. 머신러닝을 위한 데이터 가공을 시작으로, 머신러닝 모델을 구현하고 평가합니다. 그런 후에 머신러닝의 예측 결과를 대책으로 연결하기 위해 보고서를 만들어 지속해서 데이터가 변경되는 것을 가정한 머신러닝 시스템을 구현합니다.

이전 책인 《파이썬 데이터 분석 실무 테크닉 100》(위키북스, 2020)과 겹치는 부분도 있지만, 이 책에서는 구조화에 더 초점을 두었습니다.

데이터 분석이나 머신러닝 프로젝트에서 지속적인 소규모 구조화가 필요한 이유

앞으로의 세상에서는 데이터 활용의 중요성이 점점 크게 인식되고, 데이터 분석이나 머신러닝과 같은 데이터 활용 프로젝트는 기업의 실적을 결정하는 큰 요인이 될 것입니다. 그런데도 이 프로젝트를 정말로 성공시키는 기업은 일부입니다. 그 이유는 무엇일까요?

그것은 많은 기업이 성과가 확실하지 않은 프로젝트의 진행 방식을 이해하지 못하거나 적응하지 못했기 때문입니다. 개발하는 기능이 명확한 기존 시스템 개발 프로세스와는 완전히 다르게, 데이터 분석이나 머신러닝은 결과를 보증하지 않습니다. AI의 정확도를 처음부터 알 수 있다면 누구도 고생하지 않을 것입니다. 그러므로 가설 수립과 검증을 반복하는 프로세스나 구조가 매우 중요합니다.

데이터 활용 프로젝트에는 현장에서 시작하는 상향식bottom-up, 경영진의 지시로 시스템 부문 또는 본사에서 담당하는 하향식top-down의 두 가지 형태가 있습니다. 상향식 접근 방법은 최초 예산이 한정되어 있고 소규모의 비공식적인 형태로 시작하기 때문에 즉시 성과를 얻기는 어렵지만, 실무 현장에서 시작하기 때문에 그만큼 현실감이 있습니다. 그래서 초반에는 원만하게 진행되곤 합니다. 그러나 사내외의 고객이 늘어나면 최초 단계에서 시스템 관점의 요소를 크게 고려하지 않은 탓에 장애가 발생하거나 인력이 부족해 시스템을 중단하는 경우도 늘어납니다.

한편, 하향식은 상부의 지시로 시작되며 예산이 충분히 확보되기 때문에 시작 단계부터 시각화 시스템과 같은 시스템화를 고려하는 경우가 많습니다. 하향식 접근 방식이라도 현장감이 충분한 시스템이 만들어지면 현장에 깊이 침투할 수 있습니다. 하지만 현장감이 없는 시스템이 만들어지면 애써 구현한 시스템이라도 그다지 사용되지 않게 됩니다. '모처럼 시각화 시스템을 만들었는데 현장 멤버가 사용하지 않는다'는 시스템 부문의 볼멘 목소리, '그 시스템은 사용하기 어려워 엑셀을 사용하고 있다'는 현장에서의 한숨 섞인 목소리도 자주 들을 수 있습니다.

상향식, 하향식 개발에 공통으로 사용할 수 있는 최선의 방법은 지속할 수 있도록 구조화된 소규모 시스템입니다. 상향식의 경우에는 현장에서 도출한 문제나 현장에서 사용하기 쉬운 것은 잘 이해하고 있습니다. 그러므로 필요한 것은 데이터 업데이트나 보고를 지속해서 수행하는 구조를 처음부터 염두에 둡니다. 데이터는 업데이트될 때 비로소 가치가 있습니다. 현장감이 있는 좋은 분석이나 머신러닝 결과를 얻었다고 해도, 데이터 업데이트에 대응하지 못하거나, 엄청난 노력이나 시간이 필요하다면 아무짝에도 쓸모가 없습니다. 반대로, 하향식의 경우에는 예산이 충분해 구조화에 강합니다. 자칫 시스템화나 도구 도입으로 모든 것을 해결하는 방향으로 가기도 쉽지만, 현장에 필요한 대책을 의식해 소규모 프로젝트를 계속 시행하는 것에 예산을 사용해야 합니다. 현장에서는 시각화 대시보드나 CSV 다운로드 기능이 필요한 것이 아니라, 간단한 엑셀 보고서가 매주 생성되는 것을 원할 수도 있기 때문에 이는 소규모 시스템을 이용해 검증하는 것이 가장 좋습니다.

자, 우리가 생각하는 소규모 시스템은 이런 것입니다.

데이터를 수동으로 입력하고 프로그램을 실행하면, 엑셀 등으로 최신 분석 보고서나 머신러닝 결과가 반영된 보고서가 출력되는 정도입니다.

완벽한 데이터 가공 자동화나 매우 수준이 높은 분석 대시보드 혹은 머신러닝 시스템은 어떤 보고서가 가장 효과가 있는지를 소규모 시스템으로 검증한 뒤에 고민해도 늦지 않습니다.

이 소규모 시스템은 여러분의 눈앞에 있는 PC 한 대로도 충분히 개발할 수 있습니다. 여러분의 의지와 한 대의 PC만으로도 기업은 물론 국내 데이터 활용 문화를 뒤바꿀 수 있는 가능성을 품고 있습니다.

# 이 책의 효과적인 활용법

이 책은 파이썬 입문서가 아닙니다. 독자 여러분이 데이터 분석이나 머신러닝 프로젝트의 담당자로 현장에서 즉시 활용할 수 있는 내용을 담기 위해 쓴 실천서입니다. 10개 장의 내용 모두를 여러분이 실제 마주한 상황으로 생각하고 파고들면 최고의 효과를 얻을 수 있습니다.

먼저 각 장에서는 여러분이 처한 '상황'을 설명합니다. 여러분이 실제 참여한 프로젝트 상황과 여러분의 생각을 제시합니다. 다음으로 '전제 조건'에는 현재 여러분이 가진 데이터 또는 의견 청취 과정에서 얻은 정보가 주어집니다. 이를 바탕으로 여러분이라면 주어진 상황을 어떻게 해결할지 생각해 보기 바랍니다.

각 장의 테크닉은 함께 일하는 선배 데이터 과학자가 보내는 조언이라 생각해도 좋습니다. 다른 생각을 하지 않고 조언을 그대로 따라가 보는 것도 좋습니다. '나라면 이렇게 하겠다'와 같이 다른 관점에서 분석을 수행해 대책을 세워 보는 것도 좋습니다. 선배 데이터 과학자가 경험은 풍부할지 모르나, 초보자에게서 현장에 대한 신선한 시각이 나오는 경우가 의외로 많습니다. 이 책에는 현장감을 높이기 위해 다소 긴 코드도 많이 실었습니다. 각자의 시점에서 개선안을 생각해 보는 것 역시 이 책을 읽으면서 느낄 수 있는 즐거움입니다. 분석 방법은 한 가지가 아니라는 점이 중요합니다. 이 책을 발판 삼아 동료 엔지니어와 의논의 장을 열어 보기 바랍니다.

동작 환경

OS	윈도우 10 64비트/macOS 모하비
파이썬	파이썬 3.7(Anaconda 또는 구글 Colaboratory 이용)
웹브라우저	구글 크롬(주피터 노트북)

이 책에서는 주피터 노트북Jupyter Notebook을 기반으로 분석을 진행합니다.

각 장마다 필요한 모듈이 다릅니다. 여러분이 이용하는 모듈이 설치되어 있지 않을 때는 No module named '모듈 이름'과 같은 에러 메시지가 표시됩니다. 그때는 pip 등으로 해당 모듈을 설치한 후에 진행합니다. 모듈 설치 방법에 관한 설명은 생략합니다.

이 책에서 이용하는 라이브러리 및 버전은 다음과 같습니다.

numpy	1.19.0
pandas	1.0.5
openpyxl	3.0.4
scikit-learn	0.23.2
matplotlib	3.3.2
seaborn	0.11.0
ipywidgets	7.5.1
ipympl	0.5.8
xlrd	1.2.0

샘플 코드

이 책의 샘플 코드는 아래 링크에서 다운로드할 수 있습니다.

URL *https://github.com/Jpub/PythonML*

샘플에는 소스 코드를 포함한 주피터 노트북과 실습에서 사용할 엑셀 파일 및 CSV 파일 등이 포함되어 있습니다. 자세한 내용은 'README.md'를 확인하기 바랍니다.

베타리더 후기

 강찬석(LG전자)

주피터 노트북으로 전처리가 되지 않은 데이터로부터 시각화 및 리포트 생성까지 해볼
수 있는 예제가 포함되어 있어, 실무에서 활용할 범주가 넓다고 생각합니다. 동일한 일을
실제로 구현해야 하는 사람에게는 좋은 길잡이가 될 것입니다. 책 자체에 코드 오류나 오
타가 거의 없어서 읽기 편했습니다. 다루고 있는 내용도 현업에서 응용하기 좋았습니다.
좋은 책을 접할 기회를 주셔서 감사합니다.

 공민서

실무 테크닉이 100개나 되니 매우 많은 내용이 있으리라 생각했습니다만, 기본적인 내
용으로 100개를 채우니 사실상 1,000개 정도는 되어야 더 복잡한 니즈를 충족시킬 수
있겠다는 생각이 들었습니다. 파일을 저장한다, 불러온다 등으로 나뉘어 있는 부분을
빼놓을 수는 없으나, 이런 부분이 모이고 모여서 복잡한 기능 하나를 완성한다고 생각
하면 실무에 1년 이상 종사한 분보다 이제 신입으로 입사한 분께 적당할 것 같습니다.

 김태근(연세대학교 대학원 물리학과)

머신러닝 기초를 다룬 입문서는 이제 매우 많아졌습니다. 하지만 여전히 실무에서 갖춰
야 할 지식이나 요긴하게 사용할 수 있는 기술을 다룬 책은 많지 않습니다. 이 책은 첫
장부터 마지막 장까지 진정으로 실무만을 위한 책입니다. 데이터를 가지고 데이터 탐색
및 분석부터 문제점 파악, 솔루션 제시 및 보고서 작성까지 이어지는 테크닉을 따라 하
다 보면 어느새 실무를 직접 다루는 듯한 현장감을 느낄 수 있을 겁니다. 취지가 굉장히

좋은 책이며 참신한 책이었습니다. 이런 좋은 책을 베타리딩할 수 있는 기회를 주신 제이펍 분들께 감사드립니다.

 사지원(뉴빌리티)

머신러닝을 활용한 프로젝트의 전체 흐름을 확인할 수 있는 책입니다. 머신러닝 알고리즘의 수학적 원리를 직접 알아보는 것보다는 활용하는 측면에서 접근합니다. 데이터를 어떻게 구조화하고, 작은 크기의 데이터로 시작하여 전체 데이터를 어떻게 다루는지 확장하는 과정을 배울 수 있습니다. 아울러 가볍게 볼 수 있는 내용으로 작성되어 편안하게 읽을 수 있었습니다.

 안선환

이 책은 파이썬 문법에 대한 자세한 설명을 생략했기 때문에 어쩌면 입문자에게는 조금 불편한 책일 수도 있습니다. 그런데도 이 책이 매력적인 이유는 정기적으로 업데이트되는 데이터로 반복적인 보고서를 쓰고 있는 사람에게 업무를 효율적으로 자동화할 수 있는 힌트를 제공해 주기 때문인 듯합니다.

 이석곤(엔컴)

평범한 머신러닝 입문서에서 배울 수 없는 실무 현장에서 자주 발생할 트러블슈팅에 대한 방법 및 노하우를 100가지 테크닉을 통해 학습할 수 있게 합니다. 이 책에서는 데이터 전처리부터 시작해서 머신러닝 최적화 기술을 익힐 수 있습니다. 실무에서 일어날 수 있는 가상의 문제를 풀면서 데이터 분석과 머신러닝에 대한 문제 해결 능력을 키울 수 있는 좋은 책입니다. 데이터 분석 및 머신러닝 프로젝트를 처음 시작하시는 분이라면 이 책으로 먼저 학습해 보시는 걸 추천합니다. 특히, 데이터 분석과 머신러닝 두 가지에 대해서 프로젝트 형식으로 구성된 것이 좋았습니다.

 이요셉(지나가던 IT인)

요즘에는 누구든지 데이터를 분석할 수 있습니다. 그러나 일회성으로 데이터를 분석하는 것과 꾸준히 분석 파이프라인을 구현하는 것은 결이 다릅니다. 현업에서는 데이터와 구조가 계속해서 달라지기 때문입니다. 이 책은 손쉽게 분석 시스템을 구축할 수 있는 방법을 알려 주면서 데이터 가공부터 시각화까지 진행하는 것은 물론이고, 간단한 분석 시스템을 구현하고 머신러닝을 통해 결과를 대책으로 확장하는 테크닉을 배울 수 있습니다. 무엇보다도 초/중급자도 참고할 만한 내용이 많아서 좋았습니다. 대부분의 예제 코드에 로컬화가 잘 되어 있어 실행이 잘 되었고, 본문 오타 등도 적어서 역자와 편집자가 정성을 많이 들였을 것 같다는 생각이 들었습니다. 내용 면에서도 매우 마음에 들었습니다.

 이지현

실제 프로젝트를 한 단계씩 해결해 나가는 듯한 느낌이 듭니다. 테크닉 하나하나를 내 것으로 만드는 재미와 성취감이 있는 책입니다. 대충 보지 않았는데도 수정할 곳을 많이 찾지 못해 신기했습니다!

 이태영(신한은행)

처음 파이썬을 접하는 분도 손쉽게 기술을 익힐 수 있는 방법이 수록되어 직관적으로 알기 쉽게 표현한 점이 인상 깊었습니다. 실전 딥러닝 모델링을 수행할 때 어떤 식으로 데이터를 병합해야 하는지 분석의 목적이 무엇인지 잊기 쉬운데, 이 책에서는 전반부에서는 분석 데이터를 어떤 식으로 만들어야 하는지에 대한 꼼꼼한 설명을 덧붙였습니다. 아울러 후반부에서는 분석의 목적에 맞추어 어떻게 데이터에 접근해야 하는지를 심도 있게 설명합니다.

 이현수(유노믹)

그동안 국내 번역 출간된 일본 기술서 중에 좋은 책이 많아서 이번에도 기대를 갖고 보았습니다. 함께 제공된 깃허브 저장소에 올려진 소스 코드(주피터 노트북)와 데이터 세트를 가지고 각 장의 내용을 코딩 실습하고 따라가면서 확인하는 식으로 진행했는데, 제가 좋아하는 군더더기 없는 깔끔한 구성이었습니다. 오탈자도 거의 없고 일본어로 되어 있던 소스 코드와 데이터 세트까지 모두 우리말로 번역해 놓은 데서 역자의 정성을 느낄 수 있었습니다.

 정태일(삼성SDS)

데이터 분석과 머신러닝을 공부하다 보면 어려운 용어와 복잡한 수식으로 인해 전체 맥락을 이해하기도 전에 시작부터 지치거나 부담을 갖게 되는데, 이 책은 파이썬과 데이터 분석에 약간의 지식만 있더라도 데이터 분석과 머신러닝을 활용한 예측을 빠르게 경험해 볼 수 있도록 간결하게 잘 정리해 둔 책입니다. 상황을 제시하고 데이터 가공부터 모델 구현, 예측 및 보고의 한 사이클을 반복 수행해 가면서 데이터 분석과 머신러닝을 활용하는 방법을 배우는 데 도움이 될 것입니다. 데이터 분석 및 머신러닝 관련 어려운 용어와 복잡한 개념에 지치신 분이나, 이제 막 공부를 시작하려는 분이 실습을 통해 전체 맥락을 이해하는 데 활용하면 좋을 것 같습니다.

 차준성(서울아산병원)

데이터를 가공, 시각화하여 분석 시스템을 구축하고, 머신러닝을 활용하여 대책을 수립하는 과정까지 한 권의 책에 담았습니다. 처음부터 하나씩 따라 하면서 데이터 분석가가 데이터를 활용해 어떻게 문제를 분석하고 해결하는지 전체적인 흐름을 배울 수 있습니다. 그리고 나중에는 실무에서 당면한 문제를 해결하기 위해 필요한 테크닉을 참고하는 용도로 활용하기에도 좋습니다. 오탈자도 눈에 잘 안 띄고, 샘플 소스 코드 제공도 잘 되어 있습니다. 데이터 분석 일을 하지 않는 사람도, 쉽게 이해할 수 있도록 잘 만들어져 있습니다.

데이터 분석 시스템

데이터 분석의 목표는 분석 결과로부터 대책을 제안하고 효과를 향상시키는 것입니다. 일반적으로는 분석 설계, 데이터 가공, 시각화 분석, 대책(가설), 효과 검증의 흐름으로 진행됩니다. 이 과정에서 충분한 효과를 얻었다면 본격적으로 수평 전개나 시스템 구축을 검토하게 됩니다.

대책은 한 차례 실시하는 것만으로는 효과를 검증할 수 없을 때가 많으므로 데이터를 반복적으로 업데이트 하며 실시합니다. 데이터를 항상 축적하면서 업데이트에 대응할 수 있는 구조를 만들어 나가는 것이 중요합니다.

분석 설계 〉 데이터 가공 〉 시각화 분석 〉 대책 효과 검증 〉 수평 전개/ 시스템화

1부에서는 피자 체인을 주제로 데이터 분석 프로젝트를 다뤄 봅시다. 우선 데이터를 이해하고 분석할 수 있는 형태로 가공합니다. 그 과정에서 데이터 결합 및 기초 통계량을 확인합니다. 그런 후에 데이터를 시각화하고 기초 분석을 실시합니다. 이 과정에서 비지도 학습(Unsupervised Learning)의 클러스터링이나 차원 소멸을 다룹니다. 이 지식을 바탕으로 다각적인 시점을 얻기 위해 분석 대시보드를 만들고, 마지막으로 엑셀을 이용해 보고서를 만듭니다.

이 내용을 구조화해서 지속해서 운영 가능한 형태로 완성합니다.

1부에서 사용하는 파이썬 라이브러리

데이터 가공	pandas
시각화	matplotlib, seaborn, openpyxl
머신러닝	scikit-learn

분석 준비를 위한
테크닉 10

여러분이 데이터를 사용해 회사를 극적으로 바꾸기 위한 첫걸음은 어떤 데이터가 존재하는지 알고 이를 분석할 수 있는 형태로 정리하는 것입니다. 실무 현장에는 다양한 시스템이 존재하며, 각 데이터는 대부분 분석하기 쉬운 형태로 정리되어 있지 않습니다. 여러 이유가 있지만 시스템이 다루기 쉬운 데이터와 사람이 이해하기 쉬운 정보의 형태가 다르다는 것이 가장 큰 이유입니다. 예를 들어, 한국인을 대상으로 하는 자료를 만든다면 그 자료는 주로 한국어로 표현할 것입니다. 자료를 만드는 사람은 그 자료를 보는 사람에게 더욱 정확하고 쉽게 전달하려 하기 때문입니다. 이와 달리, 시스템상에서 다루는 데이터 대부분은 영문자가 연결된 상태로 시스템이 처리하기 쉽게 규칙화되어 있습니다. 그래서 사람은 이를 보더라도 쉽게 이해하지 못합니다. 이런 데이터를 사람이 이해할 수 있는 형태로 정리해야만 합니다. 그러기 위해서는 어떤 데이터가 있고 그 데이터는 어떤 규칙에 따라 만들어져 있는지 파악해야 합니다. 데이터를 정리하는 과정에서 어떤 형태로 만들어야 분석하기 쉬운지, 그리고 분석하기 쉬운 데이터는 어떤 것인지를 알 수 있을 것입니다.

1장에서는 시스템에서 출력한 데이터를 사람이 분석하기 쉬운 형태로 가공하는 순서를 몸에 익힙니다.

- 테크닉 1: 데이터를 모두 로딩하자
- 테크닉 2: 데이터를 유니온(결합)하자
- 테크닉 3: 폴더 안에 있는 파일을 확인하자
- 테크닉 4: 여러 데이터를 유니온(결합)하자
- 테크닉 5: 데이터 통계량을 확인하자
- 테크닉 6: 불필요한 데이터를 제거하자
- 테크닉 7: 마스터 데이터를 조인(결합)하자

- 테크닉 8: 마스터가 존재하지 않는 코드에 이름을 설정하자
- 테크닉 9: 분석 기초 테이블을 출력하자
- 테크닉 10: 셀을 사용하기 쉽게 정리하자

상황

여러분은 한시라도 빨리 자사의 데이터를 분석하고 싶습니다. 그런데 애초에 데이터라는 것이 무엇일까요? 시스템 운용 관련 부서의 구성원이라면 데이터를 볼 기회가 있을지도 모르지만, 그렇지 않은 인원이 가공되지 않은 데이터(raw data)를 다룰 기회는 많지 않습니다. 데이터를 얻기 위해 필요한 절차는 회사나 현장에 따라 다릅니다. 여기에서는 여러분의 상사는 물론 회사가 여러분의 취지에 찬성하고, 시스템 부문에서 데이터를 제공받을 수 있음을 전제로 합니다. 여러분이 달성하는 성과에 따라서 회사가 데이터 분석 전담 부서를 만들지도 모릅니다.

전제조건

- 이 장에서의 10개 테크닉은 피자 체인 데이터를 다루고 있습니다.
- 데이터는 표에 나타낸 세 종류의 5개 데이터입니다.
- m_area.csv는 지역 마스터로서 지역 코드, 지역 정보, 시/도/군/구 이름을 저장하고 있습니다. 매장 마스터에 지역 코드로 연결함으로써 대상 매장이 어느 지역에 속하는지 확인할 수 있습니다.
- m_store.csv는 매장 마스터로서 매장 코드, 매장 이름, 지역 코드를 저장합니다.
- 이렇게 값이 유일하게 고정된 데이터는 반드시 마스터 데이터master data로 관리해야 합니다.
- tbl_order_202104.csv는 이 피자 체인의 2021년 4월 주문 데이터입니다. 주문 여부나 그 내용은 시시각각 변경되므로 값이 유일하지는 않습니다. 이러한 유동적인 데이터는 트랜잭션 데이터transaction data로 관리합니다.

- tbl_order_202105.csv, tbl_order_202106.csv는 각각 2021년 5월과 2021년 6월의 주문 데이터입니다. 이 시스템에서는 주문 데이터를 월 단위로 출력하는 것으로 보입니다. 트랜잭션 데이터의 숫자가 매우 많을 수도 있으므로 시스템 구축 단계에서 미리 어느 정도의 데이터를 어떤 방식으로 관리할지 고려해야 합니다. 데이터를 능숙하게 다룰 수 있는지는 여러분에게 달렸습니다.

- 실제 시스템에는 정보가 더 있을 것입니다. 고객 마스터나 주문 상세 데이터 등이 필요할 때도 있겠지만, 여기에서는 논외로 하고 기본적인 데이터 취급 방법부터 시작해 보겠습니다.

표 1-1 **데이터 목록**

No.	파일명	설명
1	m_area.csv	지역 마스터, 시/도/군/구 정보
2	m_store.csv	매장 마스터, 매장 이름 등
3-1	tbl_order_202104.csv	4월 주문 데이터
3-2	tbl_order_202105.csv	5월 주문 데이터
3-3	tbl_order_202106.csv	6월 주문 데이터

테크닉 1 데이터를 모두 로딩하자

먼저 세 종류의 데이터를 각각 읽어서 내용을 표시해 봅시다. 세 종류의 데이터는 데이터베이스에서 추출한 CSV 형식 파일입니다.

가장 먼저 m_store.csv를 주피터 노트북에서 로딩해 봅시다.

```
import pandas as pd
m_store = pd.read_csv('m_store.csv')
m_store
```

```
In [1]:  import pandas as pd
         m_store = pd.read_csv('m_store.csv')
         m_store
```

	store_id	store_name	area_cd
0	1	삼일대로점	SL
1	2	세종대로점	SL
2	3	무교로점	SL
3	4	덕수궁길점	SL
4	5	서소문로점	SL
...	...	...	...
192	193	방죽로점	GB
193	194	일산동구점	GB
194	195	화중로점	GB
195	196	석봉로점	GB
196	999	보수담당	SL

197 rows × 3 columns

그림 1-1 m_store 로딩 결과

첫 번째 행에서는 파이썬 라이브러리인 pandas를 로딩합니다. import pandas 뒤에 as pd를 붙여 별명을 만들었습니다.

두 번째 행에서는 pandas의 read_csv 함수를 사용해서 m_store.csv 파일을 로딩하고 데이터프레임 타입의 변수 m_store에 저장합니다. 첫 번째 행에서는 pandas에 pd라는 별명을 붙였으므로 pd.read_csv와 같이 생략해서 쓸 수 있습니다.

세 번째 행에서는 변수 m_store의 내용을 표시합니다. 데이터프레임 변수 이름을 그대로 입력하면 데이터의 내용, 행 수, 열 수를 표시합니다. 데이터 건수가 많을 때는 처음 다섯 줄과 마지막 다섯 줄만 표시하므로 로딩한 데이터를 개략적으로 확인하기 좋습니다.

그림 1-1의 출력 결과에서 가장 왼쪽에는 0부터 연번(인덱스)이 표시되며 이 번호는 데이터프레임에 자동으로 설정됩니다.

데이터 건수만 확인하고자 할 때는 다음과 같이 입력할 수 있습니다.

```
len(m_store)
```

```
[5]:  len(m_store)
[5]:  197
```

그림 1-2 m_store 건수

데이터의 처음 5개만 확인할 때는 다음과 같이 입력할 수 있습니다.

```
m_store.head()
```

```
[6]:  m_store.head()

[6]:       store_id  store_name  area_cd
       0         1     삼일대로점       SL
       1         2     세종대로점       SL
       2         3      무교로점       SL
       3         4     덕수궁길점       SL
       4         5     서소문로점       SL
```

그림 1-3 **m_store 처음 5개 데이터**

이 함수들은 상황에 따라 구분해서 사용합니다. 다른 데이터도 로딩해 봅시다.

tbl_order에는 여러 파일이 있습니다. 먼저 m_area.csv와 tbl_order_202104.csv를 로딩해 봅시다.

주피터 노트북의 셀은 데이터별로 나뉘어 있습니다.

```
m_area = pd.read_csv('m_area.csv')
m_area
```

```
tbl_order_4 = pd.read_csv('tbl_order_202104.csv')
tbl_order_4
```

```
In [4]:  m_area = pd.read_csv('m_area.csv')
         m_area

Out[4]:
              area_cd  wide_area  narrow_area
         0       SL        서울         서울
         1       BS        부산         부산
         2       DJ        대전         대전
         3       GJ        광주         광주
         4       SJ        세종         세종
         5       GN        경기        경기남부
         6       GB        경기        경기북부

In [5]:  tbl_order_4 = pd.read_csv('tbl_order_202104.csv')
         tbl_order_4
```

	order_id	store_id	customer_id	coupon_cd	sales_detail_id	order_accept_date	delivered_date	takeout_flag	total_amount	status
0	34104383	11	C65806632	57	61573513	2021-04-01 11:00	2021-04-01 11:39	1	28270	1
1	70652318	59	C09760173	37	54068709	2021-04-01 11:00	2021-04-01 11:34	0	28270	2
2	71640388	195	C61227084	17	93678366	2021-04-01 11:00	2021-04-01 11:54	0	26470	9
3	75673365	127	C64119972	17	5287952	2021-04-01 11:00	2021-04-01 11:17	0	23080	2
4	9077529	174	C10231192	18	18248867	2021-04-01 11:00	2021-04-01 11:35	0	46920	2
...	...	...	...	...	...	...	...	...	...	...
233257	61665702	103	C51797758	48	77989403	2021-04-30 21:58	2021-04-30 22:36	0	35300	2
233258	31151690	119	C04883863	78	16130893	2021-04-30 21:58	2021-04-30 22:35	0	32340	2
233259	15955692	175	C87594637	96	11457934	2021-04-30 21:58	2021-04-30 22:32	0	36170	9
233260	73251339	145	C93839111	92	64743537	2021-04-30 21:58	2021-04-30 22:46	0	36170	2
233261	42442108	117	C44570215	54	2304995	2021-04-30 21:58	2021-04-30 22:37	1	18990	1

233262 rows × 10 columns

그림 1-4 데이터 로딩 결과

명령어를 실행하면 각 데이터의 내용을 확인할 수 있습니다. 로딩한 데이터의 일부를 표시해서 데이터에 존재하는 항목과 각 항목의 관계 등 데이터의 윤곽을 파악할 수 있습니다.

이와 같이 형태를 정리하기 전에 데이터를 다루기도 하지만, 형태를 정리한 후 데이터를 다룰 때도 있습니다. 중요한 점은 데이터가 모든 것의 토대이고, 데이터가 올바르지 않으면 이후의 분석 또한 잘못된다는 점입니다. 익숙해지고 나면 데이터를 손쉽게 가공할 수 있지만, 지금은 실제로 데이터가 올바르게 가공되어 있는지 확인하기 위해 내용을 표시하며 진행합니다.

이제 사용한 데이터의 형태를 확인해 봅시다. m_store에는 매장 이름이나 지역 코드와 같은 매장 정보, m_area에는 광역 지역 이름과 시/도/군/구 이름이 저장되어 있습니다.

그리고 tbl_order로 시작하는 파일에는 언제, 누가, 어디에서, 얼마큼 구입했는지 등의 주문 정보가 저장되어 있습니다. 어떤 상품을 얼마나 구입했는지 구체적인 내용까지는 저장되어 있지 않지만, sales_detail_id라는 매출 상세 ID를 가지고 있으므로 다른 데이터에 자세한 내용이 저장되었음을 알 수 있습니다. 이 책에서는 매출 상세 데이터는 사용하지 않으나 실무에서는 필요한 데이터가 없다면 상사나 시스템 부분 등에 상담해 보는 것도 좋을 것입니다.

이 데이터를 어떻게 사용하면 좋을까요? 분석할 때는 가능한 세밀한 데이터를 기준으로 삼지만 여기에서는 주문 상세 데이터를 제외했으므로 주문 데이터를 기반으로 가공하면 좋을 것입니다.

주문 데이터를 기반으로 생각할 때 크게 두 가지 데이터 가공을 수행해야 합니다. 첫 번째는 월별로 나뉜 table_order를 세로로 결합하는 유니온union입니다. 두 번째는 tbl_order에 m_store와 m_area를 가로로 결합하는 조인join입니다. 먼저 데이터 유니온부터 살펴봅시다.

테크닉 2 데이터를 유니온(결합)하자

여기에서는 tbl_order_4와 tbl_order_5를 유니온해 봅시다.

tbl_order_202104.csv는 이미 로딩했으므로 tbl_202105.csv를 로딩해서 tbl_order_5라는 데이터프레임 타입 변수에 저장합니다. 그리고 tbl_order_5의 내용을 표시해 봅시다.

```
tbl_order_5 = pd.read_csv('tbl_order_202105.csv')
tbl_order_5
```

```
In [6]:  tbl_order_5 = pd.read_csv('tbl_order_202105.csv')
         tbl_order_5

Out[6]:
            order_id  store_id  customer_id  coupon_cd  sales_detail_id  order_accept_date  delivered_date  takeout_flag  total_amount  status
      0     84536666      16     C09876770       89        98297032      2021-05-01 11:00   2021-05-01 11:23       0          32340        2
      1     88276008     158     C68585017       98         7770950      2021-05-01 11:00   2021-05-01 11:27       0          38650        2
      2     30853149      97     C47161470       20        70091383      2021-05-01 11:00   2021-05-01 11:51       0          28270        2
      3      2266595      95     C61461123       22        42134845      2021-05-01 11:00   2021-05-01 11:39       0          23160        2
      4      7086301      49     C01007474       99        69495399      2021-05-01 11:00   2021-05-01 11:37       0          19000        9
     ...        ...      ...        ...         ...          ...              ...               ...            ...          ...        ...
  241137    80834230     110     C44748299       25        61000508      2021-05-31 21:58   2021-05-31 22:42       0          35020        2
  241138    65940233     164     C68733497       33        29474794      2021-05-31 21:58   2021-05-31 22:08       0          21120        2
  241139    49922027      23     C66722860       92        96482427      2021-05-31 21:58   2021-05-31 22:27       0          26470        2
  241140    80642623      35     C32096353        4        88688082      2021-05-31 21:58   2021-05-31 22:40       0          28270        2
  241141    13890502     182     C40646464       18        52133767      2021-05-31 21:58   2021-05-31 22:23       0          26770        2

  241142 rows × 10 columns
```

그림 1-5 데이터 로딩 결과

테크닉 1과 같은 흐름으로 5월 주문 데이터를 로딩했습니다. 4월 주문 데이터와 항목이 같음을 확인할 수 있습니다. 이 2개 데이터를 유니온해서 order_all이라는 데이터프레임 타입 변수에 저장해 봅시다.

그 뒤 order_all의 내용을 표시해 봅시다.

```
order_all = pd.concat([tbl_order_4, tbl_order_5], ignore_index=True)
order_all
```

그림 1-6 데이터 유니온

첫 번째 행에서는 pd.concat 함수로 유니온을 수행합니다. ignore_index=True는 데이터프레임마다 가지고 있는 인덱스 번호를 0부터 다시 쓰는 것을 의미합니다. 여기에서는 인덱스를 키로 참조하는 조작을 하지 않으므로 큰 의미는 없습니다. 상황에 따라 인덱스를 키로 참조하는 데이터 가공을 수행할 때도 있으므로 원래의 인덱스를 유지할 것인지 적절히 확인합니다.

두 번째 행에서는 데이터 내용과 행 수를 표시합니다. 유니온한 건수가 맞는지 확인하려면 데이터프레임에서 화면에 표시한 건수를 더해서 비교하면 됩니다. 다음과 같이 검증할 수 있습니다.

```
len(order_all) == len(tbl_order_4) + len(tbl_order_5)
```

그림 1-7 데이터 건수 비교

유니온 이후의 건수와 4월분 주문 수에 5월분 주문 수를 더한 건수를 ==로 비교합니다. True는 건수가 일치함, False는 건수가 일치하지 않음을 뜻합니다.

이것으로 유니온을 완료했습니다. 하지만 우리는 6월 주문 데이터도 가지고 있습니다. 또한, 실제로는 1년(12개월분)의 데이터가 존재할 것입니다. 이런 데이터를 하나하나 직접 처리하다 보면 효율을 더 높이고 싶을 것입니다.

다음 테크닉에서는 여러 파일을 효율적으로 처리하는 방법을 생각해 봅시다.

 폴더 안에 있는 파일을 확인하자

여러 파일을 연속해서 로딩하려면 파일이 저장된 폴더의 내용을 확인하고 존재하는 파일들을 순서대로 처리해야 합니다. 먼저 현재 디렉터리(현재 작업 디렉터리)를 확인해 봅시다.

```
import os
current_dir = os.getcwd()
current_dir
```

```
In [9]:   import os
          current_dir = os.getcwd()
          current_dir
Out[9]:   'C:\\Users\\cre                    \\PythonML-main\\chapter01'
```

그림 1-8 **현재 디렉터리 표시**

첫 번째 행에서는 파이썬 라이브러리인 os를 로딩합니다. 문자열이 길지 않으므로 별명은 붙이지 않습니다.

두 번째 행에서는 os의 getcwd 함수를 사용해 현재 디렉터리를 얻어 current_dir 변수에 저장합니다.

세 번째 행에서는 변수의 내용을 표시합니다. 표시 내용은 환경에 따라 다르지만, 이 장에서는 csv 파일이 저장된 폴더에서 코드를 실행하는 것을 전제로 합니다.

이제 현재 디렉터리를 확인해 봅시다.

```
os.listdir(current_dir)
```

```
In [10]:  # 모든 파일 목록을 표시한다
          os.listdir(current_dir)

Out[10]:  ['.ipynb_checkpoints',
           'chapter01.ipynb',
           'chapter01_answer.ipynb',
           'm_area.csv',
           'm_store.csv',
           'tbl_order_202104.csv',
           'tbl_order_202105.csv',
           'tbl_order_202106.csv']
```

그림 1-9 현재 디렉터리의 내용을 목록으로 표시

os의 listdir을 사용해 current_dir의 정보를 얻습니다. 현재 디렉터리 아래의 모든 폴더 이름과 파일 이름을 리스트로 저장합니다. 그렇다면 이 정보를 그대로 이용할 수는 없을까요? 여기에서는 주문 데이터가 저장된 csv 파일만 사용할 것이므로 조금 더 조작해 봅시다.

```
tbl_order_file = os.path.join(current_dir, 'tbl_order_*.csv')
tbl_order_file
```

```
In [11]:  tbl_order_file = os.path.join(current_dir, 'tbl_order_*.csv')
          tbl_order_file

Out[11]:  'C:\\Users\\cr                              ythonML-main\\chapter01\\tbl_order_*.csv'
```

그림 1-10 현재 디렉터리의 검색 키 설정

첫 번째 행에서는 os의 path.join 함수를 사용해 현재 디렉터리와 주문 데이터 파일 이름을 연결합니다. 이때 파일 이름의 월에 해당하는 부분에 와일드카드wild card * 함수를 지정해서 주문 데이터 파일만 검색할 수 있습니다. 첫 번째 행에서 연결한 정보의 내용을 두 번째 행에서 확인합니다.

이 내용을 바탕으로 현재 디렉터리를 검색해 봅시다.

```
import glob
tbl_order_files = glob.glob(tbl_order_file)
tbl_order_files
```

```
In [12]:  # 특정 파일 목록을 표시한다
          import glob
          tbl_order_files = glob.glob(tbl_order_file)
          tbl_order_files

Out[12]:  ['C:\\Users\\c                    PythonML-main\\chapter01\\tbl_order_202104.csv',
           'C:\\Users\\c                    PythonML-main\\chapter01\\tbl_order_202105.csv',
           'C:\\Users\\c                    PythonML-main\\chapter01\\tbl_order_202106.csv']
```

그림 1-11 현재 디렉터리의 주문 데이터 목록 표시

첫 번째 행에서는 파이썬 라이브러리인 glob을 로딩합니다.

두 번째 행에서는 앞서 설정한 검색 키에 해당하는 파일을 모두 얻어 tbl_order_files 변수에 저장합니다.

세 번째 행에서는 tbl_order_files 변수의 내용을 표시합니다. 디렉터리 정보를 포함한 전체 경로로 매월 주문 데이터를 얻을 수 있습니다.

 ## 테크닉 4 여러 데이터를 유니온(결합)하자

다시 주문 데이터의 유니온으로 돌아갑니다. 앞의 테크닉에서 주문 데이터 파일 목록을 얻었으므로 그 목록을 기반으로 처리를 반복할 수 있습니다.

하지만 반복 처리를 곧바로 수행하는 것은 권장하지 않습니다. 코드를 잘못 작성하면 이상한 결과가 나오는데, 반복 처리가 진행된 이후라면 잘못된 위치를 확인하기 어렵기 때문입니다.

우선 앞에서 얻은 리스트를 한 건만 처리하는 코드를 작성해 봅시다.

```python
order_all = pd.DataFrame()
file = tbl_order_files[0]
order_data = pd.read_csv(file)
print(f'{file}:{len(order_data)}')
order_all = pd.concat([order_all, order_data], ignore_index=True)
order_all
```

```
In [13]: # 반복 전에 1개만 처리해서 확인한다
         order_all = pd.DataFrame()
         file = tbl_order_files[0]
         order_data = pd.read_csv(file)
         print(f'{file}:{len(order_data)}')
         order_all = pd.concat([order_all, order_data], ignore_index=True)
         order_all

         C:\Users\          PythonML-main\chapter01\tbl_order_202104.csv:233262
```

Out[13]:

	order_id	store_id	customer_id	coupon_cd	sales_detail_id	order_accept_date	delivered_date	takeout_flag	total_amount	status
0	34104383	11	C65806632	57	61573513	2021-04-01 11:00	2021-04-01 11:39	1	28270	1
1	70652318	59	C09760173	37	54068709	2021-04-01 11:00	2021-04-01 11:34	0	28270	2
2	71640388	195	C61227084	17	93678366	2021-04-01 11:00	2021-04-01 11:54	0	26470	9
3	75673365	127	C64119972	17	5287952	2021-04-01 11:00	2021-04-01 11:17	0	23080	2
4	9077529	174	C10231192	18	18248867	2021-04-01 11:00	2021-04-01 11:35	0	46920	2
...	...	...	...	...	...	...	...	...	...	...
233257	61665702	103	C51797758	48	77989403	2021-04-30 21:58	2021-04-30 22:36	0	35300	2
233258	31151690	119	C04883863	78	16130893	2021-04-30 21:58	2021-04-30 22:35	0	32340	2
233259	15955692	175	C87594637	96	11457934	2021-04-30 21:58	2021-04-30 22:32	0	36170	9
233260	73251339	145	C93839111	92	64743537	2021-04-30 21:58	2021-04-30 22:46	0	36170	2
233261	42442108	117	C44570215	54	2304995	2021-04-30 21:58	2021-04-30 22:37	1	18990	1

233262 rows × 10 columns

그림 1-12 리스트의 첫 번째 파일 지정 처리

첫 번째 행에서는 처리 결과를 저장하기 위한 데이터프레임을 준비합니다.

두 번째 행에서는 리스트 안의 첫 번째 파일을 처리 대상 파일로 지정합니다.

세 번째 행에서는 주문 데이터 파일을 로딩하고, 네 번째 행에서는 해당 파일 이름과 건수를 출력합니다. print(f'{file}:{len(order_data)}')는 표시 포맷을 지정하는 방법으로 {} 안에 변수를 그대로 기입할 수 있습니다.

네 번째 행에서는 파일의 전체 경로와 입력 레코드 수를 콜론colon :으로 구분해 표시합니다. 화면에 값을 출력하는 코드를 셀 중간에 쓸 때는 print()로 감쌉니다. 파이썬 3.5 이전 버전을 사용할 때는 기존의 format을 지정하는 방법으로 코드를 작성하기 바랍니다. 그 경우의 코드 예는 print("{0}:{1}".format(file, len(order_data)))가 됩니다.

다섯 번째 행에서는 데이터를 유니온하고, 여섯 번째 행에서는 유니온 결과를 표시합니다.

문제없이 처리되는 것을 확인했다면 반복 처리할 수 있는 형태로 코드를 수정합니다.

```
order_all = pd.DataFrame()
for file in tbl_order_files:
    order_data = pd.read_csv(file)
    print(f'{file}:{len(order_data)}')
    order_all = pd.concat([order_all, order_data], ignore_index=True)
```

```
in [14]: # 반복 처리
         order_all = pd.DataFrame()
         for file in tbl_order_files:
             order_data = pd.read_csv(file)
             print(f'{file}:{len(order_data)}')
             order_all = pd.concat([order_all, order_data], ignore_index=True)

         C:\Users\fc                        \PythonML-main\chapter01\tbl_order_202104.csv:233262
         C:\Users\fc                        \PythonML-main\chapter01\tbl_order_202105.csv:241142
         C:\Users\fc                        \PythonML-main\chapter01\tbl_order_202106.csv:233302
```

그림 1-13 반복 처리 실행

첫 번째 행에서는 앞에서와 마찬가지로 처리 결과를 저장하기 위한 데이터프레임을 만듭니다.

두 번째 행에서는 for문을 사용해 반복 처리합니다. tbl_order_files에서 하나씩 꺼내 file에 저장하고, 세 번째 행부터 다섯 번째 행에서의 처리를 수행합니다. for문의 작성 규칙에 맞춰 마지막에 :을 입력하고 반복 부분을 한 단계 들여 씁니다.

네 번째 행에서는 파일 이름과 건수를 출력해 데이터를 처리한 파일과 처리 건수를 확인할 수 있습니다. 진행 경과를 출력함으로써 언제 처리가 완료될지 예측할 수 있으므로 상황에 따라 이런 정보를 출력해 주는 것을 고려합니다. 그럼 유니온 결과를 확인해 봅시다.

```
order_all
```

```
in [15]: order_all
Out[15]:
             order_id  store_id  customer_id  coupon_cd  sales_detail_id  order_accept_date  delivered_date  takeout_flag  total_amount  status
        0    34104383      11    C65806632        57       61573513       2021-04-01 11:00   2021-04-01 11:39       1          28270         1
        1    70652318      59    C09760173        37       54068709       2021-04-01 11:00   2021-04-01 11:34       0          28270         2
        2    71640388     195    C61227084        17       93678366       2021-04-01 11:00   2021-04-01 11:54       0          26470         9
        3    75673365     127    C64119972        17        5287952       2021-04-01 11:00   2021-04-01 11:17       0          23080         2
        4     9077529     174    C10231192        18       18248867       2021-04-01 11:00   2021-04-01 11:35       0          46920         2
      ...         ...     ...         ...        ...           ...              ...                ...            ...          ...          ...
   707701   17154702     157    C83348111        25       15969851       2021-06-30 21:58   2021-06-30 22:35       0          44620         2
   707702   49731888     185    C55784926        58       96862999       2021-06-30 21:58   2021-06-30 22:34       1          23280         1
   707703   93805252      79    C87712110        43       50807591       2021-06-30 21:58   2021-06-30 22:12       0          26150         2
   707704   33290611     116    C83096347        59       91424716       2021-06-30 21:58   2021-06-30 22:31       1          35020         1
   707705   84666999      97    C55599659        94       99620440       2021-06-30 21:58   2021-06-30 22:41       0          23120         2

707706 rows × 10 columns
```

그림 1-14 반복 처리 결과를 표시

처음 5건과 마지막 5건의 데이터를 확인한 결과, 데이터가 어긋나지 않았음을 알 수 있습니다. 또한, 표시된 건수로부터 3개월분의 주문 데이터가 유니온된 것도 확인할 수 있습니다.

테크닉 5 **데이터 통계량을 확인하자**

주문 데이터를 하나로 모았습니다. 이제 데이터 내용을 확인해 봅시다.

먼저 **결손값**을 확인합니다. 결손값이 포함되었다면 집계나 머신러닝에 큰 영향을 줄 가능성이 있습니다. 그럼 결손값이 얼마나 있는지 확인해 봅시다.

```
order_all.isnull().sum()
```

```
[19]: order_all.isnull().sum()

[19]: order_id            0
      store_id           0
      customer_id        0
      coupon_cd          0
      sales_detail_id    0
      order_accept_date  0
      delivered_date     0
      takeout_flag       0
      total_amount       0
      status             0
      dtype: int64
```

그림 1-15 데이터 결손값 확인

유니온 후의 주문 데이터인 order_all에 대해 isnull 함수를 사용해 결손값의 수를 출력합니다. isnull 함수를 사용하면 결손값을 True/False로 반환합니다. True의 수를 열마다 sum으로 집계합니다. 여기에서의 데이터는 결손값이 없는 깨끗한 데이터임을 확인할 수 있습니다. 결손값이 존재하면 항목 이름 등으로부터 결손값이 존재해도 문제없는지 확인해야 합니다. 그런 후에 그대로 처리할 것인지, 그 행을 삭제할 것인지, 임의의 값을 설정할 것인지 등 상황에 맞게 결정합니다. 클라이언트가 있을 때는 전체 대비 결손율을 공유하고, 제거 여부를 확인하는 것이 좋습니다.

> **노트** 결손값 처리 등은 《파이썬 데이터 분석 실무 테크닉 100》(위키북스, 2020)에서 다루었으므로 함께 읽어 보면 학습 효율을 더 높일 수 있습니다.

다음으로 주문 데이터의 **통계량**을 출력해 봅시다. 데이터 전체의 수치적 느낌을 알아 두는 것은 데이터 분석 진행에서 매우 중요합니다. 여기에서 이용하는 주문 데이터는 매출을 포함하기 때문에 한 자릿수 차이가 막대한 영향을 미치게 됩니다. 그럼 통계량을 출력해 봅시다.

```
order_all.describe()
```

	order_id	store_id	coupon_cd	sales_detail_id	takeout_flag	total_amount	status
count	7.077060e+05	707706.000000	707706.000000	7.077060e+05	707706.000000	707706.000000	707706.000000
mean	5.000947e+07	103.935165	49.512375	5.000068e+07	0.259888	29606.465156	3.083026
std	2.889479e+07	86.373854	28.883382	2.885809e+07	0.438573	9543.733832	2.836336
min	2.200000e+01	1.000000	0.000000	4.600000e+01	0.000000	6980.000000	1.000000
25%	2.501320e+07	51.000000	24.000000	2.503991e+07	0.000000	23080.000000	2.000000
50%	4.999599e+07	99.000000	49.000000	5.003862e+07	0.000000	28080.000000	2.000000
75%	7.508354e+07	148.000000	75.000000	7.499667e+07	1.000000	36170.000000	2.000000
max	9.999972e+07	999.000000	99.000000	9.999964e+07	1.000000	51000.000000	9.000000

그림 1-16 **주문 데이터의 통계량 확인**[1]

describe 함수를 사용하면 데이터 건수(count), 평균값(mean), 표준 편차(std), 최솟값(min), 사분위수(25%, 75%), 중앙값(50%), 최댓값(max)을 간단히 출력할 수 있습니다. total_amount를 보면 평균은 약 29,600원입니다. 이 예시에서는 한 주문당 평균 구입 금액입니다. 최저 금액은 6,980원, 최고 금액은 51,000원이라는 것도 알 수 있습니다.

가로 항목을 보면 total_amount 이외에도 다른 값이 출력되어 있는 것을 볼 수 있습니다. describe 함수는 수치 데이터를 집계하므로 데이터 타입이 수치면 모두 집계합니다. 그러나 그중에는 집계해도 큰 의미가 없는 것도 있습니다. 예를 들어, order_id는 주문 번호입니다. 이 번호의 평균은 아무 의미도 없습니다. 데이터 타입을 변환해 집계 대상에서 제외할 수도 있지만, 여기에서는 생략하고 2장에서 설명합니다. 최솟값이나 최댓값을 간단하고 빠르게 알고 싶을 때는 이 방법을 추천합니다. 보고 싶은 항목만을 표시할 때는 다음과 같이 작성할 수 있습니다.

```
order_all['total_amount'].describe()
```

---

1 [옮긴이] .describe() 메서드를 실행하면서 결괏값이 지수 형태로 표현됩니다. 다음 구문을 사용하면 pandas 객체의 표시 형식을 소수점 이하 세 자릿수 등으로 변경할 수 있습니다.

    pd.options.display.float_format = '{:.3f}'.format

```
In [20]: order_all['total_amount'].describe()

Out[20]: count    707706.000000
         mean      29606.465156
         std        9543.733832
         min        6980.000000
         25%       23080.000000
         50%       28080.000000
         75%       36170.000000
         max       51000.000000
         Name: total_amount, dtype: float64
```

그림 1-17 total_amount의 통계량

이번 데이터에는 주문 금액의 합계만 존재합니다. 매출 상세 데이터나 고객 데이터가 있
다면 통계량으로부터 더 많은 정보를 얻을 수 있습니다.

그 외 확인해 둘 항목으로 데이터 기간을 꼽을 수 있습니다. 데이터 전달 시점에서의 의
견 청취나 파일 이름에 부여된 숫자에서 기간을 판단할 수 있지만, 만일을 위해 확인해
둘 것을 권장합니다.

```
print(order_all['order_accept_date'].min())
print(order_all['order_accept_date'].max())
print(order_all['delivered_date'].min())
print(order_all['delivered_date'].max())
```

```
In [22]: print(order_all['order_accept_date'].min())
         print(order_all['order_accept_date'].max())
         print(order_all['delivered_date'].min())
         print(order_all['delivered_date'].max())

         2021-04-01 11:00
         2021-06-30 21:58
         2021-04-01 11:10
         2021-06-30 23:01
```

그림 1-18 날짜의 최솟값/최댓값 확인

위 코드를 실행하면 데이터 범위는 2021년 4월 1일부터 2021년 6월 30일까지인 것을 알
수 있습니다.

 테크닉 6 **불필요한 데이터를 제거하자**

지금까지 데이터의 결손값이나 통계량을 확인했습니다. 그중에는 분석에 포함하면 안 되
는 데이터가 섞여 있는 경우도 있습니다. 오류로 결손된 정보가 있는가 하면 시스템 테스

트 단계에서 만들어진 데이터가 섞여 있기도 하고, 운용 보수 담당자가 데이터를 만드는 경우도 있습니다. 이런 데이터는 극단적인 값을 가지고 있거나, 고객 코드나 매장 코드에 유지 보수를 위한 코드가 설정되어 있기도 합니다. 제외해야 할 데이터는 없는지 미리 의견을 구하거나 데이터 내용을 보고 확인하는 것이 좋습니다.

테크닉 5 에서 주문 금액의 최솟값과 최댓값을 확인했습니다. 확인 결과 극단적인 값은 없는 것으로 보입니다. 하지만 **테크닉 1** 에서 로딩한 매장 마스터에 유지 보수용 매장이 store_id: 999로 설정되어 있음을 알았습니다. 여기에서는 유지 보수용 매장의 주문 정보를 제거합니다.

```
order_data = order_all.loc[order_all['store_id'] != 999]
order_data
```

그림 1-19 불필요한 데이터를 제거한 결과

첫 번째 행에서는 매장 ID가 999가 아닌 데이터를 추출해서 order_data 변수에 저장합니다.

두 번째 행에서는 order_data의 건수를 확인할 수 있습니다. '707706'에서 '703886'으로 제거하기 전보다 건수가 줄었으므로 이 데이터에 보수용 매장 데이터가 포함되어 있었음을 알 수 있습니다.

이러한 유지 보수용 데이터는 언제 만들어졌는지 알 수 없으므로 미리 제거하는 것이 좋습니다. 여기에서는 언급하지 않았지만 **테크닉 5** 에서 실행한 describe 함수를 다시 실행해서 제거한 뒤 통계량을 확인해 둡니다.

마스터 데이터를 조인(결합)하자

분석의 기반이 될 주문 데이터를 정리했습니다. 다음은 마스터 데이터를 가로로 결합해
봅시다. 이 과정을 통해 무엇을 의미하는지 알 수 없던 코드값과 이름이 연결되므로 분석
이 쉬워집니다.

```
order_data = pd.merge(order_data, m_store, on='store_id', how='left')
order_data
```

In [23]:	order_data = pd.merge(order_data, m_store, on='store_id', how='left') order_data											
Out [23]:		order_id	store_id	customer_id	coupon_cd	sales_detail_id	order_accept_date	delivered_date	takeout_flag	total_amount	status	store_name	area_
	0	34104383	11	C65806632	57	61573513	2021-04-01 11:00	2021-04-01 11:39	1	28270	1	자양로점	
	1	70652318	59	C09760173	37	54068709	2021-04-01 11:00	2021-04-01 11:34	0	28270	2	가마산로2점	
	2	71640388	195	C61227084	17	93678366	2021-04-01 11:00	2021-04-01 11:54	0	26470	9	화중로점	
	3	75673365	127	C64119972	17	5287952	2021-04-01 11:00	2021-04-01 11:17	0	23080	2	분포로점	
	4	9077529	174	C10231192	18	18248867	2021-04-01 11:00	2021-04-01 11:35	0	46920	2	하남산단점	
	...	...	...	...	...	...	...	...	...	...	...	...	
	703881	17154702	157	C83348111	25	15969851	2021-06-30 21:58	2021-06-30 22:35	0	44620	2	우치로점	
	703882	49731888	185	C55784926	55	96862999	2021-06-30 21:58	2021-06-30 22:34	1	23280	1	조치원점	
	703883	93805252	79	C87712110	43	50807591	2021-06-30 21:58	2021-06-30 22:12	0	26150	2	종로2점	
	703884	33290611	116	C83096347	59	91424716	2021-06-30 21:58	2021-06-30 22:31	1	35020	1	해안새벽시장길점	
	703885	84666999	97	C55599659	94	99820440	2021-06-30 21:58	2021-06-30 22:41	0	23120	2	연제로점	
	703886 rows × 12 columns												

그림 1-20 매장 마스터 조인

첫 번째 행에서는 매장별 주문 건수를 확인하기 위해 order_data와 m_store를 조인join
합니다. 이때 각각의 공통 열은 store_id입니다. 공통 열을 on=으로 지정해서 연결할 값
을 가로로 결합할 수 있습니다. how=로 order_data와 m_store 중 주축으로 할 것을 지
정합니다. 여기에서는 order_data에 매장 마스터 정보를 연결할 것이므로 how='left'로
지정합니다.

두 번째 행에서는 매장 마스터의 1개 열이 추가되었음을 알 수 있습니다. 다음으로
order_data에 지역 마스터를 조인합니다.

```
order_data = pd.merge(order_data, m_area, on='area_cd', how='left')
order_data
```

In [24]:
```
order_data = pd.merge(order_data, m_area, on='area_cd', how='left')
order_data
```

Out[24]:

	order_id	store_id	customer_id	coupon_cd	sales_detail_id	order_accept_date	delivered_date	takeout_flag	total_amount	status	store_name	area_
0	34104383	11	C65806632	57	61573513	2021-04-01 11:00	2021-04-01 11:39	1	28270	1	자양로점	
1	70652318	59	C09760173	37	54068709	2021-04-01 11:00	2021-04-01 11:34	0	28270	2	가마산로2점	
2	71640388	195	C61227084	17	93678366	2021-04-01 11:00	2021-04-01 11:54	0	26470	9	화중로점	
3	75673365	127	C64119972	17	5287952	2021-04-01 11:00	2021-04-01 11:17	0	23080	2	분포로점	
4	9077529	174	C10231192	18	18248867	2021-04-01 11:00	2021-04-01 11:35	0	46920	2	하남산단점	
...	...	...	...	...	...	...	...	...	...	...	...	
703881	17154702	157	C83348111	25	15969851	2021-06-30 21:58	2021-06-30 22:35	0	44620	2	우치로점	
703882	49731888	185	C55784926	55	96862999	2021-06-30 21:58	2021-06-30 22:34	1	23280	1	조치원점	
703883	93805252	79	C87712110	43	50807591	2021-06-30 21:58	2021-06-30 22:12	0	26150	2	종로2점	
703884	33290611	116	C83096347	59	91424716	2021-06-30 21:58	2021-06-30 22:31	1	35020	1	해안새벽시 장길점	
703885	84666999	97	C55599659	94	99820440	2021-06-30 21:58	2021-06-30 22:41	0	23120	2	연제로점	

703886 rows × 14 columns

그림 1-21 지역 마스터 조인

첫 번째 행에서는 area_cd를 클론한 뒤 레프트 조인left join합니다. area_cd는 매장 마스터를 조인해 추가된 항목이므로 매장 마스터를 조인하기 전에는 지역 마스터를 조인할 수 없습니다. 데이터를 조인할 때는 순서와 키를 사전에 확인해 두어야 합니다.

두 번째 행에서는 항목이 2개 늘어나 있음을 알 수 있습니다. 구체적인 값은 출력 결과를 가로로 스크롤해 보면 확인할 수 있습니다.

 테크닉 8 **마스터가 존재하지 않는 코드에 이름을 설정하자**

주문 데이터를 확인하면 마스터가 존재하지 않는 코드가 있음을 알 수 있습니다. takeout_flag와 status라는 두 항목은 값을 볼 수는 있지만 마스터가 제공되지 않으므로 그 값이 무엇을 의미하는지는 알 수 없습니다.

실제 현장에서도 드물게 이런 데이터가 존재합니다. 담당자가 내용을 파악하고 있는 경우도 있으므로 가능하다면 의견을 들어 확인해 둡니다.

이번 데이터에서는 takeout_flag는 0: delivery, 1: takeout임을 확인했습니다. order_data에 takeout_name 항목을 추가하고 각각의 값에 연결해 이름을 설정합니다.

```
order_data.loc[order_data['takeout_flag'] == 0, 'takeout_name'] = 'delivery'
order_data.loc[order_data['takeout_flag'] == 1, 'takeout_name'] = 'takeout'
order_data
```

그림 1-22 takeout_flag 이름 설정

첫 번째 행에서는 takeout_flag가 0인 모든 데이터를 추출해서 takeout_name에 일괄적으로 delivery를 설정합니다. 두 번째 행에서도 마찬가지로 takeout_flag가 1인 모든 데이터를 대상으로 takeout_name에 takeout을 일괄 설정합니다.

status 항목을 확인한 결과 0: 주문 접수, 1: 지불 완료, 2: 배달 완료, 9: 주문 취소임을 알았습니다. 현재 데이터는 0: 주문 접수를 포함하지 않지만 만일을 위해 모든 이름을 추가해 둡니다.

```
order_data.loc[order_data['status'] == 0, 'status_name'] = '주문 접수'
order_data.loc[order_data['status'] == 1, 'status_name'] = '지불 완료'
order_data.loc[order_data['status'] == 2, 'status_name'] = '배달 완료'
order_data.loc[order_data['status'] == 9, 'status_name'] = '주문 취소'
order_data
```

In [24]:
```
order_data.loc[order_data['status'] == 0, 'status_name'] = '주문 접수'
order_data.loc[order_data['status'] == 1, 'status_name'] = '결제 완료'
order_data.loc[order_data['status'] == 2, 'status_name'] = '배달 완료'
order_data.loc[order_data['status'] == 9, 'status_name'] = '주문 취소'
order_data
```

Out [24]:

delivered_date	takeout_flag	total_amount	status	store_name	area_cd	wide_area	narrow_area	takeout_name	status_name
2021-04-01 11:39	1	28270	1	자양로점	SL	서울	서울	takeout	결제 완료
2021-04-01 11:34	0	28270	2	가마산로2점	SL	서울	서울	delivery	배달 완료
2021-04-01 11:54	0	26470	9	화중로점	GB	경기	경기북부	delivery	주문 취소
2021-04-01 11:17	0	23080	2	분포로점	BS	부산	부산	delivery	배달 완료
2021-04-01 11:35	0	46920	2	하남산단점	GJ	광주	광주	delivery	배달 완료
...	...	...	...	...	...	...	...	...	...
2021-06-30 22:35	0	44620	2	우치로점	GJ	광주	광주	delivery	배달 완료
2021-06-30 22:34	1	23280	1	조치원점	SJ	세종	세종	takeout	결제 완료
2021-06-30 22:12	0	26150	2	종로2점	SL	서울	서울	delivery	배달 완료
2021-06-30 22:31	1	35020	1	해안새벽시 장길점	BS	부산	부산	takeout	결제 완료
2021-06-30 22:41	0	23120	2	연제로점	BS	부산	부산	delivery	배달 완료

그림 1-23 status 이름 설정

첫 번째~네 번째 행에서는 앞과 마찬가지로 코드값에 연결된 이름을 일괄적으로 설정합니다.

다섯 번째 행에서는 status_name이 추가된 것을 확인할 수 있습니다.

분석 기초 테이블을 파일에 저장하자

주문 데이터를 가공했으므로 데이터프레임의 내용을 파일에 저장해 봅시다. 데이터를 저장해 두면 다른 기능에서 이용할 수 있으므로 적절한 시점에 파일로 저장해 둡니다. 여기에서는 현재 디렉터리 저장용 폴더를 만든 뒤 CSV 형식의 파일에 저장합니다.

```
output_dir = os.path.join(current_dir, 'output_data')
os.makedirs(output_dir, exist_ok=True)
```

```
[28]:  output_dir = os.path.join(current_dir, 'output_data')
       os.makedirs(output_dir, exist_ok=True)
```

그림 1-24 저장 폴더 작성

첫 번째 행에서는 os의 path.join 함수를 이용해 current_dir과 output_data 폴더를 연결합니다. 이 output_data 폴더가 저장용 폴더입니다.

두 번째 행에서는 os의 makedirs를 이용해 output_dir 변수에 저장한 폴더를 만듭니다. makedirs는 폴더가 이미 존재하면 에러가 발생하지만, exist_ok=True를 설정하면 에러를 방지할 수 있습니다. 이어서 데이터프레임의 내용을 파일에 저장해 봅시다.

```
output_file = os.path.join(output_dir, 'order_data.csv')
order_data.to_csv(output_file, index=False)
```

```
[29]:  output_file = os.path.join(output_dir, 'order_data.csv')
       order_data.to_csv(output_file, index=False)
```

그림 1-25 파일에 저장

첫 번째 행에서는 저장용 디렉터리와 저장용 파일 이름을 연결합니다.

두 번째 행에서는 order_data의 내용을 to_csv를 준비해 파일에 저장합니다. index=False로 지정함으로써 파일 로딩 및 유니온에 의해 설정된 인덱스를 제거합니다.

저장할 데이터에 인덱스를 포함하고 싶을 때는 index에 True를 지정합니다. 저장 디렉터리에 order_data.csv가 만들어집니다.

 ## 셀을 사용하기 쉽게 정리하자

지금까지 파일 로딩, 가공, 저장 처리할 수 있게 되었습니다. 이 상태 그대로 이용할 수도 있지만, 더 이해하기 쉬운 형태로 정리해 봅시다.

```python
# 라이브러리 임포트
import pandas as pd
import os
import glob

# 파일 로딩
m_store = pd.read_csv('m_store.csv')
m_area = pd.read_csv('m_area.csv')

# 주문 데이터 로딩
current_dir = os.getcwd()
tbl_order_file = os.path.join(current_dir, 'tbl_order_*.csv')
tbl_order_files = glob.glob(tbl_order_file)
order_all = pd.DataFrame()

for file in tbl_order_files:
    order_data = pd.read_csv(file)
    print(f'{file}:{len(order_data)}')
    order_all = pd.concat([order_all, order_data], ignore_index=True)

# 불필요한 데이터 제거
order_data = order_all.loc[order_all['store_id'] != 999]

# 마스터 데이터 결합
order_data = pd.merge(order_data, m_store, on='store_id', how='left')
order_data = pd.merge(order_data, m_area, on='area_cd', how='left')

# 이름 설정(수령 방법)
order_data.loc[order_data['takeout_flag'] == 0, 'takeout_name'] = 'delivery'
order_data.loc[order_data['takeout_flag'] == 1, 'takeout_name'] = 'takeout'
```

```
# 이름 설정(주문 상태)
order_data.loc[order_data['status'] == 0, 'status_name'] = '주문 접수'
order_data.loc[order_data['status'] == 1, 'status_name'] = '결제 완료'
order_data.loc[order_data['status'] == 2, 'status_name'] = '배달 완료'
order_data.loc[order_data['status'] == 9, 'status_name'] = '주문 취소'

.# 파일에 저장
output_dir = os.path.join(current_dir, 'output_data')
os.makedirs(output_dir, exist_ok=True)
output_file = os.path.join(output_dir, 'order_data.csv')
order_data.to_csv(output_file, index=False)
```

```
In [27]:  # 라이브러리 임포트
          import pandas as pd
          import os
          import glob

          # 파일 로딩
          m_store = pd.read_csv('m_store.csv')
          m_area = pd.read_csv('m_area.csv')

          # 주문 데이터 로딩
          current_dir = os.getcwd()
          tbl_order_file = os.path.join(current_dir, 'tbl_order_*.csv')
          tbl_order_files = glob.glob(tbl_order_file)
          order_all = pd.DataFrame()

          for file in tbl_order_files:
              order_data = pd.read_csv(file)
              print(f'{file}:{len(order_data)}')
              order_all = pd.concat([order_all, order_data], ignore_index=True)

          # 불필요한 데이터 제거
          order_data = order_all.loc[order_all['store_id'] != 999]

          # 마스터 데이터 결합
          order_data = pd.merge(order_data, m_store, on='store_id', how='left')
          order_data = pd.merge(order_data, m_area, on='area_cd', how='left')

          # 이름 설정(수령 방법)
          order_data.loc[order_data['takeout_flag'] == 0, 'takeout_name'] = 'delivery'
          order_data.loc[order_data['takeout_flag'] == 1, 'takeout_name'] = 'takeout'

          # 이름 설정(주문 상태)
          order_data.loc[order_data['status'] == 0, 'status_name'] = '주문 접수'
          order_data.loc[order_data['status'] == 1, 'status_name'] = '결제 완료'
          order_data.loc[order_data['status'] == 2, 'status_name'] = '배달 완료'
          order_data.loc[order_data['status'] == 9, 'status_name'] = '주문 취소'

          # 파일에 저장
          output_dir = os.path.join(current_dir, 'output_data')
          os.makedirs(output_dir, exist_ok=True)
          output_file = os.path.join(output_dir, 'order_data.csv')
          order_data.to_csv(output_file, index=False)

          C:\Users\cr             fPythonML-main\chapter01\tbl_order_202104.csv:233262
          C:\Users\cr             fPythonML-main\chapter01\tbl_order_202105.csv:241142
          C:\Users\cr             fPythonML-main\chapter01\tbl_order_202106.csv:233302
```

그림 1-26 코드 정리

코드가 한 셀에 모여 있어 주문 데이터 추가 시에는 이 셀 하나만 실행해 처리를 완료할
수 있습니다. 이번 정리의 포인트는 다음과 같습니다.

- 처리 단위를 고려해 셀의 수를 줄인다.
- import를 앞쪽으로 모은다.
- 적절한 주석을 붙인다(#을 붙인 행은 주석이 됩니다).

- 데이터 확인용 코드는 반드시 필요한 것만 남기고, 불필요한 것은 제거한다(데이터 프레임 출력이나 head() 등).

여기에서 중요한 한 가지가 바로 적절한 주석을 붙이는 것입니다. 주석을 붙이는 이유로 다른 사람과 코드를 공유할 때 이해를 돕는다는 점을 드는 경우가 많지만, 그 때문만은 아닙니다.

처리를 완료한 뒤에는 코드 내용을 보지 않게 됩니다. 하지만 코드를 개선해 달라는 요청은 코드 내용을 잊어버린 뒤에야 발생합니다. 한 달 뒤 여러분이 코드를 보고 왜 이런 코드를 작성했는지 기억하지 못한 경험이 자주 있을 것입니다. 미래의 내가 곤란하지 않도록 하기 위해서라도 처리의 개요나 주의점 등은 주석으로 남겨 두는 것을 권장합니다.

이것으로 첫 번째 테크닉 10가지를 마쳤습니다. 파일을 로딩하고 데이터 내용을 확인하면서 데이터를 가공하는 흐름을 익혔을 것으로 생각합니다. 이런 데이터 가공은 데이터 분석이나 머신러닝에서 필수 작업이므로 코드 내용까지 하나하나 자세히 설명했습니다.

앞에서도 이야기했지만 데이터 가공 단계에서 오류가 생기면 이후 시각화나 머신러닝의 결과도 잘못됩니다. 이러한 가공 오류는 현장에서 매우 달갑지 않은 것으로 신용에 큰 상처를 입게 되기도 합니다. 여러분이 찾아내지 못한 오류를 고객이 알게 되는 일이 반복되면 이후에는 의견조차 낼 수 없게 됩니다. 충분히 시간을 들여 가공한 데이터를 확실히 확인합니다.

다음 장에서는 이번 장에서 저장한 데이터를 시각화하고 간단한 분석을 수행합니다. 가공한 데이터에서 어떤 정보를 얻을 수 있을지 기대됩니다.

CHAPTER

02 데이터를 시각화하고 분석하기 위한 테크닉 10

앞 장에서는 데이터 가공의 기본을 학습하고 기초 데이터를 만들었습니다. 이번 장에서는 기초 데이터를 이용한 분석을 수행합니다. 데이터 분석이 무엇인지, 어떻게 하면 데이터를 읽고 이해할 수 있는지 학습합니다. 그 과정에서 데이터 시각화 기술을 익히고 간단한 머신러닝도 수행해 봅시다.

- 테크닉 11: 데이터를 로딩하고 불필요한 항목을 제외하자
- 테크닉 12: 데이터 전체 이미지를 파악하자
- 테크닉 13: 월별 매출을 집계하자
- 테크닉 14: 월별 추이를 시각화하자
- 테크닉 15: 매출에서 히스토그램을 만들자
- 테크닉 16: 시/도/군/구별 매출을 집계해서 시각화하자
- 테크닉 17: 클러스터링을 위해 데이터를 가공하자
- 테크닉 18: 클러스터링을 이용해 매장을 그룹화하자
- 테크닉 19: 그룹의 경향을 분석하자
- 테크닉 20: 클러스터링 결과를 t-SNE로 시각화하자

앞에서 기본적인 데이터 가공을 마스터한 여러분은, 한시라도 빨리 무언가의 경향을 파악하고 싶어 합니다. 데이터 분석이라 해도 다양한 시점과 다양한 기술이 존재합니다. 먼저 간단한 분석에서 시작해 복잡한 분석으로 시점을 넓혀 가면서 필요한 지식과 기술을 익힙니다.

전제조건 --

이번 장에서는 1장에서 만든 데이터 파일을 다룹니다.

표 2-1 **데이터 목록**

No.	파일명	설명
1	order_data.csv	1장에서 만든 주문 데이터

테크닉 11 데이터를 로딩하고 불필요한 항목을 제외하자

먼저 1장의 **테크닉 9** 와 **테크닉 10** 에서 저장한 주문 데이터(내용은 같습니다)를 로딩해 내용을 확인해 봅시다.

```
import pandas as pd
order_data = pd.read_csv('order_data.csv')
print(len(order_data))
order_data.head()
```

```
In [1]: import pandas as pd
        order_data = pd.read_csv('order_data.csv')
        print(len(order_data))
        order_data.head()

        703886

Out[1]:
```

	order_id	store_id	customer_id	coupon_cd	sales_detail_id	order_accept_date	delivered_date	takeout_flag	total_amount	status	store_name	area_cd	w
0	34104383	11	C65806632	57	61573513	2021-04-01 11:00	2021-04-01 11:39	1	28270	1	자양로점	SL	
1	70652318	59	C09760173	37	54068709	2021-04-01 11:00	2021-04-01 11:34	0	28270	2	가마산로2점	SL	
2	71640388	195	C61227084	17	93678366	2021-04-01 11:00	2021-04-01 11:54	0	26470	9	화동로점	GB	
3	75673365	127	C64119972	17	5287952	2021-04-01 11:00	2021-04-01 11:17	0	23080	2	분포로점	BS	
4	9077529	174	C10231192	18	18248867	2021-04-01 11:00	2021-04-01 11:35	0	46920	2	하남산단점	GJ	

그림 2-1 order_data 로딩 결과

문제없이 데이터를 로딩할 수 있습니다. 이 데이터에는 이번 분석에서 필요하지 않은 데이터도 포함되어 있으므로 해당 데이터를 제거합니다.

```
order_data = order_data.loc[(order_data['status'] == 1)|(order_data['status'] == 2)]
print(len(order_data))
order_data.columns
```

```
In [2]: order_data = order_data.loc[(order_data['status'] == 1)|(order_data['status'] == 2)]
        print(len(order_data))
        order_data.columns

        574435

Out[2]: Index(['order_id', 'store_id', 'customer_id', 'coupon_cd', 'sales_detail_id',
               'order_accept_date', 'delivered_date', 'takeout_flag', 'total_amount',
               'status', 'store_name', 'area_cd', 'wide_area', 'narrow_area',
               'takeout_name', 'status_name'],
              dtype='object')
```

그림 2-2 필터링 결과

첫 번째 행에서는 loc을 사용해 status가 1 또는 2인 데이터만 추출합니다. **테크닉 8** 에서 status=0은 주문 접수, status=9는 주문 취소임을 알고 있습니다. 이번 분석의 핵심은 금액이기 때문에 상태 항목을 제외했지만 주문 횟수나 주문 취소 횟수를 확인하는 등 분석 관점에 따라서는 그대로 두는 것이 나을 수도 있습니다. 분석 관점에 따라 어떤 데이터를 제외할 것인지 신중하게 고려해야 합니다. 그렇지 않으면 앞 단계에서 필요한 정보가 삭제되어 버리기도 합니다. 데이터를 가공할 때는 어떤 지점에서 추가 혹은 삭제할 수 있는지 충분히 고려합니다.

또한, loc로 여러 조건을 지정할 때는 각 조건을 ( )로 감싸고, &(and) 혹은 |(or) 연산자
로 연결하는 점에 주의합니다.

이어서 불필요한 항목을 제외합니다.

```
analyze_data = order_data[[
    'store_id', 'customer_id', 'coupon_cd',
    'order_accept_date', 'delivered_date', 'total_amount',
    'store_name', 'wide_area', 'narrow_area',
    'takeout_name', 'status_name']]
print(analyze_data.shape)
analyze_data.head()
```

그림 2-3 분석용 데이터

order_data 항목으로 필터링해서 analyze_data에 저장합니다. 이번 데이터는 레코
드 수가 그렇게 많지 않지만, 레코드 수나 항목 수가 매우 많은 큰 데이터를 다룰 때는
대상 데이터를 가능한 한 작게 하는 편이 처리 속도나 메모리 사용량 측면에서 좋습니
다. 항목 수가 많으면 일일이 코드로 작성하는 것이 어려우므로 이전 셀의 order_data.
columns에서 화면에 표시한 항목을 복사해서 붙여넣은 뒤 불필요한 항목을 삭제합니다.

또 다른 방법으로는 모든 항목을 analyze_data에 추가한 다음 불필요한 항목을 뒤에서
지정해 삭제할 수도 있습니다. 상황에 맞춰 효과적으로 가공합니다.

데이터 전체 이미지를 파악하자

다음으로 분석용 데이터의 통계량을 확인합니다. 테크닉 5 에서 사용한 describe()를 이용해 다시 확인합니다.

```
analyze_data.describe()
```

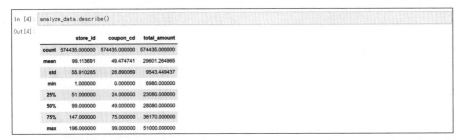

그림 2-4 **분석용 데이터의 통계량**

describe()는 수치 타입 항목을 집계하기 때문에 store_id와 coupon_cd도 집계합니다. 다시 한번 데이터 타입을 확인해 봅시다.

```
analyze_data.dtypes
```

```
In [5]:  analyze_data.dtypes
Out[5]:  store_id            int64
         customer_id         object
         coupon_cd           int64
         order_accept_date   object
         delivered_date      object
         total_amount        int64
         store_name          object
         wide_area           object
         narrow_area         object
         takeout_name        object
         status_name         object
         dtype: object
```

그림 2-5 **분석용 데이터의 데이터 타입(변경 전)**

각각 수치 타입인 int64입니다. 이를 문자열 타입으로 변경해 봅시다.

```
analyze_data[['store_id', 'coupon_cd']] = analyze_data[
    ['store_id', 'coupon_cd']].astype(str)
analyze_data.dtypes
```

```
In [6]:  analyze_data[['store_id', 'coupon_cd']] = analyze_data[
             ['store_id', 'coupon_cd']].astype(str)
         analyze_data.dtypes

         c:\python\python38\lib\site-packages\pandas\core\frame.py:2960: SettingWithCopyWarning:
         A value is trying to be set on a copy of a slice from a DataFrame.
         Try using .loc[row_indexer,col_indexer] = value instead

         See the caveats in the documentation: https://pandas.pydata.org/pandas-docs/stable/user_guide/indexing.html#returning-a-view-versus-a
         -copy
           self[k1] = value[k2]
Out [6]:  store_id              object
          customer_id          object
          coupon_cd            object
          order_accept_date    object
          delivered_date       object
          total_amount          int64
          store_name           object
          wide_area            object
          narrow_area          object
          takeout_name         object
          status_name          object
          dtype: object
```

그림 2-6 분석용 데이터의 데이터 타입(변경 후)

2개 항목에 .astype(str)을 지정해 문자열 타입으로 변경했기 때문에 타입이 object로 바뀌었습니다. 이 명령어를 실행할 때 주피터 노트북에 표시되는 주의 메시지warning가 조금 신경 쓰입니다. 'analyze_data의 타입을 변경했으나 원래는 analyze_data의 참조 소스인 order_data의 타입을 변경해야 한다'는 내용의 메시지입니다. 데이터를 미리 잘 정리했다면 이런 상황은 피할 수 있지만 처리 도중 피치 못해 그렇게 할 수 없을 때도 있습니다. 또한, 타입 변환은 뒤에서도 나오므로 필요한 위치에서 실행하면 됩니다. 주의 메시지를 표시하지 않도록 하는 코드를 임시로 추가합니다.

```
import warnings
warnings.filterwarnings('ignore')
```

이 코드는 어디까지나 임시 수단이므로 가능한 주의 메시지를 발생시키지 않도록 코드를 작성하는 것이 좋습니다.

다시 한번 describe()로 통계량을 표시해 봅시다.

```
analyze_data.describe()
```

```
In [8]: analyze_data.describe()

Out[8]:
                 total_amount
          count  574435.000000
           mean   29601.264965
            std    9543.449437
            min    6980.000000
            25%   23080.000000
            50%   28080.000000
            75%   36170.000000
            max   51000.000000
```

그림 2-7 분석용 데이터의 통계량

이제 수치 타입인 total_amount만 집계됩니다. 여기에서 확인해야 하는 값은 전체 통계
이며 피자 체인 그룹 전체의 매출을 보는 관점입니다. 이제부터는 더 깊이 파고들어 어떤
관점에서 데이터를 볼 수 있는지 생각해 봅시다.

테크닉 13 월별 매출을 집계하자

한 걸음 더 나간 관점에서 데이터를 확인해 봅시다. 앞에서 매출 합계를 확인했지만 이
수준에서 데이터를 보기에는 한계가 있습니다. 이번에는 데이터를 월별로 집계해 봅시다.
이번 데이터에는 날짜 항목이 두 가지이므로 월별 데이터 집계에 이용할 수 있습니다. 하
지만 두 항목 모두 object 타입이기 때문에 이 상태 그대로는 집계할 수 없습니다. 먼저
날짜 타입으로 변환한 뒤, 연도와 월 항목을 만듭니다.

```python
analyze_data['order_accept_date'] = pd.to_datetime(
    analyze_data['order_accept_date'])
analyze_data['order_accept_month'] = analyze_data[
    'order_accept_date'].dt.strftime('%Y%m')
analyze_data[['order_accept_date', 'order_accept_month']].head()
```

```
In [9]: analyze_data['order_accept_date'] = pd.to_datetime(
            analyze_data['order_accept_date'])
        analyze_data['order_accept_month'] = analyze_data[
          'order_accept_date'].dt.strftime('%Y%m')
        analyze_data[['order_accept_date', 'order_accept_month']].head()

Out [9]:
           order_accept_date   order_accept_month
      0   2021-04-01 11:00:00            202104
      1   2021-04-01 11:00:00            202104
      3   2021-04-01 11:00:00            202104
      4   2021-04-01 11:00:00            202104
      5   2021-04-01 11:00:00            202104
```

그림 2-8 주문 접수 일시 편집

첫 번째 행에서는 pandas의 to_datetime을 이용해 order_accept_date를 날짜 타입으로 변환합니다. 그리고 두 번째 행에서는 order_accept_date를 기반으로 order_accept_month를 추가합니다. dt.strftime은 열을 임의의 포맷 문자열로 일괄 변환하는 함수입니다. %Y%m으로 연월 포맷을 지정합니다.

이번 장에서 사용하는 날짜는 order_accept_date뿐입니다. 그러나 만약을 위해 delivered_date도 함께 변환해 둡니다. 날짜 타입 항목이 여럿 있을 때는 각 항목의 차를 계산해서 소요 일수나 소요 시간을 얻는 경우가 빈번합니다. 타입 변환을 어중간하게 해 두면 막상 사용해야 하는 순간에 혼란을 일으키기도 하므로 즉시 사용하지 않더라도 타입을 정리해 두면 좋습니다.

```
analyze_data['delivered_date'] = pd.to_datetime(
    analyze_data['delivered_date'])
analyze_data['delivered_month'] = analyze_data[
    'delivered_date'].dt.strftime('%Y%m')
analyze_data[['delivered_date', 'delivered_month']].head()
```

```
In [9]: analyze_data['order_accept_date'] = pd.to_datetime(
            analyze_data['order_accept_date'])
        analyze_data['order_accept_month'] = analyze_data[
          'order_accept_date'].dt.strftime('%Y%m')
        analyze_data[['order_accept_date', 'order_accept_month']].head()

Out [9]:
           order_accept_date   order_accept_month
      0   2021-04-01 11:00:00            202104
      1   2021-04-01 11:00:00            202104
      3   2021-04-01 11:00:00            202104
      4   2021-04-01 11:00:00            202104
      5   2021-04-01 11:00:00            202104
```

그림 2-9 배달 완료 일시 편집

마찬가지로 처리했습니다. analyze_data의 데이터 타입을 다시 확인해 봅시다.

```
analyze_data.dtypes
```

```
In [11]:  analyze_data.dtypes

Out[11]:  store_id                object
          customer_id             object
          coupon_cd               object
          order_accept_date       datetime64[ns]
          delivered_date          datetime64[ns]
          total_amount            int64
          store_name              object
          wide_area               object
          narrow_area             object
          takeout_name            object
          status_name             object
          order_accept_month      object
          delivered_month         object
          dtype: object
```

그림 2-10 날짜 데이터 타입 확인

각 날짜가 datetime64[ns] 타입으로 변경되었으므로 날짜 항목으로 이용할 수 있습니다. 이제 통계 데이터를 월별로 확인해 봅시다.

```
month_data = analyze_data.groupby('order_accept_month')
month_data.describe()
```

```
In [12]:  month_data = analyze_data.groupby('order_accept_month')
          month_data.describe()

Out[12]:
```

	total_amount							
	count	mean	std	min	25%	50%	75%	max
order_accept_month								
202104	189388.0	29594.948571	9541.173902	6980.0	23080.0	28080.0	35860.0	51000.0
202105	195699.0	29605.344432	9550.949075	6980.0	23080.0	28080.0	36170.0	51000.0
202106	189348.0	29603.366394	9538.016581	6980.0	23080.0	28080.0	36170.0	51000.0

그림 2-11 월별 통계 데이터

월별 데이터를 확인한다는 것은 월 단위로 그룹을 만들어 그룹별로 계산한다는 의미입니다. 코드를 보면 analyze_data의 order_accept_month를 키로 groupby()한 결과를 month_data에 저장합니다. 여기에 describe()를 실행해 월별 통계를 얻습니다. 다음 코드로 합계 금액도 확인할 수 있습니다.

```
month_data.sum()
```

그림 2-12 **월별 통계 데이터(합계)**

이번에는 월별 추이를 확인했지만 마찬가지로 다른 정보들도 집계할 수 있습니다. 예를 들어, 지역별 집계 또는 매장별 집계 등으로 시점을 바꿈으로써 간단하게 분석을 시작할 수 있습니다.

월별 추이를 시각화하자

테크닉 13 에서는 월간 매출을 표 형식으로 확인했습니다. 이번에는 같은 내용을 그래프로 시각화해 봅시다. 데이터를 다룰 때는 오래전부터 많이 사용하던 표 형식을 선호하는 사람도 있습니다. 사실 표 형식은 값을 비교하는 목적으로는 적합하지 않습니다. 표 안에서 숫자를 추출해 비교하는 작업을 데이터를 보는 사람이 해야 할 뿐만 아니라, 전체 중 순위를 확인하기 위해 머릿속으로 계속 계산해야 하기 때문입니다. 별도로 계산하지 않고도 직관적으로 이해할 수 있는 그래프로 시각화하는 것은 매우 중요합니다. 인식해야 할 정보량을 줄이는 동시에 이해하기 쉽게 시각화하는 작업이 단순하게 느껴질지도 모릅니다. 하지만 시각화는 실제 매우 심오한 분야이며 시각화 하나만으로도 큰 연구 주제입니다. 당연하다고 느껴질지 모르지만, 그래프를 이용한 시각화는 데이터의 이해를 돕는 중요한 기법임에도 불구하고 그 효과의 크기를 제대로 인식하는 사람은 의외로 많지 않습니다.

본격적인 시각화 기법은 다른 기회에 다루기로 하고 여기에서는 파이썬으로 할 수 있는 간단하면서도 현장에서 도움이 되는 기술을 익혀 봅시다. 파이썬 라이브러리인 `matplotlib`을 이용합니다.

```
import matplotlib.pyplot as plt
%matplotlib inline

# 한글 폰트 처리
import os

if os.name == 'nt':  # Windows
    plt.rc('font', family='Malgun Gothic')
elif os.name == 'posix':  # macOS
    plt.rc('font', family='AllieGothic')

plt.rc('axes', unicode_minus=False)  # minus font settings

month_data.sum().plot()
```

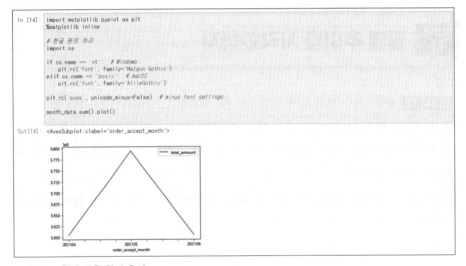

그림 2-13 월별 매출 합계 추이

먼저 matplotlib을 임포트합니다. pyplot은 matplotlib 패키지의 모듈로 첫 번째 행과
같이 일반적으로 plt로 줄여서 작성합니다. 두 번째 행의 %matplotlib inline은 주피터
노트북 위에 그래프를 그릴 때 작성합니다.

세 번째 행에서는 그래프(범례 등)에 한국어를 표기하기 위한 처리를 합니다. matplotlib
은 한국어에 대응하고 있지 않아 범례 등이 한국어로 올바르게 표시되지 않습니다. 그럴
때 사용할 수 있는 방법이므로 참고하기 바랍니다.

그리고 합계 금액을 알기 위해 month_data를 sum()으로 집계하고 plot()으로 그래프를 그립니다. 5월 매출이 다른 달 매출보다 크다는 것을 숫자로 비교할 때보다 직관적으로 알 수 있습니다. 다음으로, 매출 평균액을 시각화해 봅시다.

```
month_data.mean().plot()
```

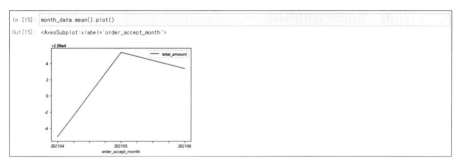

그림 2-14 월별 매출 평균액 추이

sum()을 mean()으로 바꾸었습니다. 월별 평균 금액도 5월이 꽤 높지만 합계 금액과는 그 경향이 다름을 확인할 수 있습니다. 이런 경향을 보면 평소 매출이 어느 정도이고, 매출이 올랐을 때 얼마나 가설이 들어 맞았는지 분석할 수 있습니다.

테크닉 15 매출로부터 히스토그램을 만들자

이어서 매출로부터 히스토그램을 만들어 봅시다. 히스토그램을 이용해 매출 분포를 볼 수 있습니다. 먼저 히스토그램이 어떤 것인지 출력해 봅시다.

```
plt.hist(analyze_data['total_amount'])
```

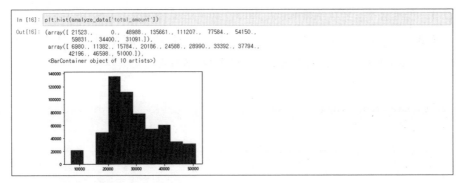

그림 2-15 히스토그램

plt.hist()로 대상 데이터를 지정해 간단히 히스토그램을 표시했습니다. 가로축은 가격대, 세로축은 레코드 수입니다. 결과를 보면 주문 1건당 20,000~30,000원의 주문이 많습니다. 이를 지역이나 매장 단위로 보면 고객층의 특징을 파악하는 단서로 사용할 수 있습니다. 다음 대책을 수립할 때도 중요한 요소가 됩니다. 파티 메뉴를 준비할 때 어느 정도의 가격까지 허용해야 수요와 매치되는지 검토할 수 있는 재료가 됩니다.

여기에서 만든 히스토그램은 가로축이 10단계로 나뉘어 있습니다. 단계 수를 지정하지 않으면 자동으로 설정됩니다. 임의로 변경할 수도 있으므로 단계를 더 세분화해 봅시다.

```
plt.hist(analyze_data['total_amount'], bins=21)
```

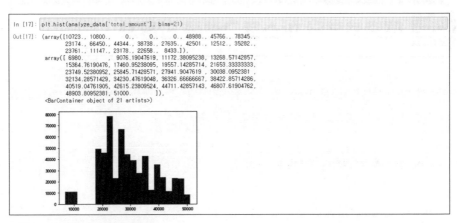

그림 2-16 히스토그램(빈 값 변경)

빈(bins) 값을 지정해 가로축의 단계 수를 바꿀 수 있습니다. 이번 그래프를 보면 실제 요철이 더 많은 것을 알 수 있습니다. 최적의 단계 수를 계산하는 공식도 있으나 여기에서는 설명하지 않습니다. 단계를 구분하는 정도는 상황에 따라 다르므로 먼저 기본 출력되는 데이터를 보는 것부터 시작합니다. 너무 세세하게 구분하면 각 요철에 관해 설명하기가 어려워집니다. 빈 값을 바꿔 가면서 어떤 경향이 보이며 이를 어떻게 해석할 수 있는지, 그리고 그 해석이 타당한지 등을 고려합니다.

테크닉 16 시/도/군/구별 매출을 집계해서 시각화하자

분석 범위를 좀더 좁혀 봅시다. 분석할 때는 넓은 범위에서 시작해 범위를 점차 좁히는 것이 좋습니다. 여기에서는 지역별 매출을 확인해 봅시다. 이번 데이터에는 wide_area와 narrow_area가 제공됩니다. 테크닉 1 에서 로딩한 지역 마스터를 확인해 보면 narrow_area는 시/도/군/구, wide_area는 경기도 남북부를 하나로 묶은 것임을 알 수 있습니다. 여기에서는 시/도/군/구별로 집계할 것이므로 narrow_area를 사용합니다. 그럼 시/도/군/구의 월별 매출을 피봇 테이블pivot table을 이용한 교차 집계로 표시해 봅시다.

```
pre_data = pd.pivot_table(
    analyze_data, index='order_accept_month',
    columns='narrow_area', values='total_amount',
    aggfunc='mean')
pre_data
```

```
In [18]:  pre_data = pd.pivot_table(
              analyze_data, index='order_accept_month',
              columns='narrow_area', values='total_amount',
              aggfunc='mean')
          pre_data
```

narrow_area	경기남부	경기북부	광주	대전	부산	서울	세종
order_accept_month							
202104	29921.372816	29411.301522	29779.375703	29596.448941	29480.050738	29602.127172	29471.925249
202105	29984.839912	29486.277805	29763.962208	29524.168829	29501.991619	29633.118114	29415.088028
202106	29890.268365	29467.159844	29773.368348	29563.722047	29503.018255	29625.387817	29353.566644

그림 2-17 **시/도/군/구별 매출**

pandas.pivot_table()로 교차 집계를 수행합니다. 콤마(,)로 구분한 인수는 다음과 같습니다.

- 인수 1: 집계 대상 데이터 analyze_data
- 인수 2: index: 행 이름 order_accept_month
- 인수 3: columns: 열 이름 narrow_area
- 인수 4: values: 사용하는 값 total_amount
- 인수 5: aggfunc: 집계 방법 mean(평균값)

이러한 교차 집계표는 자주 볼 수 있을 것입니다. 그런데 이 표 안에서 순위를 매기기는 어렵다고 생각하지 않습니까? 표가 세밀할수록 순위 선정은 더욱 어려워집니다. 그래서 특징을 간략하게 알 수 있도록 시각화해야 합니다. 그 결과를 그래프로 시각화해 봅시다.

```
plt.plot(list(pre_data.index), pre_data['서울'], label='서울')
plt.plot(list(pre_data.index), pre_data['부산'], label='부산')
plt.plot(list(pre_data.index), pre_data['대전'], label='대전')
plt.plot(list(pre_data.index), pre_data['광주'], label='광주')
plt.plot(list(pre_data.index), pre_data['세종'], label='세종')
plt.plot(list(pre_data.index), pre_data['경기남부'], label='경기남부')
plt.plot(list(pre_data.index), pre_data['경기북부'], label='경기북부')
plt.legend()
```

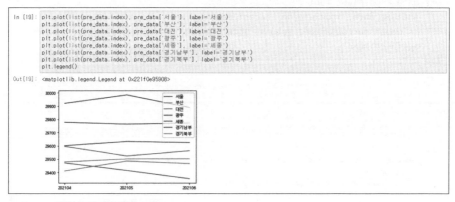

그림 2-18 시/도/군/구별 매출 그래프

테크닉 14 에서 정의한 plt에 각 시도군의 값을 설정했습니다. plot()의 인수는 다음과 같습니다.

- 인수 1: 인덱스(행) 리스트
- 인수 2: 이용할 칼럼(열)
- 인수 3: 범례에 표시할 값

이것으로 지역별 평균 매출을 시각화했습니다. 시/도/군/구에서의 금액 차이가 확연하게 크지는 않지만 경기남부의 평균 매출이 가장 높고 세종의 평균 매출이 가장 낮음을 알 수 있습니다.

테크닉 17 클러스터링을 위해 데이터를 가공하자

여기까지 진행했다면 분석 시점을 매장 단위까지 좁힐 수 있습니다. 모든 점포의 매출을 그래프에 한꺼번에 나타내면 어떻게 될까요? **테크닉 1**에서 매장 마스터 데이터를 로딩해 봤습니다. 매장 수는 약 200여 개였으며 이를 그대로 시각화하면 대상이 너무 많아 특징을 잡아내기 어려울 것입니다.

시/도/군/구별로 나누거나 특정 매장만을 범위로 하는 등 다양한 방법이 있습니다. 여기에서는 클러스터링clustering으로 매장을 그룹화해 봅시다. 각 매장의 특징에 기반해 몇 가지 그룹으로 나눌 수 있다면 해당 그룹의 특징에 맞춰 대상을 찾아낼 수 있을지도 모릅니다. 먼저 주문 데이터를 매장별로 집계해 클러스터링에 사용할 수 있는 상태로 만들어 봅시다.

```
store_clustering = analyze_data.groupby('store_id').agg(
    ['size', 'mean', 'median', 'max', 'min'])['total_amount']
store_clustering.reset_index(inplace=True, drop=True)
print(len(store_clustering))
store_clustering.head()
```

```
In [20]:  store_clustering = analyze_data.groupby('store_id').agg(
              ['size', 'mean', 'median', 'max', 'min'])['total_amount']
          store_clustering.reset_index(inplace=True, drop=True)
          print(len(store_clustering))
          store_clustering.head()

          196
Out [20]:
```

	size	mean	median	max	min
0	2879	31295.953456	30500	51000	18570
1	2290	29912.462882	27320	51000	6980
2	3776	29462.039195	28080	51000	6980
3	1743	30743.878371	28770	47440	18990
4	2758	28467.396664	27910	47440	6980

그림 2-19 **매장별 통계량**

analyze_data를 store_id 기준으로 groupby()합니다. 집계한 값은 total_amount로 하고, agg()로 주문 수, 평균값, 중앙값, 최댓값, 최솟값을 계산해서 store_clustering에 저장합니다. 두 번째 행의 reset_index(inplace = True, drop = True)[2]로 인덱스를 초기화합니다. 이는 이후 클러스터링 결과를 시각화하기 위한 처리입니다. 인덱스를 초기화하는 경우도 종종 있으므로 코드 작성 방법을 알아 두면 좋습니다. 세 번째 행에서는 그룹화한 결과가 매장 수와 같음을 확인한 뒤, 마지막으로 데이터 내용을 확인합니다.

이것으로 클러스터링 준비를 마쳤습니다. 클러스터링 전에 각 매장의 상황을 시각화해 봅시다. matplotlib으로도 시각화가 가능하지만 여기에서는 seaborn 라이브러리를 이용해 봅시다.

```
import seaborn as sns
hexbin = sns.jointplot(x='mean', y='size', data=store_clustering, kind='hex')
```

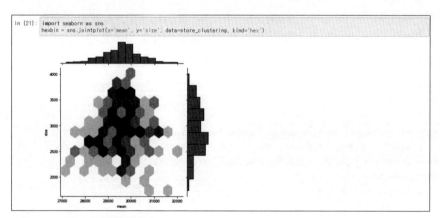

그림 2-20 **매장 분포(육각형 비닝)**

2　(옮긴이) inplace 인수는 데이터프레임의 직접 수정 여부를 나타내며 True이면 직접 수정, False이면 사본을 만들어 수정합니다. drop 인수는 데이터프레임 컬럼에 인덱스 추가 여부를 나타내며 True이면 인덱스를 초기화하고, False이면 인덱스를 초기화하지 않습니다.

어떻습니까? 간단한 코드로 이렇게 멋진 그래프를 그릴 수 있습니다.

첫 번째 행에서는 seaborn 라이브러리를 임포트하고 as sns로 별명을 붙입니다. 그리고 두 번째 행에서는 seaborn의 jointplot()으로 그래프를 그립니다. 인수로 x와 y에 평균 값과 주문 수, data에 store_clustering, 그래프 종류(kind)에 hex를 지정합니다. 순수한 산포도는 점의 수를 그대로 그래프로 그려 주지만 점이 너무 많으면 산포도의 효과가 발휘되지 않기도 합니다. 육각형 비닝hexagonal binning은 영역을 육각형으로 나누고 해당 영역에 포함된 점의 수를 색의 진하기로 표현합니다. 그래프의 종류kind를 생략하면 일반적인 산포도가 표시되고, kind = 'kde'로 지정하면 밀도가 표시됩니다.

1회 주문당 29,000원부터 30,000원의 주문이 많은 것으로 보입니다. 주문 수에도 극단적인 특잇값outlier은 없는 것을 알 수 있습니다. 이렇게 가공한 데이터를 시각화함으로써 분석 시점이나 기준면을 확장할 수 있습니다.

테크닉 18 **클러스터링을 이용해 매장을 그룹화하자**

이제 매장에 대해 클러스터링해 봅시다. 파이썬의 머신러닝 라이브러리인 scikit-learn 을 임포트하고 K-means 알고리즘을 이용해 클러스터링합니다. 이 책을 보고 있는 여러분이라면 머신러닝에 관한 지식을 이미 가지고 있을 것입니다. 하지만 만약을 위해 머신러닝에 관해 간단하게 짚어 봅시다.

머신러닝은 크게 지도 학습Supervised Learning, 비지도 학습Unsupervised Learning, 강화 학습Reinforcement Learning의 세 가지로 구분됩니다. 그중에서도 지도 학습과 비지도 학습을 많이 이용합니다. AI 데이터를 예측하고 분류하기 위한 특징을 사람이 정의해서 특징량으로 입력하고, 이를 AI가 학습함으로써 미지의 데이터를 예측 및 분류할 수 있습니다.

지도 학습은 정답에 관한 정보까지 입력하는 학습 방법, 비지도 학습은 정답에 관한 정보를 입력하지 않는 학습 방법입니다. 여기에서 이용하는 K-means 알고리즘은 비지도 학습입니다. 무엇이 정답인지 모르는 상태에서 주어진 특징을 기반으로 데이터를 그룹화할 수 있습니다(여기에서는 클래스와 그룹을 같은 것으로 간주합니다).

그럼 실제로 클러스터링해 봅시다.

```
from sklearn.cluster import KMeans
from sklearn.preprocessing import StandardScaler
sc = StandardScaler()
store_clustering_sc = sc.fit_transform(store_clustering)

kmeans = KMeans(n_clusters=4, random_state=0)
clusters = kmeans.fit(store_clustering_sc)
store_clustering['cluster'] = clusters.labels_
print(store_clustering['cluster'].unique())
store_clustering.head()
```

In [22]:
```
from sklearn.cluster import KMeans
from sklearn.preprocessing import StandardScaler
sc = StandardScaler()
store_clustering_sc = sc.fit_transform(store_clustering)

kmeans = KMeans(n_clusters=4, random_state=0)
clusters = kmeans.fit(store_clustering_sc)
store_clustering['cluster'] = clusters.labels_
print(store_clustering['cluster'].unique())
store_clustering.head()
```
[2 0 3 1]

Out [22]:

	size	mean	median	max	min	cluster
0	2879	31295.953456	30500	51000	18570	2
1	2290	29912.462882	27320	51000	6980	0
2	3776	29462.039195	28080	51000	6980	0
3	1743	30743.878371	28770	47440	18990	2
4	2758	28467.396664	27910	47440	6980	3

그림 2-21 클러스터링 결과

첫 번째~두 번째 행에서는 필요한 라이브러리를 임포트하고 세 번째~네 번째 행에서는 데이터 표준화normalization를 수행합니다. 여기에서 이용하는 데이터는 매장별 주문 수와 매출액입니다. 지역에 따라 주문 수에는 차이가 있으며 값의 스케일이 다를 가능성이 있습니다. 이렇게 머신러닝에 이용하는 데이터의 자릿수가 다를 가능성이 있을 때는 표준화 작업을 통해 스케일을 맞춰야 합니다. 빈 행 뒤에 클러스터 수와 난수 시드를 정의합니다.

여기에서는 클러스터 수를 4로 했습니다. 특정한 값이 좋다고 단언할 수는 없으므로 클러스터 수를 바꿔 가면서 몇 차례 시도해 보기 바랍니다. 난수 시드를 고정하는 이유는 결과가 매번 달라지는 것을 방지하기 위함입니다. 난수 시드를 고정하지 않으면 매번 결과가 달라지므로 어느 정도 분석이 진행될 때까지는 고정하는 것이 좋습니다. 다음 행에서 모델을 구축하고, 다음 행에서 클러스터링 결과를 store_clustering['cluster']에 저장합니다. 이렇게 클러스터링 결과를 데이터로 가짐으로써 이후의 분석에 이용할 수 있습니다. 여기에서는 0, 1, 2, 3의 4개 클러스터로 나눴습니다.

테크닉 19 그룹의 경향을 분석하자

4개 그룹의 경향을 분석해 봅시다. 먼저 각 그룹의 건수를 확인해 봅시다.

```
store_clustering.columns = ['월 건수', '월 평균값', '월 중앙값',
                            '월 최댓값', '월 최솟값', 'cluster']
store_clustering.groupby('cluster').count()
```

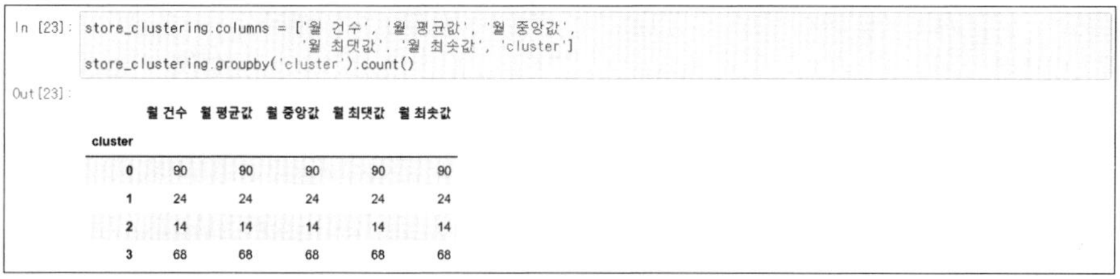

```
In [23]: store_clustering.columns = ['월 건수', '월 평균값', '월 중앙값',
                                      '월 최댓값', '월 최솟값', 'cluster']
         store_clustering.groupby('cluster').count()
Out [23]:
                 월 건수   월 평균값   월 중앙값   월 최댓값   월 최솟값
         cluster
             0     90      90      90      90      90
             1     24      24      24      24      24
             2     14      14      14      14      14
             3     68      68      68      68      68
```

그림 2-22 **그룹별 건수**

첫 번째 행에서는 store_clustering 항목을 추가합니다. 여기에서 추가한 항목은 클러스터링에 사용한 항목에 맞춰져 있습니다. 그리고 두 번째 행에서는 cluster를 키로 그룹화를 수행하고, 각각의 건수를 count()로 얻습니다. 특징을 기반으로 그룹화한 것이므로 클러스터별 건수는 다릅니다. 건수를 알지만 평균값을 모르는 상황은 없으므로 가로축의 값은 같습니다.

건수만 보면 클러스터 0과 3이 많고, 클러스터 1과 2가 적습니다. 건수가 적은 클러스터 1이나 2에서 무언가의 특징을 찾아낼 수 있을지 모릅니다. 하지만 여기에서는 이 이상의 필터링은 어려우므로 각 그룹의 금액도 함께 확인해 봅시다.

```
store_clustering.groupby('cluster').mean()
```

```
In [24]:  store_clustering.groupby('cluster').mean()

Out[24]:
                월 건수          월 평균값          월 중앙값          월 최댓값          월 최솟값
cluster
      0    3264.355556    29677.830211    27958.111111    50802.222222     7408.444444
      1    2801.208333    30637.966387    30085.416667    50236.666667     7582.500000
      2    2513.642857    30717.437262    26804.285714    48965.714286    18820.714286
      3    2620.926471    28858.217925    27291.029412    47512.500000     7440.735294
```

그림 2-23 **그룹별 금액 내역**

앞에서와 마찬가지로 클러스터로 그룹화해서 평균을 구했습니다. 각각의 값을 살펴보면 클러스터 2는 최솟값이 높은 그룹, 클러스터 3은 매출이 낮은 그룹인 것으로 보입니다. 이번에는 부여한 특징이 적었지만 더 많은 항목을 요소로 부여하면 더욱 재미있는 경향을 찾아낼 수 있을지도 모릅니다.

이렇게 비지도 학습에서는 부여한 특징을 학습해서 자동으로 그룹을 나눌 수 있지만 한 가지 주의할 점이 있습니다. 만들어진 그룹이 어떤 그룹인지 사람이 해석해서 설명해야 한다는 점입니다. 클러스터링으로 10개의 그룹을 만든다 해도 그 세세한 차이를 해석하는 방법을 알 수 없는 경우가 종종 있습니다. 최적의 클러스터 수는 상황에 따라 다르므로 다양하게 실험해 봐야 하는 이유가 이것입니다.

테크닉 20 클러스터링 결과를 t-SNE로 시각화하자

이번 장의 마지막 테크닉으로 클러스터링 결과를 시각화해 봅시다. 이번 데이터는 다섯 가지 항목이 있습니다. 항목이 많다는 것은 고차원 데이터라고 바꿔 말할 수 있습니다. 이 고차원 데이터를 그대로 2차원 그래프로 표현할 수는 없습니다. 그래서 차원수를 줄여 시각화할 수 있는 상태로 만들어야 합니다.

차원수를 줄이는 행위를 **차원 소멸**이라 부르며 이를 지원하는 비지도 학습 라이브러리가 제공됩니다. 차원 소멸에는 여러 방법이 있지만 여기에서는 **t-SNE**를 이용합니다.

```
from sklearn.manifold import TSNE
tsne = TSNE(n_components=2, random_state=0)
x = tsne.fit_transform(store_clustering_sc)
```

```
tsne_df = pd.DataFrame(x)
tsne_df['cluster'] = store_clustering['cluster']
tsne_df.columns = ['axis_0', 'axis_1', 'cluster']
tsne_df.head()
```

In [25]:
```
from sklearn.manifold import TSNE
tsne = TSNE(n_components=2, random_state=0)
x = tsne.fit_transform(store_clustering_sc)
tsne_df = pd.DataFrame(x)
tsne_df['cluster'] = store_clustering['cluster']
tsne_df.columns = ['axis_0', 'axis_1', 'cluster']
tsne_df.head()
```

Out[25]:

	axis_0	axis_1	cluster
0	1.637268	-1.748761	2
1	-1.059481	7.679613	0
2	-11.750683	10.733142	0
3	3.146960	-3.952779	2
4	11.892724	-12.171219	3

그림 2-24 **t-SNE를 이용한 시각화**

첫 번째 행에서는 t-SNE 라이브러리를 임포트하고, 두 번째 행에서는 t-SNE를 정의합니다. n_components=2로 2차원으로의 소멸을 지정하고 random_state=0으로 난수 시드를 고정합니다. 세 번째 행에서는 tsne.fit_transform으로 모델을 구축합니다. 여기에서 인수로 전달하는 정보는 **테크닉 18** 에서 만든 store_clustering_sc입니다. x에는 2차원으로 소멸된 값이 저장되므로 이 값을 네 번째 행에서는 데이터프레임에 저장합니다. 다섯 번째 행에서는 클러스터 ID를 연결합니다. 여기에서 사용하는 클러스터 ID도 **테크닉 18** 에서 만든 값입니다. 여섯 번째 행에서는 데이터프레임 항목 이름을 재설정하고 마지막으로 데이터프레임의 상태를 표시하면, 어떤 데이터가 만들어질지 상상이 될 것입니다. 그럼 산포도를 이용해 데이터를 시각화해 봅시다.

```
tsne_graph = sns.scatterplot(x='axis_0', y='axis_1', hue='cluster', data=tsne_df)
```

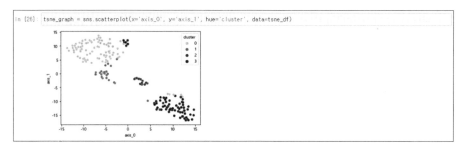

그림 2-25 **t-SNE를 이용한 시각화 결과**

seaborn을 이용해 간단하게 시각화할 수 있습니다. sns.scatterplot()으로 산포도를 지정하고 인수로 x축에 axis_0, y축에 axis_1을 지정합니다. 데이터에 tsne_df 항목을 지정함으로써 x의 axis_0, y의 axis_1이 tnse_df 항목임을 확인할 수 있습니다. 클러스터별로 색을 바꿀 것이므로 hue에 cluster를 지정했습니다. 얼핏 매우 깔끔하게 클러스터링된 것으로 보이지만, 다른 클러스터가 일부 겹쳐진 부분도 있습니다. 차원 소멸도 완전하지 않기 때문에 이런 상황은 자주 발생하지만 여기에서는 이 정도로 충분하다고 볼 수 있습니다.

차원 소멸된 x축과 y축은 무엇을 의미할까요? 그것을 말로 설명하기는 간단하지 않습니다. 여기에서는 클러스터링이 잘 수행되었다는 것을 확인하는 선에서 마무리합니다. 여기까지 직접 할 수 있다면 문제가 있는 특정한 클러스터에 속한 매장으로 범위로 좁혀 조사, 분석할 수 있을 것입니다.

이것으로 이번 장의 열 가지 테크닉을 마칩니다.

기초 데이터를 이용해 적절하게 가공하고 다양한 시각화 기법을 적용해 범위를 좁혀 가면서 분석을 진행했습니다. 파이썬 라이브러리를 이용해 다양한 집계나 시각화를 효율적으로 할 수 있음을 알았을 것입니다. 이번 장에서 소개한 기법과 기술은 극히 일부입니다. 특히, 그래프는 일부만 소개했으므로 흥미가 있는 분은 직접 응용 기술을 찾아보기 바랍니다.

분석에 관한 기본 지식과 기술을 익혔으므로 다음 장부터는 한층 본격적인 분석에 들어갑니다. 이번 장에서의 학습을 통해 분석 시점을 넓힘으로써 다양한 가설을 세우고, 그 가설을 증명하는 단계도 익혀 나가기 바랍니다.

시각화 구조를 구축하기 위한 테크닉 10

지금까지 현장 의견이나 수집한 데이터에 나타난 경향으로부터 '가설'을 세우고, 그 가설에 기반해 기초 분석과 클러스터링 분석을 했습니다. 이어서 다양한 측면에서 데이터를 동적으로 시각화하고, 현장 지식을 가진 사람들의 의견을 들어 가설과 분석 결과를 다각적으로 평가해 봅시다.

사람들에게 데이터를 보여줄 때는 보기 쉽고, 이해하기 쉽게 하는 것이 매우 중요합니다. 예를 들어, 필터 기능을 이용해 매장별 그래프나 세부 데이터를 나타내거나 여러 매장을 선택해 비교하도록 할 수 있습니다. 이렇게 데이터를 동적으로 변화시키는 기능을 제공함으로써 프로그램을 매번 변경하지 않고 필요한 데이터를 신속하게 시각화할 수 있습니다. 이렇게 다양한 기능과 여러 정보를 사용자에게 효율적으로 전달하기 위한 방법을 담은 것이 대시보드입니다.

칼럼

대시보드란

대시보드는 여러 그래프나 데이터 등의 정보를 하나로 모아 한눈에 파악할 수 있도록 데이터를 시각화하는 도구입니다.

그저 그래프를 가득 표시한다고 데이터가 집약되는 것은 아닙니다. 무엇을 보여줄 것인지, 무엇을 파악하도록 할 것인지 등 데이터와 관련한 스토리까지 고려해야 하기 때문에 매우 심오한 지식과 많은 경험이 필요합니다.

이번 장에서는 학습하는 의미에서 파이썬을 이용해 간단한 대시보드를 만들지만 태블로Tableau나 파워 BIPower BI 등의 비즈니스 인텔리전트 도구(BI 도구)를 활용하는 것도 좋습니다. 데이터를 다루는 데 '반드시'라 해도 좋을 정도로 화제가 되는 용어이므로 꼭 기억하기 바랍니다.

이번 장에서는 간단한 대시보드를 만듭니다. 어떤 데이터를 담을 것인지 여러분 스스로 스토리를 생각하며 테크닉을 따라가기 바랍니다.

대시보드를 만들기 위해 동적으로 데이터를 시각화하는 것부터 시작해 봅시다.

- 테크닉 21: 매장을 필터링해서 시각화하자
- 테크닉 22: 여러 매장의 상세 내용을 시각화하자
- 테크닉 23: 슬라이드바를 이용해 주문 건수를 조사하자
- 테크닉 24: 토글 버튼을 이용해 지역 데이터를 추출하자
- 테크닉 25: 날짜를 지정해 데이터를 추출하자
- 테크닉 26: 스토리를 생각해서 데이터를 구축하자
- 테크닉 27: 취소 사유를 분석하자
- 테크닉 28: 가설을 검증하자
- 테크닉 29: 스토리를 기반으로 부속이나 데이터를 조합해 대시보드를 만들자
- 테크닉 30: 대시보드를 개선하자

지금까지의 분석이나 가설이 타당한지 현장 구성원의 의견을 듣고 싶습니다. 하지만 이들에게 데이터를 공유하고자 하더라도 데이터 리터러시(Data Literacy, 데이터나 지식 활용 능력)가 낮으면 그래프나 표를 보여줘도 제대로 보지 않습니다. 그래서 데이터를 한눈에 파악할 수 있도록 간단한 대시보드를 만들기로 합니다.

전제조건 --

이번 장에서 다루는 기초 데이터는 지금까지 사용한 것과 같습니다.

표 3-1 **데이터 목록**

No.	파일명	설명
1	m_area.csv	지역 마스터. 시/도/군/구 정보
2	m_store.csv	매장 마스터. 매장 이름 등
3-1	tbl_order_202104.csv	4월 주문 데이터
3-2	tbl_order_202105.csv	5월 주문 데이터
3-3	tbl_order_202106.csv	6월 주문 데이터

테크닉 21 매장을 필터링해서 시각화하자

이번에는 주피터 노트북에서 필터 기능 등을 추가하기 위해 ipywidgets 라이브러리를 이용합니다.

ipywidgets를 설치하지 않았다면 pip 등을 이용해 설치합니다. pip를 사용할 때는 pip install ipywidgets로 설치할 수 있습니다. pip 외의 방법으로 설치할 때는 각 환경에 맞춰 진행하기 바랍니다.

먼저 4월분 주문 데이터, 매장 정보, 지역 정보를 로딩하고 정보를 결합해 둡니다. 이 작업은 지금까지 여러 차례 수행했으므로 여기에서는 설명을 생략합니다. 모르는 부분이 있다면 앞 장의 내용을 확인하기 바랍니다.

```python
import pandas as pd
from IPython.display import display, clear_output

m_store = pd.read_csv('m_store.csv')
m_area = pd.read_csv('m_area.csv')
order_data = pd.read_csv('tbl_order_202104.csv')
order_data = pd.merge(order_data, m_store, on='store_id', how='left')
order_data = pd.merge(order_data, m_area, on='area_cd', how='left')

# 마스터에 없는 코드에 대응한 문자열 설정
order_data.loc[order_data['takeout_flag'] == 0, 'takeout_name'] = 'delivery'
order_data.loc[order_data['takeout_flag'] == 1, 'takeout_name'] = 'takeout'

order_data.loc[order_data['status'] == 0, 'status_name'] = '주문 접수'
order_data.loc[order_data['status'] == 1, 'status_name'] = '결제 완료'
order_data.loc[order_data['status'] == 2, 'status_name'] = '배달 완료'
order_data.loc[order_data['status'] == 9, 'status_name'] = '주문 취소'

order_data.head()
```

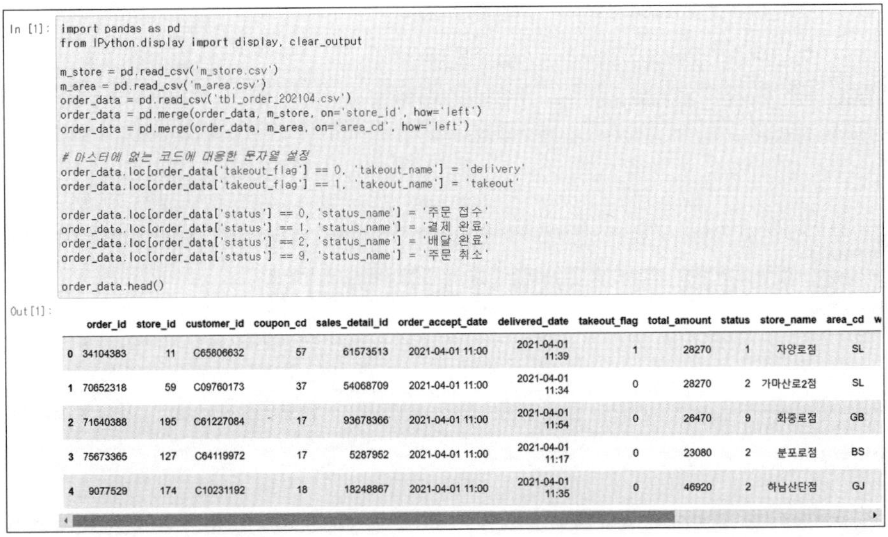

In [1]:
```python
import pandas as pd
from IPython.display import display, clear_output

m_store = pd.read_csv('m_store.csv')
m_area = pd.read_csv('m_area.csv')
order_data = pd.read_csv('tbl_order_202104.csv')
order_data = pd.merge(order_data, m_store, on='store_id', how='left')
order_data = pd.merge(order_data, m_area, on='area_cd', how='left')

# 마스터에 없는 코드에 대응한 문자열 설정
order_data.loc[order_data['takeout_flag'] == 0, 'takeout_name'] = 'delivery'
order_data.loc[order_data['takeout_flag'] == 1, 'takeout_name'] = 'takeout'

order_data.loc[order_data['status'] == 0, 'status_name'] = '주문 접수'
order_data.loc[order_data['status'] == 1, 'status_name'] = '결제 완료'
order_data.loc[order_data['status'] == 2, 'status_name'] = '배달 완료'
order_data.loc[order_data['status'] == 9, 'status_name'] = '주문 취소'

order_data.head()
```

Out[1]:

	order_id	store_id	customer_id	coupon_cd	sales_detail_id	order_accept_date	delivered_date	takeout_flag	total_amount	status	store_name	area_cd	w
0	34104383	11	C65806632	57	61573513	2021-04-01 11:00	2021-04-01 11:39	1	28270	1	자양로점	SL	
1	70652318	59	C09760173	37	54068709	2021-04-01 11:00	2021-04-01 11:34	0	28270	2	가마산로2점	SL	
2	71640388	195	C61227084	17	93678366	2021-04-01 11:00	2021-04-01 11:54	0	26470	9	화중로점	GB	
3	75673365	127	C64119972	17	5287952	2021-04-01 11:00	2021-04-01 11:17	0	23080	2	분포로점	BS	
4	9077529	174	C10231192	18	18248867	2021-04-01 11:00	2021-04-01 11:35	0	46920	2	하남산단점	GJ	

그림 3-1 **데이터 로딩과 결합**

첫 번째 행과 두 번째 행에서는 필요한 라이브러리 및 이미지 위의 결과 영역 초기화 등의 이미지 처리 관련 임포트를 수행합니다.

이번 장 전체에 관련된 내용이므로 가장 먼저 선언합니다.

주문 데이터는 우선 4월분만 로딩해서 지역 데이터, 매장 데이터, 비 마스터 정보 등을 결합한 데이터를 변수에 저장합니다.

데이터를 결합한 주문 데이터가 문제없이 표시됐다면 ipywidgets의 드롭다운dropdown 기능을 이용해 매장을 선택할 수 있게 합니다.

```
from ipywidgets import Dropdown

def order_by_store(val):
    clear_output()
    display(dropdown)
    pick_data = order_data.loc[(order_data['store_name'] == val['new']) &
                               (order_data['status'].isin([1, 2]))]
    display(pick_data.head())

store_list = m_store['store_name'].tolist()

dropdown = Dropdown(options=store_list, description='지역 선택:')
dropdown.observe(order_by_store, names='value')
display(dropdown)
```

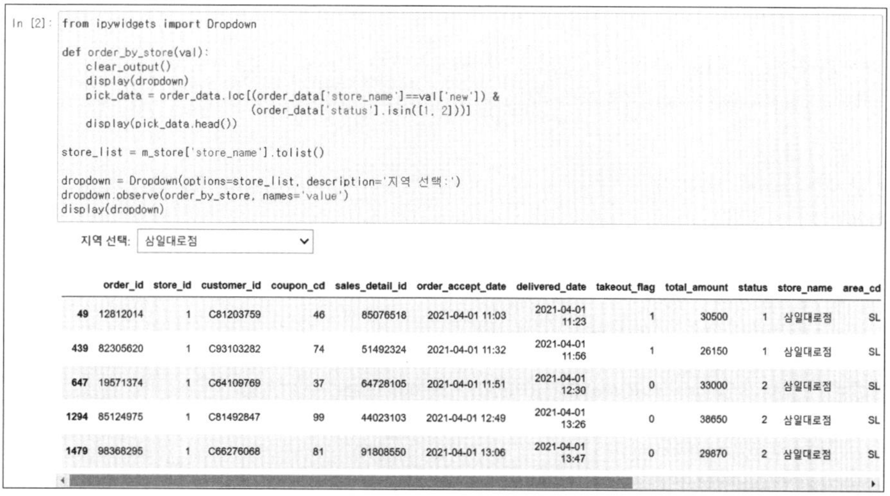

```
In [2]: from ipywidgets import Dropdown

def order_by_store(val):
    clear_output()
    display(dropdown)
    pick_data = order_data.loc[(order_data['store_name']==val['new']) &
                               (order_data['status'].isin([1, 2]))]
    display(pick_data.head())

store_list = m_store['store_name'].tolist()

dropdown = Dropdown(options=store_list, description='지역 선택:')
dropdown.observe(order_by_store, names='value')
display(dropdown)
```

지역 선택: 삼일대로점

	order_id	store_id	customer_id	coupon_cd	sales_detail_id	order_accept_date	delivered_date	takeout_flag	total_amount	status	store_name	area_cd
49	12812014	1	C81203759	46	85076518	2021-04-01 11:03	2021-04-01 11:23	1	30500	1	삼일대로점	SL
439	82305620	1	C93103282	74	51492324	2021-04-01 11:32	2021-04-01 11:56	1	26150	1	삼일대로점	SL
647	19571374	1	C64109769	37	64728105	2021-04-01 11:51	2021-04-01 12:30	0	33000	2	삼일대로점	SL
1294	85124975	1	C81492847	99	44023103	2021-04-01 12:49	2021-04-01 13:26	0	38650	2	삼일대로점	SL
1479	98368295	1	C66276068	81	91808550	2021-04-01 13:06	2021-04-01 13:47	0	29870	2	삼일대로점	SL

그림 3-2 **ipywidgets를 이용한 드롭다운 구현**

먼저 ipywidgets 라이브러리에서 Dropdown을 임포트합니다.

다음으로 드롭다운 변경 시 동작하는 order_by_store 함수를 정의합니다.

이 함수는 가장 먼저 결과 영역을 초기화하고 드롭다운 이미지를 다시 그립니다. 다음으로 선택된 매장 이름에 해당하는 주문 데이터를 추출해서 화면 위에 표시합니다. 이때 상태 코드 '결제 완료(1)' 또는 '배달 완료(2)'를 조건으로 이용합니다. 이는 실질적인 매출로 판단할 수 있는 데이터로만 한정하고자 하는 목적입니다. 상태 코드가 '주문 접수(0)', '주문 취소(9)'라면 실제 결제가 이뤄지지 않은 데이터이므로 매출 집계에서는 제외해야 합니다.

다음으로 함수 밖에서 매장 정보를 이용해 매장 이름 목록을 만들고, 이를 이용한 드롭다운 객체를 만듭니다. 드롭다운이 바뀌면 이를 감지해 order_by_store 함수가 실행되도록 설정한 뒤, 화면에 드롭다운을 표시합니다.

실제 드롭다운에서 매장을 변경하면 데이터가 동적으로 추출되는 것을 확인할 수 있습니다.

여기에서는 드롭다운 요소가 '변경'되었을 때만 동작하게 구현했으므로 초깃값과 같은 매장을 선택하면 함수가 동작하지 않는 점에 주의합니다.

다음은 추출한 각 매장의 주문 데이터를 꺾은선 그래프로 시각화합니다.

```
% matplotlib inline
import matplotlib.pyplot as plt

# 한글 폰트 처리
import os

if os.name == 'nt':  # Windows
    plt.rc('font', family='Malgun Gothic')
elif os.name == 'posix':  # macOS
    plt.rc('font', family='AllieGothic')

plt.rc('axes', unicode_minus=False)  # minus font settings

def graph_by_store(val):
    clear_output()
    display(dropdown2)
    pick_data = order_data.loc[(order_data['store_name'] == val['new']) &
                               (order_data['status'].isin([1, 2]))]
    temp = pick_data[['order_accept_date', 'total_amount']].copy()
    temp.loc[:, 'order_accept_date'] = pd.to_datetime(temp['order_accept_date'])
    temp.set_index('order_accept_date', inplace=True)
```

```
    temp.resample('D').sum().plot()

dropdown2 = Dropdown(options=store_list)
dropdown2.observe(graph_by_store, names='value')
display(dropdown2)
```

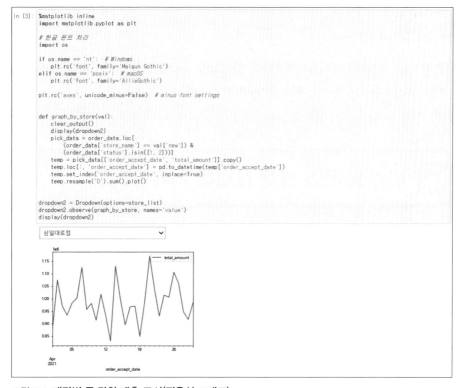

그림 3-3 **매장별 주 단위 매출 표시(꺾은선 그래프)**

앞의 2개 행에서 그래프를 그리기 위한 matplotlib을 임포트하고, 화면 위에 그린다는 선언과 함께 한국어 표시를 위한 라이브러리를 임포트합니다. 이후 그래프에 한국어를 표시하기 위한 처리를 합니다.

앞에서 만든 드롭다운 처리와 같이 드롭다운 변경 시 동작하는 graph_by_store 함수를 정의합니다.

마지막 3개 행에서는 이전과 마찬가지로 결과 영역을 초기화한 뒤, 그래프를 다시 그리고 드롭다운으로 선택한 매장 정보를 추출합니다.

다음으로 그래프를 그리기 위해 임시 데이터프레임으로 order_accept_date와 total_amount만 추출하고, order_accept_date를 날짜 타입으로 다시 정의한 뒤 인덱스로 설정합니다. 날짜 타입의 인덱스를 이용하는 이유는 날짜를 이용해 리샘플링resampling할 때 필요하기 때문입니다.

.resample('D').sum()의 'D'는 일(날짜)을 의미하며 일 단위로 리샘플링한 결과를 이미지와 그래프로 표시합니다.

드롭다운을 시작으로 대시보드에 필요한 부속들을 하나씩 만들어 갑니다. 다음은 멀티 셀렉트 리스트를 이용해 여러 매장의 데이터를 동시에 표시합니다.

테크닉 22 여러 매장의 상세 정보를 시각화하자

앞에서 매장별 정보를 표시했습니다. 계속해서 여러 매장을 선택해 데이터를 동적으로 시각화해 봅시다.

테크닉 21 에서 로딩한 주문 정보에 대해 리스트 박스select box[3]로 선택한 매장의 결과를 표시해 봅시다.

```python
from ipywidgets import SelectMultiple

def order_by_multi(val):
    clear_output()
    display(select)
    pick_data = order_data.loc[(order_data['store_name'].isin(val['new'])) &
                               (order_data['status'].isin([1, 2]))]
    display(pick_data.head())

select = SelectMultiple(options=store_list)
select.observe(order_by_multi, names='value')
display(select)
```

---

3   [옮긴이] 영문 표기는 코드상의 표기(모듈 이름)와 맞추기 위해 원문 '셀렉트 박스(select box)'의 표기를 유지합니다.

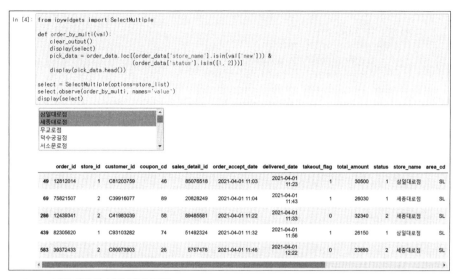

```
In [4]: from ipywidgets import SelectMultiple

def order_by_multi(val):
    clear_output()
    display(select)
    pick_data = order_data.loc[(order_data['store_name'].isin(val['new'])) &
                               (order_data['status'].isin([1, 2]))]
    display(pick_data.head())

select = SelectMultiple(options=store_list)
select.observe(order_by_multi, names='value')
display(select)
```

	order_id	store_id	customer_id	coupon_cd	sales_detail_id	order_accept_date	delivered_date	takeout_flag	total_amount	status	store_name	area_cd
49	12812014	1	C81203759	46	85076518	2021-04-01 11:03	2021-04-01 11:23	1	30500	1	삼일대로점	SL
69	75821507	2	C39916077	89	20828249	2021-04-01 11:04	2021-04-01 11:43	1	26030	1	세종대로점	SL
286	12439341	2	C41983039	58	89485581	2021-04-01 11:22	2021-04-01 11:33	0	32340	2	세종대로점	SL
439	82305620	1	C93103282	74	51492324	2021-04-01 11:32	2021-04-01 11:56	1	26150	1	삼일대로점	SL
583	39372433	2	C80973903	26	5757478	2021-04-01 11:46	2021-04-01 12:22	0	23880	2	세종대로점	SL

그림 3-4 여러 매장의 상세 정보 표시

첫 번째 행에서는 SelectMultiple을 임포트합니다. 앞에서는 드롭박스 변경 시 동작하는 함수를 만들었습니다. 이번에는 멀티 셀렉트 리스트 박스의 변경 시 동작하는 order_by_multi 함수를 정의합니다. 처리 내용은 드롭박스 대응 함수와 거의 비슷하며 선택한 매장을 기준으로 데이터를 필터링해서 표시합니다. .isin(val['new']) 함수를 이용해 선택된 여러 매장을 조건으로 데이터를 추출합니다.

다음으로 함수 밖에서 매장 정보를 이용해 이름 리스트를 만들고, 이를 이용해 멀티 셀렉트 객체를 생성합니다. 이 부분은 앞의 드롭박스와 같습니다.

실제 멀티 셀렉트 리스트 박스에서 매장을 선택하면 데이터가 동적으로 추출되는 것을 확인할 수 있습니다. 여러 매장을 선택할 때는 Shift 키나 Ctrl 키를 누른 채로 클릭합니다.

이어서 멀티 셀렉트 리스트 박스에 대응하는 그래프도 표시해 봅시다.

```
def graph_by_multi(val):
    clear_output()
    display(select2)

    fig = plt.figure(figsize=(17, 4))
    plt.subplots_adjust(wspace=0.25, hspace=0.6)

    i = 0
```

```
    for trg in val['new']:
        pick_data = order_data[
            (order_data['store_name'] == trg) &
            (order_data['status'].isin([1, 2]))]
        temp = pick_data[['order_accept_date',
                          'total_amount', 'store_name']].copy()
        temp.loc[:, 'order_accept_date'] = \
            pd.to_datetime(temp['order_accept_date'])
        temp.set_index('order_accept_date', inplace=True)
        i += 1
        ax = fig.add_subplot(1, len(val['new']), i)
        ax.plot(temp.resample('D').sum())
        ax.set_title(trg)


select2 = SelectMultiple(options=store_list,
                         description='매장 선택:')
select2.observe(graph_by_multi, names='value')
display(select2)
```

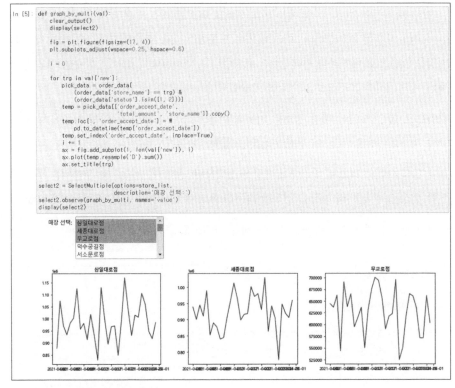

그림 3-5 여러 매장의 그래프 표시

드롭다운 처리와 거의 같습니다. 단, 여러 매장을 선택했을 때 각 매장을 반복해서 화면에 그래프로 나열하는 처리가 추가된 점이 다릅니다.

이렇게 여러 매장의 주문 정보를 함께 보게 되면 숫자만 나열한 것보다 데이터를 이해하기 쉬워질 것입니다. 필요한 부속들을 계속해서 만들어 봅시다.

테크닉 23 슬라이드바를 이용해 주문 건수를 조사하자

다음은 슬라이드바slidebar를 이용해 주문 건수 간격을 설정하고 설정한 값보다 건수가 적거나 많은 매장을 확인해 봅시다.

```python
from ipywidgets import IntSlider

def store_lower(val):
    clear_output()
    display(slider)
    temp = order_data.groupby('store_name')
    print(temp.size()[temp.size() < val['new']])

slider = IntSlider(value=1100, min=1000, max=2000, step=100, description='건수:',)
slider.observe(store_lower, names='value')
display(slider)
```

```
In [6]: from ipywidgets import IntSlider

        def store_lower(val):
            clear_output()
            display(slider)
            temp = order_data.groupby('store_name')
            print(temp.size()[temp.size() < val['new']])

        slider = IntSlider(value=1100, min=1000, max=2000, step=100, description='건수:',)
        slider.observe(store_lower, names='value')
        display(slider)

        건수: ━━━━○━━━━     1300

        store_name
        가덕해안로점    1008
        가마산로점      1036
        감천항로점      1000
        강남대로2점     1090
        강남대로점      1068

        화곡2점        1175
        화곡로점        1059
        화중로점        1144
        효덕로점        1290
        효원로점         795
        Length: 134, dtype: int64
```

그림 3-6 슬라이드바를 이용해 지정한 건수 미만의 매장 표시

첫 번째 행에서는 IntSlider를 임포트합니다. 앞에서와 마찬가지로 store_lower 함수를 정의합니다. 이 함수는 슬라이드바로 지정한 수치보다 적은 주문 건수의 매장을 추출합니다.

다음으로 함수 바깥에서 슬라이더 요소를 정하고 슬라이더 객체를 생성합니다. 여기에서는 1,000~2,000 사이를 100 간격으로 나누고 초깃값을 1,100으로 지정했습니다.

실제 동작을 실행하고 슬라이드바를 변경하면 지정한 값보다 주문 건수가 적은 매장을 표시합니다.

앞의 함수와 거의 동일하지만 다음은 슬라이드바를 이용해 조건 상한값을 설정해 봅시다.

```python
def store_upper(val):
    clear_output()
    display(slider2)
    temp = order_data.groupby('store_name')
    print(temp.size()[temp.size() >= val['new']])

slider2 = IntSlider(value=1600, min=1000, max=2000, step=100,
                    description='건수:',)
slider2.observe(store_upper, names='value')
display(slider2)
```

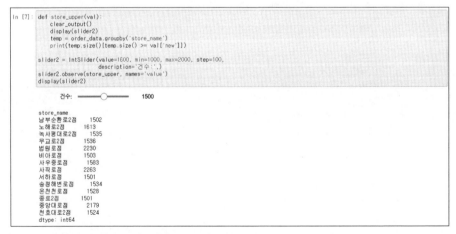

그림 3-7 슬라이드바를 이용해 지정한 건수 이상의 매장 표시

바로 앞에서의 처리와 거의 같습니다. 단, 함수명을 store_upper, 수치 조건을 '>='로 바꾸었습니다. 이제 슬라이드바로 설정한 건수 이상의 매장을 추출할 수 있습니다.

다음으로 토글 버튼_{toggle button}을 사용해 봅시다.

 토글 버튼을 이용해 지역 데이터를 추출하자

토글 버튼 부속을 만듭니다.

토글 버튼은 데이터를 전환할 때 적합합니다. **테크닉 22** 에서 만든 리스트와 비슷하지만 리스트보다 사용자 편의성이 높습니다. 반대로 선택지가 너무 많으면 화면이 버튼으로 가득하게 되므로 주의합니다. 여기에서는 지역별 데이터를 추출하는 데 적합합니다.

그럼 토글 버튼을 구현해 봅시다.

```python
from ipywidgets import ToggleButtons

area_list = m_area['wide_area'].unique()


def order_by_area(val):
    clear_output()
    display(toggle)
    pick_data = order_data.loc[
        (order_data['wide_area'] == val['new']) &
        (order_data['status'].isin([1, 2]))]
    display(pick_data.head())


toggle = ToggleButtons(options=area_list)
toggle.observe(order_by_area, names='value')
display(toggle)
```

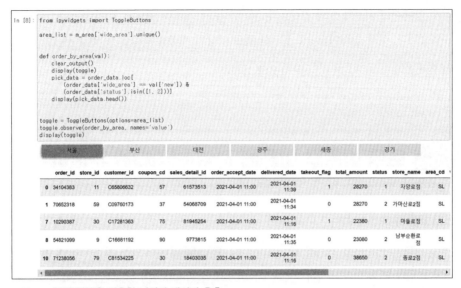

```
In [8]:  from ipywidgets import ToggleButtons

         area_list = m_area['wide_area'].unique()

         def order_by_area(val):
             clear_output()
             display(toggle)
             pick_data = order_data.loc[
                 (order_data['wide_area'] == val['new']) &
                 (order_data['status'].isin([1, 2]))]
             display(pick_data.head())

         toggle = ToggleButtons(options=area_list)
         toggle.observe(order_by_area, names='value')
         display(toggle)
```

	서울		부산		대전		광주		세종		경기	

	order_id	store_id	customer_id	coupon_cd	sales_detail_id	order_accept_date	delivered_date	takeout_flag	total_amount	status	store_name	area_cd
0	34104383	11	C65806632	57	61573513	2021-04-01 11:00	2021-04-01 11:39	1	28270	1	자양로점	SL
1	70652318	59	C09760173	37	54068709	2021-04-01 11:00	2021-04-01 11:34	0	28270	2	가마산로2점	SL
7	10290387	30	C17281363	75	81945254	2021-04-01 11:00	2021-04-01 11:16	1	22380	1	마들로점	SL
8	54821099	9	C16681192	90	9773815	2021-04-01 11:00	2021-04-01 11:35	0	23080	2	남부순환로점	SL
10	71238056	79	C81534225	30	18403035	2021-04-01 11:00	2021-04-01 11:16	0	38650	2	종로2점	SL

그림 3-8 **토글 버튼을 이용한 지역별 데이터 추출**

첫 번째 행에서는 ToggleButtons를 임포트합니다. 다음으로 버튼 설정을 위해 영역 마스터(m_area)로부터 광역 지역명을 리스트로 만듭니다.

다음으로 order_by_area 함수를 정의합니다. 이 함수는 토글 버튼이 눌린 지역에 해당하는 데이터를 추출합니다.

마지막으로 토글 버튼 객체를 설정합니다. 미리 만들어 둔 광역 지역명 리스트로 설정합니다.

셀을 실행하고 토글 버튼으로 임의의 지역을 선택하면 해당 지역에 속한 데이터를 표시합니다.

이어서 지역별 주문 정보를 그래프로 그려 봅시다.

처리 내용은 앞의 그래프들과 크게 다르지 않습니다.

```
def graph_by_area(val):
    clear_output()
    display(toggle2)
    pick_data = order_data.loc[
        (order_data['wide_area'] == val['new']) &
        (order_data['status'].isin([1, 2]))]
```

```
    temp = pick_data[['order_accept_date', 'total_amount']].copy()
    temp.loc[:, 'order_accept_date'] = \
        pd.to_datetime(temp['order_accept_date'])
    temp.set_index('order_accept_date', inplace=True)
    temp.resample('D').sum().plot()


toggle2 = ToggleButtons(options=area_list)
toggle2.observe(graph_by_area, names='value')
display(toggle2)
```

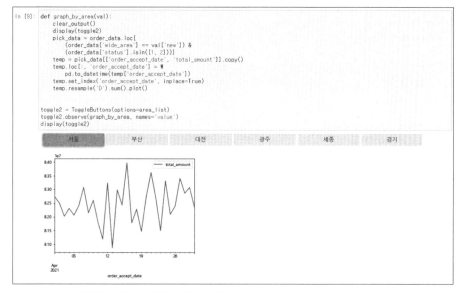

그림 3-9 **토글 버튼을 이용한 지역별 그래프 표시**

지역별 매출을 그래프로 표시했습니다.

실제 지역을 바꿔 보면 그래프의 형태나 총액(세로축)이 달라짐을 알 수 있습니다.

비슷한 프로그램을 작성하기에 다소 지루할 수도 있지만 조금만 더 힘을 내서 마지막 부
속을 만들어 봅니다 .

테크닉 25 날짜를 지정해 데이터를 추출하자

마지막으로 날짜를 지정해서 데이터를 필터링하는 기능을 만듭니다. 데이터를 볼 때는 날짜나 기간으로 필터링하는 경우가 많으므로 매우 중요한 요소입니다.

빠르게 구현해 봅시다.

```python
from ipywidgets import DatePicker
import datetime

order_data.loc[:, 'order_date'] = pd.to_datetime(
    order_data['order_accept_date']).dt.date


def order_by_date(val):
    clear_output()
    display(date_picker)
    pick_data = order_data.loc[
        (order_data['order_date'] == val['new']) &
        (order_data['status'].isin([1, 2]))]
    print(len(pick_data))
    display(pick_data.head())


date_picker = DatePicker(value=datetime.datetime(2021, 4, 1))
date_picker.observe(order_by_date, names='value')
display(date_picker)
```

```
In [10]: from ipywidgets import DatePicker
         import datetime

         order_data.loc[:, 'order_date'] = pd.to_datetime(
             order_data['order_accept_date']).dt.date


         def order_by_date(val):
             clear_output()
             display(date_picker)
             pick_data = order_data.loc[
                 (order_data['order_date'] == val['new']) &
                 (order_data['status'].isin([1, 2]))]
             print(len(pick_data))
             display(pick_data.head())


         date_picker = DatePicker(value=datetime.datetime(2021, 4, 1))
         date_picker.observe(order_by_date, names='value')
         display(date_picker)

         2021-04-01                    🗂

         6337
```

	order_id	store_id	customer_id	coupon_cd	sales_detail_id	order_accept_date	delivered_date	takeout_flag	total_amount	status	store_name	area_cd	w
0	34104383	11	C65806632	57	61573513	2021-04-01 11:00	2021-04-01 11:39	1	28270	1	자양로점	SL	
1	70652318	59	C09760173	37	54068709	2021-04-01 11:00	2021-04-01 11:34	0	28270	2	가마산로2점	SL	
3	75673365	127	C64119972	17	5287952	2021-04-01 11:00	2021-04-01 11:17	0	23080	2	분포로점	BS	
4	9077529	174	C10231192	18	18248867	2021-04-01 11:00	2021-04-01 11:35	0	46920	2	하남산단점	GJ	
5	86102793	167	C06298599	21	70395221	2021-04-01 11:00	2021-04-01 11:59	1	37420	1	서하로점	GJ	

그림 3-10 **날짜를 지정해서 데이터를 추출**

첫 번째 행에서는 DatePicker를 임포트합니다. 다음으로 주문 정보의 '주문 접수일(order_accept_date)'을 날짜 타입으로 변환한 뒤 다른 열 이름(order_date)으로 저장합니다.

다음으로 order_by_date 함수를 정의해 데이터 추출 처리를 만듭니다. 이때 앞에서 추가한 order_date 데이터를 화면에서 선택한 날짜와 비교합니다.

함수 바깥에서 날짜 선택 객체를 설정합니다. 이번에는 2021년 4월분 데이터가 대상이므로 초깃값을 2021년 4월 1일로 설정합니다.

셀을 실행하고 날짜 항목을 클릭하면 캘린더가 표시됩니다. 임의의 날짜를 선택하면 해당 날짜의 주문 정보가 추출되어 화면에 표시됩니다.

마지막으로 날짜 선택 기능을 사용해 기간을 설정할 수 있게 해봅시다.

```
min_date = datetime.date(2021, 4, 1)
max_date = datetime.date(2021, 4, 30)


# 기간이 설정되면 호출되는 함수. 기간 데이터를 추출해서 화면에 표시
def order_between_date():
    clear_output()
    display(date_picker_min)
    display(date_picker_max)
    pick_data = order_data.loc[
        (order_data['order_date'] >= min_date) &
        (order_data['order_date'] <= max_date) &
        (order_data['status'].isin([1, 2]))]
    print(len(pick_data))
    display(pick_data.head())
```

```python
# 가장 이른 날짜(기간 시작)를 변수에 설정하는 함수
def set_min_date(val):
    global min_date
    min_date = val['new']
    order_between_date()


# 가장 느린 날짜(기간 끝)를 변수에 설정하는 함수
def set_max_date(val):
    global max_date
    max_date = val['new']
    order_between_date()


date_picker_min = DatePicker(value=min_date)
date_picker_min.observe(set_min_date, names='value')
print("기간 시작")
display(date_picker_min)
date_picker_max = DatePicker(value=max_date)
date_picker_max.observe(set_max_date, names='value')
print("기간 끝")
display(date_picker_max)
```

```
in [11]:   min_date = datetime.date(2021, 4, 1)
           max_date = datetime.date(2021, 4, 30)

           # 기간이 설정되면 호출되는 함수. 기간 데이터를 추출해서 화면에 표시
           def order_between_date():
               clear_output()
               display(date_picker_min)
               display(date_picker_max)
               pick_data = order_data.loc[
                   (order_data['order_date'] >= min_date) &
                   (order_data['order_date'] <= max_date) &
                   (order_data['status'].isin([1, 2]))]
               print(len(pick_data))
               display(pick_data.head())

           # 가장 이른 날짜(기간 시작)를 변수에 설정하는 함수
           def set_min_date(val):
               global min_date
               min_date = val['new']
               order_between_date()

           # 가장 느린 날짜(기간 끝)를 변수에 설정하는 함수
           def set_max_date(val):
               global max_date
               max_date = val['new']
               order_between_date()


           date_picker_min = DatePicker(value=min_date)
           date_picker_min.observe(set_min_date, names='value')
           print("기간 시작")
           display(date_picker_min)
           date_picker_max = DatePicker(value=max_date)
           date_picker_max.observe(set_max_date, names='value')
           print("기간 끝")
           display(date_picker_max)
```

```
2021-04-01  📅
```
```
2021-04-10  📅
```
```
63425
```

	order_id	store_id	customer_id	coupon_cd	sales_detail_id	order_accept_date	delivered_date	takeout_flag	total_amount	status	store_name	area_cd	w
0	34104383	11	C65806632	57	61573513	2021-04-01 11:00	2021-04-01 11:39	1	28270	1	자양로점	SL	
1	70652318	59	C09760173	37	54068709	2021-04-01 11:00	2021-04-01 11:34	0	28270	2	가마산로2점	SL	
3	75673365	127	C64119972	17	5287952	2021-04-01 11:00	2021-04-01 11:17	0	23080	2	분포로점	BS	
4	9077529	174	C10231192	18	18248867	2021-04-01 11:00	2021-04-01 11:35	0	46920	2	하남산단점	GJ	
5	86102793	167	C06298599	21	70395221	2021-04-01 11:00	2021-04-01 11:59	1	37420	1	서하로점	GJ	

그림 3-11 **날짜를 지정해서 데이터를 추출**

기간 조건에 필요한 '기간(시작), 기간(끝)' 날짜를 처리하는 변수를 만듭니다. 초깃값은 2021년 4월 1일 ~ 2021년 4월 30일로 설정합니다.

기간을 설정한 뒤 설정한 기간에 해당하는 데이터를 추출해서 화면에 표시하는 order_between_date 함수를 정의합니다.

이어서 가장 이른 날짜(기간 시작), 가장 느린 날짜(기간 끝) 변수를 화면 입력에 맞춰 설정하는 함수를 정의합니다. 이 함수 안에서 order_between_date 함수를 호출하므로 가장 이른 날짜 또는 가장 늦은 날짜 변수가 설정되면 화면 데이터를 업데이트합니다.

함수 바깥에서 가장 이른 날짜와 가장 늦은 날짜를 저장할 날짜 선택 객체를 정의합니다.

셀을 실행하면 2개의 날짜 선택 박스가 표시됩니다. 날짜를 선택해서 기간으로 데이터를 추출해 봅시다.

대시보드에 필요한 여러 부속을 만들었습니다.

이제 대시보드를 구현해 봅시다.

테크닉 26 스토리를 생각해서 데이터를 구축하자

지금까지 대시보드에 사용할 부속을 만들었습니다. 이제 이를 조합해서 대시보드를 만들어 봅시다.

…라고 말하고 싶지만 장 앞부분에서 설명한 것처럼 그저 그래프나 데이터를 나열한다고 대시보드가 만들어지지는 않습니다. '누구에게', '무엇을', '어떻게' 보일 것인지 설계해야 합니다. 이것을 '스토리story'라고 생각합니다.

현재 상황을 다시 한번 확인해 봅시다.

여러분은 배달 피자 기업의 영업 정보를 시각화하하고 데이터를 이용해 영업이나 경영을 개선하기 위해 체인점 영업 데이터를 얻어 시각화했습니다.

가장 먼저 '누구에게' 데이터를 전달해야 할까요?

당연히 영업 또는 경영을 개선할 권한을 가진 사람에게 전달해야 할 것입니다. 이번에는 사내 경영전략부서에 데이터를 전달한다고 가정합니다.

다음으로 '무엇을'에 관한 것입니다. 스토리를 고려할 때는 데이터를 받아 활용하는 사람의 시각에서 접근해야 합니다.

경영전략부서 구성원이 업무를 개선하기 위해서는 상황을 파악하는 것이 가장 우선입니다.

그럼 각 매장의 매출 상황을 한눈에 볼 수 있도록 해봅시다. 이때 단순히 매출 합계를 비교해서는 안 됩니다. 뒤에서 설명하겠지만 반드시 평균값이나 중앙값, 객단가 등 다각적인 지표를 살펴야 합니다.

이제 데이터를 구축해 봅시다.

지금까지는 4월분의 주문 정보만 로딩해서 진행했습니다. 이번에는 다시 모든 기간의 주문 정보를 읽어, 지역 정보 등을 부여한 데이터를 만듭니다. 이때 1장 **테크닉 5**에서 수행한 '마스터 데이터에 없는 정보(takeout_flag나 status)'도 빠뜨리지 말고 보완합니다.

먼저 각 매장의 매출 데이터에서 평균값, 중앙값, 객단가 등의 데이터를 만듭니다.

```python
import glob
import os

current_dir = os.getcwd()
tbl_order_file = os.path.join(current_dir, 'tbl_order_*.csv')
tbl_order_files = glob.glob(tbl_order_file)
```

```python
order_all = pd.DataFrame()
for file in tbl_order_files:
    order_tmp = pd.read_csv(file)
    print(f'{file}:{len(order_tmp)}')
    order_all = pd.concat([order_all, order_tmp], ignore_index=True)

# 유지 보수용 매장 데이터 삭제
order_all = order_all.loc[order_all['store_id'] != 999]

order_all = pd.merge(order_all, m_store, on='store_id', how='left')
order_all = pd.merge(order_all, m_area, on='area_cd', how='left')

# 마스터에 없는 코드에 대응한 문자열 설정
order_all.loc[order_all['takeout_flag'] == 0, 'takeout_name'] = 'delivery'
order_all.loc[order_all['takeout_flag'] == 1, 'takeout_name'] = 'takeout'

order_all.loc[order_all['status'] == 0, 'status_name'] = '주문 접수'
order_all.loc[order_all['status'] == 1, 'status_name'] = '결제 완료'
order_all.loc[order_all['status'] == 2, 'status_name'] = '배달 완료'
order_all.loc[order_all['status'] == 9, 'status_name'] = '주문 취소'

order_all.loc[:, 'order_date'] = pd.to_datetime(
    order_all['order_accept_date']).dt.date

order_all.groupby(['store_id', 'customer_id'])["total_amount"].describe()
```

```
In [*]: import glob
        import os

        current_dir = os.getcwd()
        tbl_order_file = os.path.join(current_dir, 'tbl_order_*.csv')
        tbl_order_files = glob.glob(tbl_order_file)

        order_all = pd.DataFrame()
        for file in tbl_order_files:
            order_tmp = pd.read_csv(file)
            print(f'{file}:{len(order_tmp)}')
            order_all = pd.concat([order_all, order_tmp], ignore_index=True)

        # 유지 보수용 매장 데이터 삭제
        order_all = order_all.loc[order_all['store_id'] != 999]

        order_all = pd.merge(order_all, m_store, on='store_id', how='left')
        order_all = pd.merge(order_all, m_area, on='area_cd', how='left')

        # 마스터에 없는 코드에 대응한 문자열 설정
        order_all.loc[order_all['takeout_flag'] == 0, 'takeout_name'] = 'delivery'
        order_all.loc[order_all['takeout_flag'] == 1, 'takeout_name'] = 'takeout'

        order_all.loc[order_all['status'] == 0, 'status_name'] = '주문 접수'
        order_all.loc[order_all['status'] == 1, 'status_name'] = '결제 완료'
        order_all.loc[order_all['status'] == 2, 'status_name'] = '배달 완료'
        order_all.loc[order_all['status'] == 9, 'status_name'] = '주문 취소'

        order_all.loc[:, 'order_date'] = pd.to_datetime(
            order_all['order_accept_date']).dt.date

        order_all.groupby(['store_id', 'customer_id'])["total_amount"].describe()

C:\Users\c          \PythonML-main\chapter03\tbl_order_202104.csv:233262
C:\Users\c          \PythonML-main\chapter03\tbl_order_202105.csv:241142
C:\Users\c          \PythonML-main\chapter03\tbl_order_202106.csv:233302
```

그림 3-12 데이터 로딩 및 확인

이 코드는 모두 1장의 처리를 모아서 실행한 것입니다. 내용이 이해되지 않는다면 1장을 다시 확인합니다.

다음으로 데이터를 가공해서 매장 단위로 실제 매출이 발생한 데이터(status가 1=결제 완료 또는 2=배달 완료)의 합계를 계산해 매출 상위 및 하위 매장을 표시합니다.

```
summary_df = order_all.loc[order_all['status'].isin([1, 2])]
store_summary_df = summary_df.groupby(['store_id'])['total_amount'].sum()
store_summary_df = pd.merge(store_summary_df, m_store, on='store_id', how='left')
print("매출 상위")
display(store_summary_df.sort_values('total_amount', ascending=False).head(10))
print("매출 하위")
display(store_summary_df.sort_values('total_amount', ascending=True).head(10))
```

```
In [13]: summary_df = order_all.loc[order_all['status'].isin([1, 2])]
         store_summary_df = summary_df.groupby(['store_id'])['total_amount'].sum()
         store_summary_df = pd.merge(store_summary_df, m_store, on='store_id', how='left')
         print("매출 상위")
         display(store_summary_df.sort_values('total_amount', ascending=False).head(10))
         print("매출 하위")
         display(store_summary_df.sort_values('total_amount', ascending=True).head(10))
```

매출 상위

	store_id	total_amount	store_name	area_cd
47	48	120384690	노해로2점	SL
190	191	118095960	사우중로점	GB
122	123	113134310	송정해변로점	BS
67	68	112799400	천호대로2점	SL
62	63	112211910	녹사평대로2점	SL
126	127	111797560	분포로점	BS
99	100	111248660	온천천로점	BS
43	44	110643570	무교로점	SL
78	79	110076670	종로2점	SL
172	173	110034720	비아로점	GJ

매출 하위

	store_id	total_amount	store_name	area_cd
100	101	53586580	중동2로점	BS
2	3	56984250	무교로점	SL
75	76	57112800	국제금융로2점	SL
151	152	57119100	대흥로점	DJ
11	12	57884940	봉화산로점	SL
195	196	58966680	석봉로점	GB
185	186	60675020	효원로점	GN
161	162	61621230	상무번영로점	GJ
69	70	62304610	은평로2점	SL
145	146	62967010	용운동점	DJ

그림 3-13 매출 상위 매장과 매출 하위 매장 표시

먼저 주문 정보에서 주문 상태가 1, 2인 데이터를 추출합니다. 이후 매장별로 그룹화한 뒤 금액을 .sum()으로 집계합니다. 여기에 매장 정보를 병합해서 내림차순, 오름차순으로 정렬해 화면에 표시합니다. 서울(SL)과 경기북부(GB) 지역 매장이 상위에 있으며, 하위 매장의 매출은 상위 매장의 매출과 2배 가량 차이가 있음을 알 수 있습니다. 단지 이를 근거로 '어서 매출이 낮은 매장을 개선합시다!'라고 하는 것은 큰 오류입니다.

눈썰미가 좋은 분이라면 눈치챘겠지만 이번에는 매출 총액으로 비교했습니다. 서울(SL)과 경기북부(GB)는 이용자 수가 많으며 매출 총액은 도심에 있는 매장일수록 유리합니다. 이 상태에서는 현상을 정확하게 파악할 수 없습니다.

이익을 기준으로 비교할 수도 있습니다. 이번과 같이 전국의 체인을 대상으로 할 때는 모든 매장에서 상품 단가가 같지만 인건비나 물가 등이 도심과 지방에 따라 서로 다르기 때문에 저렴한 인건비로 인해 이익이 높아지기도 합니다.

원래대로라면 이와 같은 물가, 임대료, 인건비 등의 경제 지표를 모두 고려해 분석하는 것이 좋지만 그러기 위해서는 막대한 노력과 데이터가 필요합니다.

데이터 활용 문화의 저변이 없는 회사에 갑자기 그런 정보를 요구하면 데이터를 확보하지 못하거나 현업 부문에서 거절당하는 등의 이유로 여러분 혼자 프로젝트를 진행하기는 어려울 것입니다.

그러므로 이번에는 손에 있는 데이터로 '데이터를 잘 사용하면 이런 것들을 할 수 있다'는 데이터 활용 문화 사내에 심어 나갑니다. 결과를 보면 사람은 움직입니다. '들어가며'에서도 이야기했지만, '대책으로 연결해서 작은 성과를 지속해서 만들어 내는' 것이 중요합니다.

그럼 매출 총액이 아니라 무엇을 기준으로 비교하면 좋을까요?

먼저 주문 정보의 기초가 되는 고객의 행동을 축으로 데이터를 바라봅니다. 우선 매장별 주문 취소율을 산출해서 취소율이 높은 순, 낮은 순으로 정렬해 봅시다.

```python
cancel_df = pd.DataFrame()
cancel_cnt = order_all.loc[order_all['status'] == 9].groupby(
    ['store_id'])['store_id'].count()
order_cnt = order_all.loc[order_all['status'].isin([1, 2, 9])].groupby(
    ['store_id'])['store_id'].count()
cancel_rate = (cancel_cnt / order_cnt) * 100
cancel_df["cancel_rate"] = cancel_rate
```

```
cancel_df = pd.merge(cancel_df, m_store, on='store_id', how='left')
print("취소율 낮음")
display(cancel_df.sort_values('cancel_rate', ascending=True).head(10))
print("취소율 높음")
display(cancel_df.sort_values('cancel_rate', ascending=False).head(10))
```

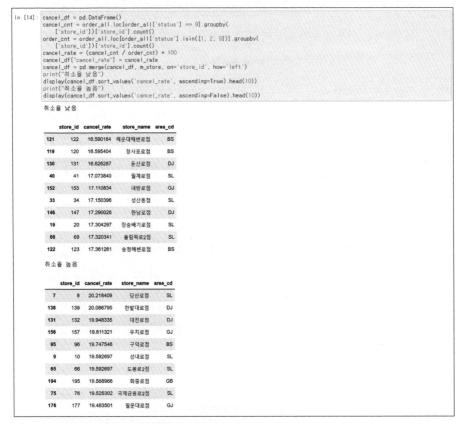

그림 3-14 주문 취소율이 높은 매장과 낮은 매장 표시

여러 이유로 주문을 취소할 수는 있지만 그 이유가 무엇이건 기회 손실이 발생합니다.

단순히 고객이 잘못한 주문을 취소할 수도 있으나 혹시 다른 이유는 없는지 분석해 봅니다.

그럼 취소율이 높은 매장과 낮은 매장을 선택해서 비교해 봅시다.

주문 취소 이유를 분석하자

앞에서 주문 취소 이유를 분석해 보기로 했습니다.

고객이 주문을 취소한 이유가 무엇일지, 여러분이 고객이라 가정하고 생각해 봅시다.

단순한 주문 실수를 제외하면 '주문한 제품을 받을 때까지 예상보다 오랜 시간이 걸린다'를 가장 흔한 이유로 들 수 있지 않을까요?

실제로 고객이 주문한 뒤 배달 완료까지 얼마나 시간이 경과했는지(배달 시간) 확인해 봅시다. 주문 정보의 '주문 접수 order_accept_date'와 '배달 완료 delivered_date'의 차이가 배달 시간에 해당합니다. 이때 delivery 주문으로 배달 완료한 데이터만 추출하는 것에 주의합니다.

```python
def calc_delta(t):
    t1, t2 = t
    delta = t2 - t1
    return delta.total_seconds() / 60

order_all.loc[:, 'order_accept_datetime'] = pd.to_datetime(
    order_all['order_accept_date'])
order_all.loc[:, 'delivered_datetime'] = pd.to_datetime(
    order_all['delivered_date'])
order_all.loc[:, 'delta'] = order_all[['order_accept_datetime',
                                       'delivered_datetime'
                                       ]].apply(calc_delta, axis=1)

delivery_df = order_all.loc[(order_all['status'] == 2) &
                            (order_all['store_id'].isin([8, 122]))]
delivery_df.groupby(['store_id'])['delta'].mean()
```

```
In [15]: def calc_delta(t):
             t1, t2 = t
             delta = t2 - t1
             return delta.total_seconds() / 60

         order_all.loc[:, 'order_accept_datetime'] = pd.to_datetime(
             order_all['order_accept_date'])
         order_all.loc[:, 'delivered_datetime'] = pd.to_datetime(
             order_all['delivered_date'])
         order_all.loc[:, 'delta'] = order_all[[
             'order_accept_datetime', 'delivered_datetime'
             ]].apply(calc_delta, axis=1)
```

```
      delivery_df = order_all.loc[
          (order_all['status'] == 2) &
          (order_all['store_id'].isin([8, 122]))]
      delivery_df.groupby(['store_id'])['delta'].mean()
Out[15]: store_id
      8      47.560231
      122    20.164304
      Name: delta, dtype: float64
```

그림 3-15 **주문 취소율이 높은 매장과 낮은 매장에서의 배달 시간**

먼저 주문 정보에서 delivery 주문 데이터를 추출하고 앞의 테크닉에서 선택한 주문 취소율이 높은 매장과 낮은 매장의 데이터를 추출합니다.

다음으로 배달 완료 시각에서 주문 접수 시각을 빼기 위해 날짜 타입 변수의 차를 구하는 calc_delta 함수를 정의합니다. 이 함수는 2개의 날짜 타입 변수의 차를 구하고 그 결과를 분 단위로 반환합니다.

이 함수를 이용해 배달 시간을 산출할 수 있습니다.

결과를 보면 역시 주문 취소율이 높은 매장은 배달 시간이 긴 것을 알 수 있습니다. 이를 하나의 가설로 검증하기 위해 다른 매장도 주문 취소율과 배달 시간에 관계가 있는지 확인해 봅시다.

테크닉 28 가설을 검증하자

이전 테크닉에서는 기회 손실을 개선하기 위해 배달 시간과 주문 취소율의 **상관관계**를 찾아내고 이를 가설로 검증하기로 했습니다.

데이터 분석에서는 가설이 매우 중요합니다. 무턱대고 데이터를 늘어놓거나 가공하다 보면 분석하는 대상이 무엇인지 모르게 되는 경우가 많습니다.

앞의 테크닉에서와 같이 데이터의 경향을 파악하는 과정에서 가설을 세우거나, 경우에 따라서는 현장 구성의 의견을 듣는 도중 생각지도 못한 가설을 발견하기도 합니다. 그런 의미에서 의견 청취를 통해 상대방으로부터 가설을 끌어내는 커뮤니케이션 능력 또한, 데이터 분석에서 중요한 스킬이라 할 수 있습니다.

서론이 다소 길었습니다. 빠르게 가설을 검증해 봅시다.

우선 앞에서 주문 취소율이 높은 매장과 낮은 매장 2개를 비교했습니다. 모든 매장에서 같은 경향이 나타난다면 이 가설이 옳다고 판단해도 좋을 것입니다.

```
temp_cancel = cancel_df.copy()
temp_delivery = order_all.loc[order_all['status'] == 2].groupby(
    [('store_id')])['delta'].mean()
check_df = pd.merge(temp_cancel, temp_delivery, on='store_id', how='left')
check_df.head()
```

```
In [16]:  temp_cancel = cancel_df.copy()
          temp_delivery = order_all.loc[order_all['status'] == 2].groupby(
              [('store_id')])['delta'].mean()
          check_df = pd.merge(temp_cancel, temp_delivery, on='store_id', how='left')
          check_df.head()

Out[16]:
              store_id  cancel_rate  store_name  area_cd      delta
          0          1    18.969885        삼일대로점        SL  34.378830
          1          2    18.636756        세종대로점        SL  34.719848
          2          3    18.555901         무교로점        SL  34.415958
          3          4    18.160767       덕수궁길점        SL  34.498651
          4          5    18.172100       서소문로점        SL  34.120035
```

그림 3-16 **모든 매장의 배달 시간 집계**

먼저 앞의 테크닉에서 특정 매장을 대상으로 실행한 배달 시간 집계 작업을 모든 매장에 적용합니다.

```
# 전체
temp_chk = check_df[['cancel_rate', 'delta']]
display(temp_chk.corr())
```

```
In [17]:  # 전체
          temp_chk = check_df[['cancel_rate', 'delta']]
          display(temp_chk.corr())

                       cancel_rate    delta
          cancel_rate      1.00000  0.65765
                delta      0.65765  1.00000
```

그림 3-17 **주문 취소율과 배달 시간의 상관관계**

이 처리로 주문 취소율과 배달 시간의 상관관계를 계산합니다.

먼저 모든 매장의 데이터를 대상으로 상관관계를 찾아봅시다. 결과는 0.65…가 되었습니다. 이 숫자는 '상관 계수'라 부르며 양과 음의 방향, -1 ~ 1의 강도로 구성되어 있습니다. 2개 데이터군(여기에서는 주문 취소율과 배달 시간) 사이의 관계성을 나타냅니다.

상관 계수(절댓값)의 의미는 다음과 같이 알려져 있습니다.

- 0 이상 ~ 0.3 미만: 거의 상관관계가 없음
- 0.3 이상 ~ 0.5 미만: 매우 약한 상관관계가 있음
- 0.5 이상 ~ 0.7 미만: 상관관계가 있음
- 0.7 이상 ~ 0.9 미만: 강한 상관관계가 있음
- 0.9 이상: 매우 강한 상관관계가 있음

이 책에서는 상관관계에 관해 깊이 설명하지 않으므로 흥미가 있는 분은 다른 통계학 서적 등을 통해 학습하기 바랍니다.

위 의미를 참조하면 이번 상관 계숫값은 '상관관계가 있음'에 해당합니다.

이번에는 모든 매장을 일률적으로 계산하지 않고 더 세세하게 나누어 상관관계를 확인해 봅시다.

이번 가설은 '배달 시간이 길다'와 '주문 취소율이 높아진다'이므로 주문 취소율이 높은 매장과 낮은 매장으로 나누어 상관관계를 확인해 봅시다.

```
# 취소율이 높은(3사분위 이상) 매장만
th_high = check_df['cancel_rate'].quantile(0.75)
temp_chk = check_df.loc[(check_df['cancel_rate'] >= th_high)]
temp_chk = temp_chk[['cancel_rate', 'delta']]
display(temp_chk.corr())

# 취소율이 낮은(1사분위 이하) 매장만
th_low = check_df['cancel_rate'].quantile(0.25)
temp_chk = check_df.loc[(check_df['cancel_rate'] >= th_low)]
temp_chk = temp_chk[['cancel_rate', 'delta']]
display(temp_chk.corr())
```

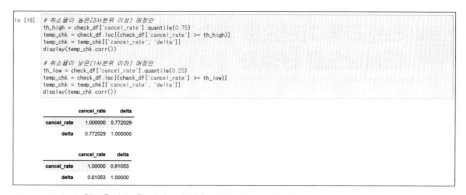

```
In [18]:  # 취소율이 높은(3사분위 이상) 매장만
          th_high = check_df['cancel_rate'].quantile(0.75)
          temp_chk = check_df.loc[(check_df['cancel_rate'] >= th_high)]
          temp_chk = temp_chk[['cancel_rate', 'delta']]
          display(temp_chk.corr())

          # 취소율이 낮은(1사분위 이하) 매장만
          th_low = check_df['cancel_rate'].quantile(0.25)
          temp_chk = check_df.loc[(check_df['cancel_rate'] >= th_low)]
          temp_chk = temp_chk[['cancel_rate', 'delta']]
          display(temp_chk.corr())
```

	cancel_rate	delta
cancel_rate	1.000000	0.772029
delta	0.772029	1.000000

	cancel_rate	delta
cancel_rate	1.00000	0.61053
delta	0.61053	1.00000

그림 3-18 **주문 취소율이 높은 매장군과 낮은 매장군에서의 상관관계**

주문 취소율이 높은 매장과 낮은 매장의 임곗값을 설정합니다. 이것은 사분위수로 계산합니다. 사분위수란 데이터를 오름차순으로 정렬했을 때, 데이터 수를 4등분하는 값을 의미합니다. 작은 것부터 '25백분위수percentile(1사분위수)', '50백분위수(2사분위수)', '75백분위수(3사분위수)'이라 부릅니다.

주문 취소율이 높은 매장은 3사분위수, 주문 취소율이 낮은 매장은 1사분위수로 추출할 수 있습니다.

다음으로 이 임곗값을 이용해 추출한 데이터로부터 상관관계를 계산합니다.

결과적으로 주문 취소율이 높은 매장의 상관 계수는 0.78…이며, 강한 상관관계가 있음을 알 수 있습니다. 반대로 주문 취소율이 낮은 매장의 상관 계수는 0.60…이며 전체 데이터를 대상으로 했을 때보다 상관관계는 낮아지기는 했으나 여전히 상관관계가 있다고 볼 수 있습니다.

단, 주문 취소율 외에도 다양한 요인이 데이터에 숨어 있습니다. 우선 경향을 보고, 가설을 세우고, 검증하는 사이클을 반복하는 것이 데이터 분석의 기본이라고 할 수 있습니다. 꼭 다양한 가설을 세우고 검증해 보기 바랍니다.

이번 장에서는 시각화를 주제로 하므로 '주문 취소율'과 '배달 시간'의 개선을 스토리로 시각화해 봅시다.

테크닉 29 스토리를 기반으로 부속과 데이터를 조합해 대시보드를 만들자

지금까지 부속을 만들고 스토리를 고려해 데이터를 작성하는 등의 밑준비를 했습니다.

이번에는 앞에서 준비한 것을 이용해 대시보드를 만들어 봅시다.

먼저 스토리를 정리합니다.

매장의 배달 시간과 주문 취소율을 매장별로 시각화해서 배달 시간 개선 가능 여부를 매장별로 검토할 수 있는 기반을 만듭니다.

또한 주문 취소율은 현황을 알아야만 의미가 있으므로 매출 상황 등을 포함한 현황 정보도 함께 제공합니다.

이후의 프로그램은 다소 길므로 주피터 노트북의 셀 단위로 설명합니다.

```
import seaborn as sns

# 환경 변수
target_store = ""
min_date = datetime.date(2021, 4, 1)
max_date = datetime.date(2021, 4, 30)
```

```
In [19]:   import seaborn as sns

           # 환경 변수
           target_store = ""
           min_date = datetime.date(2020, 4, 1)
           max_date = datetime.date(2020, 4, 30)
```

그림 3-19 환경 준비

지금까지는 matplotlib을 이용해 그래프를 그렸습니다. 대시보드를 그릴 때는 2장에서 사용한 seaborn 라이브러리를 이용하므로 첫 번째 행에서는 임포트합니다. 그 후, 공통으로 사용할 변수를 정의하고 초깃값을 설정합니다.

```
def make_board():
    clear_output()
```

```
    display(toggle_db)

    # 데이터 작성
    pick_order_data = order_all.loc[
        (order_all['store_name'] == target_store) &
        (order_all['order_date'] >= min_date) &
        (order_all['order_date'] <= max_date) &
        (order_all['status'].isin([1, 2]))
        ]
    pick_cancel_data = order_all.loc[
        (order_all['store_name'] == target_store) &
        (order_all['order_date'] >= min_date) &
        (order_all['order_date'] <= max_date) &
        (order_all['status'] == 9)
        ]
    pick_order_all = order_all.loc[
        (order_all['order_date'] >= min_date) &
        (order_all['order_date'] <= max_date) &
        (order_all['status'].isin([1, 2]))
        ]
    pick_cancel_all = order_all.loc[
        (order_all['order_date'] >= min_date) &
        (order_all['order_date'] <= max_date) &
        (order_all['status'] == 9)
        ]
    store_o_cnt = len(pick_order_data)
    store_c_cnt = len(pick_order_data['customer_id'].unique())
    store_cancel_rate = (len(pick_cancel_data) / (len(pick_order_data) +
                                        len(pick_cancel_data))) * 100
    delivery_time = pick_order_data.loc[
        pick_order_data['status'] == 2]['delta'].mean()
    delivery_time_all = pick_order_all.loc[
        pick_order_all['status'] == 2]['delta'].mean()

    # 화면 그리기 처리
    temp = pick_order_data[['order_date', 'total_amount']].copy()
    temp.loc[:, 'order_date'] = pd.to_datetime(temp['order_date'])
    temp.set_index('order_date', inplace=True)

    print
(f"=======================================================================
===========================")
    str_out = f"■■{target_store}■■ [대상 기간]: {min_date}~{max_date}"
    str_out = str_out + f"[데이터 건수]: {store_o_cnt} 건, " \
                    f"[이용 고객 수]: {store_c_cnt}"
    print(str_out)
    print
(f"-----------------------------------------------------------------------
```

```
------------------------")
    print(f"■■■■■■ 일간 매출 ■■■■■■■■")
    display(temp.resample('D').sum())
    print("-----------------------------------------------------------
------------------------")
    str_out = f"[기간 매출 총액:{'{:,}'.format(temp['total_amount'].sum())} "
    str_out = str_out + f"[주문 취소 총액]: " \
                        f"{'{:,}'.format(pick_cancel_data['total_amount'].
sum())} "
    str_out = str_out + f"[주문 취소율]: {round(store_cancel_rate, 2)} % "
    print(str_out)
    str_out = f"[평균 배달 시간]: {round(delivery_time, 2)}분"
    str_out = str_out + f"[전 매장 평균 배달 시간]: " \
                        f"{round(delivery_time_all, 2)}분"
    print(str_out)
    print
(f"-----------------------------------------------------------
------------------------")

    # 그래프 작성
    fig, (ax1, ax2) = plt.subplots(1, 2, figsize=(15, 5))
    sns.histplot(temp.resample('D').sum(), ax=ax1, kde=False)
    ax1.set_title(f"매출(일 단위) 히스토그램")

    sns.countplot(x='order_date', data=pick_cancel_data, ax=ax2)
    ax2.set_title(f"주문 취소 수(일 단위)")

    fig, (ax3) = plt.subplots(1, 1, figsize=(20, 5))
    sns.boxplot(x="order_date", y="total_amount", data=pick_order_data)
    ax3.set_title(f"주문 상황 상자 수염도")

    plt.show()
```

```
In [20]: def make_board():
             clear_output()
             display(toggle_db)

             # 데이터 작성
             pick_order_data = order_all.loc[
                 (order_all['store_name'] == target_store) &
                 (order_all['order_date'] >= min_date) &
                 (order_all['order_date'] <= max_date) &
                 (order_all['status'].isin([1, 2]))
                 ]
             pick_cancel_data = order_all.loc[
                 (order_all['store_name'] == target_store) &
                 (order_all['order_date'] >= min_date) &
                 (order_all['order_date'] <= max_date) &
                 (order_all['status'] == 9)
                 ]
             pick_order_all = order_all.loc[
                 (order_all['order_date'] >= min_date) &
                 (order_all['order_date'] <= max_date) &
                 (order_all['status'].isin([1, 2]))
                 ]
             pick_cancel_all = order_all.loc[
                 (order_all['order_date'] >= min_date) &
                 (order_all['order_date'] <= max_date) &
                 (order_all['status'] == 9)
                 ]
```

```
store_o_cnt = len(pick_order_data)
store_c_cnt = len(pick_order_data['customer_id'].unique())
store_cancel_rate = (len(pick_cancel_data) / (len(pick_order_data) +
                                              len(pick_cancel_data))) * 100

delivery_time = pick_order_data.loc[
    pick_order_data['status'] == 2]['delta'].mean()
delivery_time_all = pick_order_all.loc[
    pick_order_all['status'] == 2]['delta'].mean()

# 화면 그리기 처리
temp = pick_order_data[['order_date', 'total_amount']].copy()
temp.loc[:, 'order_date'] = pd.to_datetime(temp['order_date'])
temp.set_index('order_date', inplace=True)

print(f"====================================================================")
str_out = f"■■ {target_store} ■■ [대상 기간]: {min_date}~{max_date}"
str_out = str_out + f"[데이터 건수]: {store_o_cnt} 건, " \
                    f"[이용 고객 수]: {store_c_cnt}"
print(str_out)
print(f"--------------------------------------------------------------------")
print(f"■■■■■■ 일간 매출 ■■■■■■■■")
display(temp.resample('D').sum())
print("--------------------------------------------------------------------")
str_out = f"[기간 매출 총액:{'{:,}'.format(temp['total_amount'].sum())} "
str_out = str_out + f"[주문 취소 총액]: " \
                    f"{'{:,}'.format(pick_cancel_data['total_amount'].sum())} "
str_out = str_out + f"[주문 취소율]: {round(store_cancel_rate, 2)} % "
print(str_out)
str_out = f"[평균 배달 시간]: {round(delivery_time, 2)}분"
str_out = str_out + f"[전 매장 평균 배달 시간]: " \
                    f"{round(delivery_time_all, 2)}분"
print(str_out)
print(f"--------------------------------------------------------------------")

# 그래프 작성
fig, (ax1, ax2) = plt.subplots(1, 2, figsize=(15, 5))
sns.histplot(temp.resample('D').sum(), ax=ax1, kde=False)
ax1.set_title(f"매출(일 단위) 히스토그램")

sns.countplot(x='order_date', data=pick_cancel_data, ax=ax2)
ax2.set_title(f"주문 취소 수(일 단위)")

fig, (ax3) = plt.subplots(1, 1, figsize=(20, 5))
sns.boxplot(x="order_date", y="total_amount", data=pick_order_data)
ax3.set_title(f"주문 상황 상자 수염도")

plt.show()
```

그림 3-20 **화면 그리기 처리**

이 부분의 처리는 다소 깁니다. 실제로 조건을 설정한 뒤 데이터를 만들어 화면을 업데이트하는 make_board 함수를 정의합니다. 이 함수는 뒤에서 설명할 함수에서 호출해서 실행합니다.

먼저 화면을 초기화하고 토글 버튼 화면을 다시 표시합니다. 그 후, 데이터 작성 처리를 합니다. 전체 데이터로부터 '지정한 매장', '지정한 기간', '상태'를 조건으로 추출합니다. 또한, 여러 조건과 평균 배달 시간 등도 계산해 둡니다.

다음으로 화면에 데이터를 표시하기 위해 주문 날짜와 금액을 추출해서 일 단위로 합산합니다. 이 부분의 처리는 지금까지의 테크닉에서 나온 것들을 응용한 것이므로 이해가 되지 않는 부분은 이전 테크닉들을 참고하기 바랍니다.

계속해서 화면에 문자나 변수를 표시하고 그래프를 만듭니다.

그래프는 앞에서 선언한 seaborn 라이브러리로 그립니다. seaborn의 사용법은 matplotlib보다 간단하므로 다른 그래프도 그려 보기 바랍니다.

```
# 캘린더 변경 시 처리
def change_date_min(val):
    global min_date
    min_date = val['new']
    make_board()

def change_date_max(val):
    global max_date
    max_date = val['new']
    make_board()
```

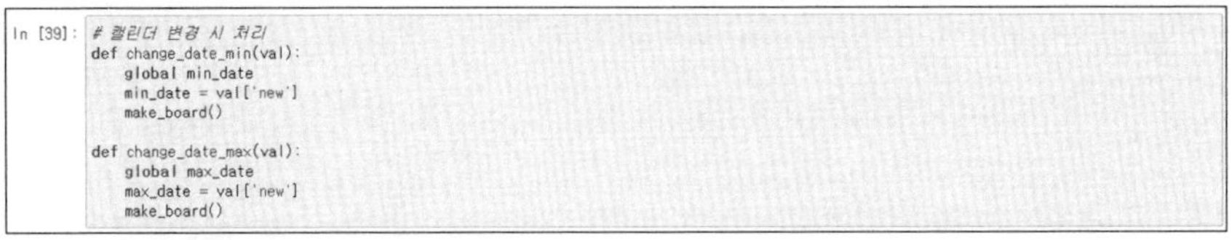

```
In [39]: # 캘린더 변경 시 처리
         def change_date_min(val):
             global min_date
             min_date = val['new']
             make_board()

         def change_date_max(val):
             global max_date
             max_date = val['new']
             make_board()
```

그림 3-21 **캘린더 변경 시 처리**

다음으로 화면 변경 시의 사전 처리로 날짜 선택 박스 변경 시 동작하는 change_date_min, change_date_max 함수 2개를 정의합니다.

이 함수는 **테크닉 25** 에서 만든 함수를 응용했습니다.

```
# 드롭다운 변경 시 처리
def change_dropdown(val):
    global target_store
    target_store = val['new']

    # 기간 지정 기능
    date_picker_min = DatePicker(value=min_date)
    date_picker_min.observe(change_date_min, names='value')
    print(f"기간")
    date_picker_max = DatePicker(value=max_date)
    date_picker_max.observe(change_date_max, names='value')
    display(date_picker_min, date_picker_max)
```

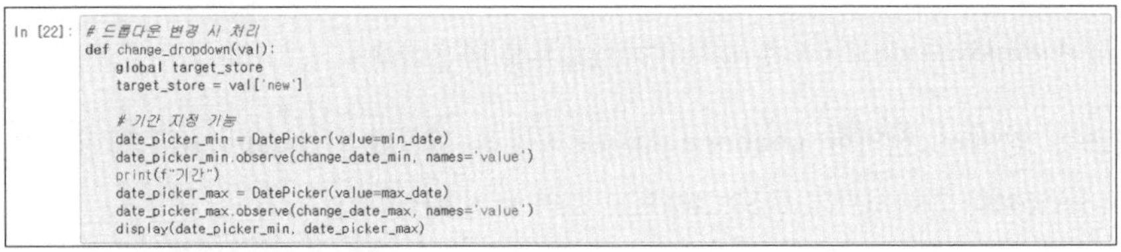

```
In [22]: # 드롭다운 변경 시 처리
         def change_dropdown(val):
             global target_store
             target_store = val['new']

             # 기간 지정 기능
             date_picker_min = DatePicker(value=min_date)
             date_picker_min.observe(change_date_min, names='value')
             print(f"기간")
             date_picker_max = DatePicker(value=max_date)
             date_picker_max.observe(change_date_max, names='value')
             display(date_picker_min, date_picker_max)
```

그림 3-22 **드롭다운 변경 시 처리**

다음은 드롭다운 처리입니다. 이 함수도 테크닉 21 에서 만든 부속의 것을 응용했습니
다. 다만, 이후 정의할 지역 토글 버튼을 이용해 필터링한 매장 목록을 드롭다운에서 사
용하는 점이 다릅니다.

```python
def order_by_area(val):
    clear_output()
    display(toggle_db)
    # 선택한 지역의 매장 목록을 만든다.
    store_list = order_all.loc[
        order_all['wide_area'] == val['new']]['store_name'].unique()
    # 만들어진 매장 리스트로 드롭다운을 만든다.
    dropdown = Dropdown(options=store_list)
    dropdown.observe(change_dropdown, names='value')
    display(dropdown)
```

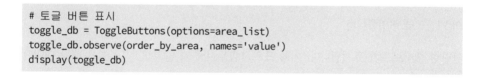

그림 3-23 **토글 버튼 변경 시 처리**

이것은 지역 토글 버튼이 바뀌었을 때 동작하는 함수입니다. 이것도 테크닉 24 에서 만든
것과 거의 같습니다.

```python
# 토글 버튼 표시
toggle_db = ToggleButtons(options=area_list)
toggle_db.observe(order_by_area, names='value')
display(toggle_db)
```

order_date	total_amount
2021-04-05	965100
2021-04-06	1097730
2021-04-07	961680
2021-04-08	1115870
2021-04-09	1164570
2021-04-10	1031680
2021-04-11	1053310
2021-04-12	1023400
2021-04-13	1137480
2021-04-14	946200
2021-04-15	970040
2021-04-16	962790
2021-04-17	1094500
2021-04-18	1039780
2021-04-19	1085870
2021-04-20	1089350
2021-04-21	1101960
2021-04-22	916010
2021-04-23	952330
2021-04-24	1124580
2021-04-25	951630
2021-04-26	1033240
2021-04-27	1130970
2021-04-28	1015890
2021-04-29	1154840
2021-04-30	1012320

그림 3-24 **토글 버튼 표시와 실제 동작 화면**

마지막으로 토글 버튼을 표시해서 처리를 완료합니다.

셀을 실행하면 토글 버튼이 화면 위에 나타납니다.

토글 버튼으로 지역을 선택하면, 해당 지역의 매장만 포함한 드롭다운 버튼이 나타납니다. 드롭다운에서 매장을 선택하면 기간을 지정하는 날짜 선택 박스가 나타나므로 임의의 기간으로 변경합니다.

간단한 대시보드가 표시됩니다. 이제 프로그램을 바꾸지 않고도 보고 싶은 매장 데이터를 즉시 확인할 수 있게 되었습니다.

현장 지식을 가진 사람에게 대시보드를 보여주고 의견을 들어 봅시다.

대시보드를 개선하자

앞의 테크닉에서 만든 대시보드를 보여주자 경영관리 부문 관리자가 다음과 같이 요청해 왔습니다.

요청 ▶
● 지역별로 집계를 하고 싶다.

● 주문 취소율, 배달 시간을 지역별 순위 형식으로 나타내고 싶다.

혼자서 분석하거나 시각화하면 시각이 좁아지기 쉬워 결과적으로 큰 의미가 없는 것을 만들게 되는 경우가 있습니다. 이렇게 실제 사용하는 사람의 입장에서 대상을 생각하는 것은 매우 중요하지만 그만큼 어렵기도 합니다. 이럴 때는 실제 사용자에게 의견을 듣는 것이 가장 빠릅니다. 반드시 현장이나 업무에 관해 잘 아는 사람의 의견을 듣고 피드백을 받습니다.

요청받은 기능을 빠르게 구현해 봅시다.

```python
cal_orders_base = order_all.loc[(order_all['status'].isin([1, 2]))]

# 지역 순위(배달 시간)
print(f"배달 시간 ===============")
print(f"지역 순위 --------------")
display(pd.DataFrame(cal_orders_base.groupby(['narrow_area'])
                    ['delta'].mean().sort_values()))
print(f"지역별 TOP 5 --------------")
for area in m_area['area_cd']:
    temp = cal_orders_base.loc[cal_orders_base['area_cd'] == area]
    temp = temp.groupby(['store_id'])['delta'].mean().sort_values()
    temp = pd.merge(temp, m_store, on='store_id')[['store_name', 'delta']]
    display(temp.head())
```

```
In [25]:   cal_orders_base = order_all.loc[(order_all['status'].isin([1, 2]))]

           # 지역 순위(배달 시간)
           print(f"배달 시간 ===============")
           print(f"지역 순위 --------------")
           display(pd.DataFrame(cal_orders_base.groupby(['narrow_area'])
                               ['delta'].mean().sort_values()))
           print(f"지역별 TOP 5 --------------")
           for area in m_area['area_cd']:
               temp = cal_orders_base.loc[cal_orders_base['area_cd'] == area]
               temp = temp.groupby(['store_id'])['delta'].mean().sort_values()
               temp = pd.merge(temp, m_store, on='store_id')[['store_name', 'delta']]
               display(temp.head())
```

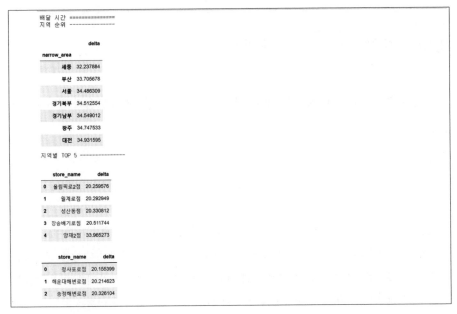

배달 시간 ===============
지역 순위 ---------------

	delta
narrow_area	
세종	32.237884
부산	33.705678
서울	34.486309
경기북부	34.512554
경기남부	34.549012
광주	34.747533
대전	34.931595

지역별 TOP 5 ---------------

	store_name	delta
0	올림픽로2점	20.259576
1	월계로점	20.292949
2	성산동점	20.330812
3	장승배기로점	20.511744
4	양재2점	33.965273

	store_name	delta
0	청사포로점	20.155399
1	해운대해변로점	20.214623
2	송정해변로점	20.326104

그림 3-25 **지역별, 배달 시간 순위**

먼저 배달 시간 순위를 만들어 봅시다.

delivery에 해당하는 데이터만 추출해 데이터프레임을 만들고 지역(narrow_area) 단위로 배달 시간(delta)의 평균값을 계산해 오름차순으로 정렬해서 화면에 표시합니다.

다음으로 지역별로 반복문을 실행해서 지역별 매장 순위를 표시합니다.

셀을 실행하면 지역 순위와 각 지역의 매장 순위 Top 5가 표시됩니다.

이어서 같은 방식으로 주문 취소율 순위를 만들어 봅시다.

```python
# 지역 순위(취소율)
base_df = pd.merge(check_df, m_store, on='area_cd')
base_df = pd.merge(base_df, m_area, on='area_cd')
print(f"주문 취소율 ===============")
print(f"지역 순위 ---------------")
display(pd.DataFrame(base_df.groupby(['narrow_area'])
                    ['cancel_rate'].mean().sort_values()))
print(f"지역별 TOP 5 ---------------")
for area in m_area['area_cd']:
    temp = check_df.loc[check_df['area_cd'] == area]
    temp = temp.groupby(['store_id'])['cancel_rate'].mean().sort_values()
```

```
temp = pd.merge(temp, m_store, on='store_id')[
    ['store_name', 'cancel_rate']]
display(temp.head())
```

그림 3-26 **지역별 주문 취소율 순위**

지역 주문 취소율은 테크닉 28 에서 check_df로 산출했으므로 매장 정보와 지역 정보를 부여해 데이터프레임을 만듭니다.

다음으로 지역별 평균을 구해 정렬해서 화면에 표시합니다.

계속해서 매장 단위로 반복문을 실행해서 각 지역의 매장별 주문 취소율 순위를 표시합니다.

원래대로라면 테크닉 29 의 make_board 함수를 수정해서 순위 기능을 대시보드에 추가하는 것이 좋습니다. 하지만 주피터 노트북을 이용한 단계적인 설명 방식에는 적합하지 않아 순위 집계 기능만 별도로 구현했습니다.

여러분도 직접  의 make_board 함수를 수정해 보기 바랍니다.

같은 방식으로 배달 시간이나 주문 취소율의 워스트 5도 표시하면 재미있을 것입니다. 그리고 부속들의 조합을 바꿔 더 다양하게 시각화할 수 있으므로 이번 장의 소스 코드를 응용해 비교적 탄탄한 시각화 도구를 만들 수 있을 것입니다. 이것도 꼭 시도해 보기 바랍니다.

구현은 간단했지만 대시보드에 관한 이미지를 갖게 되었을 것입니다.

더 많은 현장 구성원이나 상사에게 의견을 물어보고 가설 검증이나 데이터 확인 및 대시보드 개선을 진행할 수 있습니다.

앞에서도 이야기했지만 아무리 열심히 분석하고 시각화해도 활용되지 않으면 아무런 의미가 없습니다. 조직 전체의 데이터 리터러시를 높이기 위해서는 현장 구성원과 함께 데이터를 이해하고 분석해 나가는 것이 가장 빠른 길입니다.

이 과정에서 대시보드 등을 효과적으로 사용할 수 있으므로 이후에도 반드시 스토리나 가설을 기반으로 대시보드를 만들어 보기 바랍니다.

다음 장에서는 조직에서 더욱더 데이터를 활용할 수 있도록 보고 구조를 정리해 봅시다.

보고 구조를 만들기 위한 테크닉 10

앞 장에서 간단한 대시보드를 만들고 현장 지식을 가진 구성원의 의견을 구했습니다. 그 결과 각 매장에도 데이터를 공유하게 되었습니다.

하지만 매장 직원들에게 파이썬 프로그램을 실행해서 데이터를 확인하도록 하는 것은 상당히 어려운 일입니다. 그래서 지금은 누구라도 한 번쯤 사용해 본 엑셀Excel로 보고서를 출력해 각 매장 관리자에게 전달하기로 했습니다.

먼저 파이썬으로 엑셀을 조작하는 기본 방법을 학습하고, 후반부에서는 실제로 데이터를 보고서 엑셀 파일로 만듭니다.

그리고 이후 주피터 노트북에서 엑셀을 조작할 때는 OpenPyXL 라이브러리를 이용합니다.

OpenPyXL을 설치하지 않았다면 pip 등으로 설치하기 바랍니다. pip로 설치할 때는 pip install openpyxl 명령어를 실행합니다. pip 외의 명령어를 사용할 때는 각 환경에 맞춰 설치합니다.

> **노트** 이번 장에서는 엑셀로 출력한 결과를 확인하는 작업이 포함되어 있습니다. 만약 Microsoft Office를 설치하지 못하는 환경이라면 다음 무료 소프트웨어를 대신 사용할 수 있습니다.
>
> • LibreOffice
> • OpenOffice
>
> 단, 이 책은 Microsoft Office의 Excel을 기반으로 작성했으므로 위 프리웨어에서 확인한 결과는 책의 내용과 표시 결과가 다소 다를 수 있으므로 유의하기 바랍니다.

노트 〉 이번 장에서는 결과 확인을 위해 출력한 엑셀 파일을 참조하면서 진행합니다. 이때 동일한 파일을 덮어쓰는 경우가 있는데, 파일이 열려 있는 상태에서 처리를 실행하면 '[Errno 13] Permission denied:'라는 에러가 발생합니다. 이 경우에는 열려 있는 파일을 닫고 처리를 다시 실행합니다.

- 테크닉 31: 특정 매장의 매출을 엑셀로 출력하자
- 테크닉 32: 엑셀 테이블을 정리해 출력하자
- 테크닉 33: 매출 이외의 데이터도 출력하자
- 테크닉 34: 문제가 있는 위치를 빨간색으로 출력하자
- 테크닉 35: 엑셀의 셀 함수로 일일 집계를 하자
- 테크닉 36: 꺾은선 그래프로 출력하자
- 테크닉 37: 보고서용 데이터를 준비하자
- 테크닉 38: 데이터시트에 필요한 데이터를 출력하자
- 테크닉 39: 요약 시트를 만들자
- 테크닉 40: 매장별 보고서를 엑셀로 출력하자

전제조건 --

이번 장에서 다루는 기초 데이터는 지금까지 사용한 것과 같습니다.

표 4-1 **데이터 목록**

No.	파일명	설명
1	m_area.csv	지역 마스터. 시/도/군/구 정보
2	m_store.csv	매장 마스터. 매장 이름 등
3-1	tbl_order_202104.csv	4월 주문 데이터
3-2	tbl_order_202105.csv	5월 주문 데이터
3-3	tbl_order_202106.csv	6월 주문 데이터

테크닉 31 특정 매장의 매출을 엑셀로 출력하자

먼저 데이터를 로딩합니다. 앞 장의 **테크닉 26** 과 거의 같은 처리입니다. 폴더 안의 데이터를 읽어 기본적인 가공을 합니다.

```python
import pandas as pd
import glob
import os

m_store = pd.read_csv('m_store.csv')
m_area = pd.read_csv('m_area.csv')

current_dir = os.getcwd()
```

```python
tbl_order_file = os.path.join(current_dir, 'tbl_order_*.csv')
tbl_order_files = glob.glob(tbl_order_file)


order_all = pd.DataFrame()
for file in tbl_order_files:
    order_tmp = pd.read_csv(file)
    print(f'{file}:{len(order_tmp)}')
    order_all = pd.concat([order_all, order_tmp], ignore_index=True)

# 유지 보수용 매장 데이터 삭제
order_all = order_all.loc[order_all['store_id'] != 999]

order_all = pd.merge(order_all, m_store, on='store_id', how='left')
order_all = pd.merge(order_all, m_area, on='area_cd', how='left')

# 마스터에 없는 코드에 대응한 문자열 설정
order_all.loc[order_all['takeout_flag'] == 0, 'takeout_name'] = 'delivery'
order_all.loc[order_all['takeout_flag'] == 1, 'takeout_name'] = 'takeout'

order_all.loc[order_all['status'] == 0, 'status_name'] = '주문 접수'
order_all.loc[order_all['status'] == 1, 'status_name'] = '결제 완료'
order_all.loc[order_all['status'] == 2, 'status_name'] = '배달 완료'
order_all.loc[order_all['status'] == 9, 'status_name'] = '주문 취소'

order_all.loc[:, 'order_date'] = pd.to_datetime(
    order_all['order_accept_date']).dt.date


order_all.head()
```

```python
In [1]:  import pandas as pd
         import glob
         import os

         m_store = pd.read_csv('m_store.csv')
         m_area = pd.read_csv('m_area.csv')

         current_dir = os.getcwd()
         tbl_order_file = os.path.join(current_dir, 'tbl_order_*.csv')
         tbl_order_files = glob.glob(tbl_order_file)

         order_all = pd.DataFrame()
         for file in tbl_order_files:
             order_tmp = pd.read_csv(file)
             print(f'{file}:{len(order_tmp)}')
             order_all = pd.concat([order_all, order_tmp], ignore_index=True)

         # 유지 보수용 매장 데이터 삭제
         order_all = order_all.loc[order_all['store_id'] != 999]

         order_all = pd.merge(order_all, m_store, on='store_id', how='left')
         order_all = pd.merge(order_all, m_area, on='area_cd', how='left')

         # 마스터에 없는 코드에 대응한 문자열 설정
         order_all.loc[order_all['takeout_flag'] == 0, 'takeout_name'] = 'delivery'
         order_all.loc[order_all['takeout_flag'] == 1, 'takeout_name'] = 'takeout'

         order_all.loc[order_all['status'] == 0, 'status_name'] = '주문 접수'
         order_all.loc[order_all['status'] == 1, 'status_name'] = '결제 완료'
         order_all.loc[order_all['status'] == 2, 'status_name'] = '배달 완료'
         order_all.loc[order_all['status'] == 9, 'status_name'] = '주문 취소'

         order_all.loc[:, 'order_date'] = pd.to_datetime(
             order_all['order_accept_date']).dt.date

         order_all.head()
```

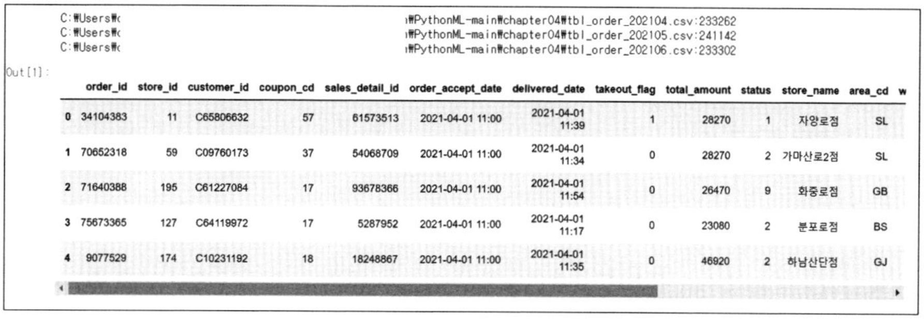

그림 4-1 데이터 로딩과 기초 가공

특별히 설명이 필요한 코드는 아닙니다. 폴더 안의 데이터를 로딩하고 기본적인 가공을 합니다. 이 처리들은 1장부터 반복되었으므로 명확하지 않은 부분이 있다면 이전 테크닉들을 확인하기 바랍니다.

다음으로 기본적인 엑셀 조작입니다. 먼저 신규 엑셀 파일을 만들고 A1 셀에 문자열을 써넣어 봅시다.

```
import openpyxl

wb = openpyxl.Workbook()
ws = wb['Sheet']
ws.cell(1,1).value = '파일 쓰기 테스트입니다.'
wb.save('test.xlsx')
wb.close()
```

```
In [3]: import openpyxl

        wb = openpyxl.Workbook()
        ws = wb['Sheet']
        ws.cell(1,1).value = '파일 쓰기 테스트입니다.'
        wb.save('test.xlsx')
        wb.close()
```

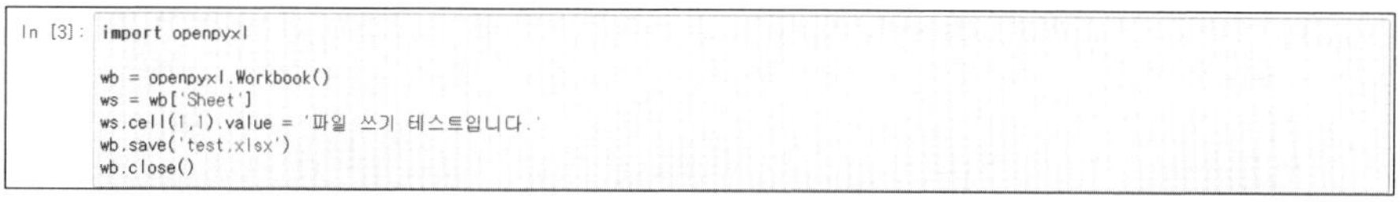

그림 4-2 엑셀 파일에 쓰기 테스트

소스 코드와 같은 위치에 text.xlsx 파일이 만들어집니다.

다음으로 이 파일을 열고 A1 셀의 내용을 참조해 봅시다.

```
wb = openpyxl.load_workbook('test.xlsx', read_only=True)
ws = wb['Sheet']
print(ws.cell(1, 1).value)
wb.close()
```

```
In [5]:   wb = openpyxl.load_workbook('test.xlsx', read_only=True)
          ws = wb['Sheet']
          print(ws.cell(1, 1).value)
          wb.close()
          파일 쓰기 테스트입니다.
```

그림 4-3 **로딩 테스트**

테스트로 써 넣은 문자열을 얻을 수 있습니다.

기본 조작으로 엑셀 파일을 만들고 A1 셀에 문자를 써 넣은 뒤 그 내용을 참조해 봤습니다.

다음으로 특정 매장의 데이터를 엑셀에 출력해 봅시다.

먼저 데이터를 준비합니다.

```python
# 테스트 데이터 준비
store_id = 1
store_df = order_all.loc[order_all['store_id'] == store_id].copy()
store_name = store_df['store_name'].unique()[0]
store_sales_total = store_df.loc[
    store_df['status'].isin([1, 2])]['total_amount'].sum()
store_sales_takeout = store_df.loc[
    store_df['status'] == 1]['total_amount'].sum()
store_sales_delivery = store_df.loc[
    store_df['status'] == 2]['total_amount'].sum()
print(f'매출액 확인 {store_sales_total} = '
      f'{store_sales_takeout + store_sales_delivery}')
output_df = store_df[['order_accept_date', 'customer_id', 'total_amount',
                      'takeout_name', 'status_name']]
output_df.head()
```

```
In [4]:   # 테스트 데이터 준비
          store_id = 1
          store_df = order_all.loc[order_all['store_id'] == store_id].copy()
          store_name = store_df['store_name'].unique()[0]
          store_sales_total = store_df.loc[
              store_df['status'].isin([1, 2])]['total_amount'].sum()
          store_sales_takeout = store_df.loc[
              store_df['status'] == 1]['total_amount'].sum()
          store_sales_delivery = store_df.loc[
              store_df['status'] == 2]['total_amount'].sum()
          print(f'매출액 확인 {store_sales_total} = '
                f'{store_sales_takeout + store_sales_delivery}')
          output_df = store_df[['order_accept_date', 'customer_id', 'total_amount',
                                'takeout_name', 'status_name']]
          output_df.head()
          매출액 확인 90101050 = 90101050
```

Out [4]:

	order_accept_date	customer_id	total_amount	takeout_name	status_name
48	2021-04-01 11:03	C81203759	30500	takeout	결제 완료
435	2021-04-01 11:32	C93103282	26150	takeout	결제 완료
627	2021-04-01 11:50	C33623566	41440	delivery	주문 취소
642	2021-04-01 11:51	C64109769	33000	delivery	배달 완료
976	2021-04-01 12:21	C46929234	26030	delivery	주문 취소

그림 4-4 **로딩 테스트**

우선 매장 ID를 '1'로 고정하고 데이터를 추출해 봅시다. 이때 결제 금액 합계를 계산해 둡니다. 그리고 결제 금액 합계가 계산해 둔 총합계, delivery 합계, takeout 합계와 각각 일치하는지 확인해 표시합니다.

다음으로 엑셀에 내용을 쓰기 위해 열을 필터링한 데이터를 데이터프레임 형식으로 준비합니다.

```python
from openpyxl.utils.dataframe import dataframe_to_rows

store_title = f'{store_id}_{store_name}'

wb = openpyxl.Workbook()
ws = wb.active
ws.title = store_title

ws.cell(1, 1).value = f'{store_title} 매출 데이터'

# OpenPyXL 유틸리티 dataframe_to_rows를 이용
rows = dataframe_to_rows(output_df, index=False, header=True)

# 테이블 삽입 위치
row_start = 3
col_start = 2

for row_no, row in enumerate(rows, row_start):
    for col_no, value in enumerate(row, col_start):
        ws.cell(row_no, col_no).value = value

filename = f'{store_title}.xlsx'
wb.save(filename)
wb.close()
```

```python
In [7]: from openpyxl.utils.dataframe import dataframe_to_rows

        store_title = f'{store_id}_{store_name}'

        wb = openpyxl.Workbook()
        ws = wb.active
        ws.title = store_title

        ws.cell(1, 1).value = f'{store_title} 매출 데이터'

        # OpenPyXL 유틸리티 dataframe_to_rows를 이용
        rows = dataframe_to_rows(output_df, index=False, header=True)

        # 테이블 삽입 위치
        row_start = 3
        col_start = 2

        for row_no, row in enumerate(rows, row_start):
            for col_no, value in enumerate(row, col_start):
                ws.cell(row_no, col_no).value = value

        filename = f'{store_title}.xlsx'
        wb.save(filename)
        wb.close()
```

그림 4-5 데이터를 엑셀에 출력

첫 번째 행에서는 OpenPyXL 유틸리티를 임포트합니다. 이 유틸리티는 Pandas의 데이터 프레임을 OpenPyXL용 행 단위 객체로 분할해 줍니다.

openpyxl.Workbook()으로 새로운 워크북 객체를 만든 뒤 시트 이름을 변경합니다. A1(1, 1) 셀에 매장 이름과 데이터 종류를 알 수 있도록 표시합니다.

데이터프레임을 dataframe_to_rows로 처리하고 행마다 처리를 반복합니다.

행 객체에서 열 객체를 얻을 수 있으므로 열마다 반복하면서 행, 열 번호의 셀에 데이터 프레임 값을 씁니다.

마지막으로 파일 이름을 설정한 뒤 .save() 함수로 파일을 저장합니다.

실제로 소스와 같은 위치에 1_삼일대로점.xlsx 파일이 만들어집니다.

파일을 열어 보면 앞에서 만든 데이터가 엑셀에 기록되어 있음을 확인할 수 있습니다.

	A	B	C	D	E	F	G
1	1_삼일대로점 매출 데이터						
2							
3		order_acce	customer_	total_amo	takeout_n	status_name	
4		2021-04-0	C2585166	24710	delivery	배달 완료	
5		2021-04-0	C7863207	21120	delivery	주문 취소	
6		2021-04-0	C4470015	21220	delivery	주문 취소	
7		2021-04-0	C8026993	26150	takeout	결제 완료	
8		2021-04-0	C7040949	46920	delivery	주문 취소	
9		2021-04-0	C7740716	26030	delivery	주문 취소	
10		2021-04-0	C7750845	39310	delivery	배달 완료	
11		2021-04-0	C8313073	39010	takeout	주문 취소	
12		2021-04-0	C2280226	22520	takeout	주문 취소	
13		2021-04-0	C7185526	35860	delivery	배달 완료	
14		2021-04-0	C8525931	28080	takeout	결제 완료	
15		2021-04-0	C7672496	18820	takeout	결제 완료	
16		2021-04-0	C5075842	51000	delivery	배달 완료	
17		2021-04-0	C1852369	37420	delivery	주문 취소	
18		2021-04-0	C9788459	20640	takeout	결제 완료	

그림 4-6 엑셀 파일 내용

앞에서도 설명했지만 엑셀 파일을 연 채로 프로그램을 실행하면 에러가 발생하므로 파일 을 닫고 다음 처리를 실행합니다.

원래라면 파일 존재 여부나 열려 있는 상태 등의 에러를 체크해야 하지만 여기에서는 엑 셀 파일의 조작 연습에 중점을 두었으므로 해당 설명은 생략합니다.

다음으로 엑셀 파일의 서식을 꾸며 봅시다.

테크닉 32 **엑셀 테이블을 정리해 출력하자**

앞 테크닉에서 엑셀 파일에 데이터를 출력했습니다. 하지만 날짜 항목의 열이 짧게 표시되어 읽기 어렵습니다. 테이블 서식을 정리해 봅시다.

```python
# 스타일 관련 임포트
from openpyxl.styles import PatternFill, Border, Side, Font

openpyxl.load_workbook(filename)
ws = wb[store_title]

side = Side(style='thin', color='008080')
border = Border(top=side, bottom=side, left=side, right=side)

# 데이터의 표 부분 테두리 설정
for row in ws:
    for cell in row:
        if ws[cell.coordinate].value:
            ws[cell.coordinate].border = border
```

```
In [20]: # 스타일 관련 임포트
         from openpyxl.styles import PatternFill, Border, Side, Font

         openpyxl.load_workbook(filename)
         ws = wb[store_title]

         side = Side(style='thin', color='008080')
         border = Border(top=side, bottom=side, left=side, right=side)

         # 데이터의 표 부분 테두리 설정
         for row in ws:
             for cell in row:
                 if ws[cell.coordinate].value:
                     ws[cell.coordinate].border = border
```

그림 4-7 테두리 설정 및 서식 적용

첫 번째 행에서는 OpenPyXL의 스타일 관련 라이브러리를 임포트합니다.

다음으로 앞에서 만든 파일을 열고 워크시트를 선택합니다.

테두리 스타일을 설정한 뒤 for문을 이용해 워크시트 안을 이동하면서 셀마다 테두리 선을 그립니다. 이 처리만으로는 결과가 엑셀에 저장되지 않습니다. 계속해서 다음과 같이 서식을 정리합니다.

테크닉 32 엑셀 테이블을 정리해 출력하자 **99**

```
ws.cell(1,1).font = Font(bold=True, color='008080')

cell = ws.cell(3, 2)
cell.fill = PatternFill(patternType='solid', fgColor='008080')
cell.value = '주문 접수 일시'
cell.font = Font(bold=True, color='FFFFFF')

cell = ws.cell(3, 3)
cell.fill = PatternFill(patternType='solid', fgColor='008080')
cell.value = '고객 ID'
cell.font = Font(bold=True, color='FFFFFF')

cell = ws.cell(3, 4)
cell.fill = PatternFill(patternType='solid', fgColor='008080')
cell.value = '수입 총액'
cell.font = Font(bold=True, color='FFFFFF')

cell = ws.cell(3, 5)
cell.fill = PatternFill(patternType='solid', fgColor='008080')
cell.value = '주문 타입'
cell.font = Font(bold=True, color='FFFFFF')

cell = ws.cell(3, 6)
cell.fill = PatternFill(patternType='solid', fgColor='008080')
cell.value = '주문 상태'
cell.font = Font(bold=True, color='FFFFFF')

ws.column_dimensions['A'].width = 20
ws.column_dimensions['B'].width = 20
ws.column_dimensions['C'].width = 12
ws.column_dimensions['D'].width = 12
ws.column_dimensions['E'].width = 12
ws.column_dimensions['F'].width = 12

# 파일에 저장
wb.save(filename)
wb.close()
```

```
In [8]:  ws.cell(1,1).font = Font(bold=True, color='008080')

         cell = ws.cell(3, 2)
         cell.fill = PatternFill(patternType='solid', fgColor='008080')
         cell.value = '주문 접수 일시'
         cell.font = Font(bold=True, color='FFFFFF')

         cell = ws.cell(3, 3)
         cell.fill = PatternFill(patternType='solid', fgColor='008080')
         cell.value = '고객 ID'
         cell.font = Font(bold=True, color='FFFFFF')

         cell = ws.cell(3, 4)
         cell.fill = PatternFill(patternType='solid', fgColor='008080')
         cell.value = '수입 총액'
         cell.font = Font(bold=True, color='FFFFFF')
```

```
cell = ws.cell(3, 5)
cell.fill = PatternFill(patternType='solid', fgColor='008080')
cell.value = '주문 타입'
cell.font = Font(bold=True, color='FFFFFF')

cell = ws.cell(3, 6)
cell.fill = PatternFill(patternType='solid', fgColor='008080')
cell.value = '주문 상태'
cell.font = Font(bold=True, color='FFFFFF')

ws.column_dimensions['A'].width = 20
ws.column_dimensions['B'].width = 20
ws.column_dimensions['C'].width = 12
ws.column_dimensions['D'].width = 12
ws.column_dimensions['E'].width = 12
ws.column_dimensions['F'].width = 12

# 파일에 저장
wb.save(filename)
wb.close()
```

그림 4-8 **다양한 서식을 적용한 뒤 워크북 저장**

셀 단위로 서식을 반영하기 때문에 다소 시간이 걸리지만 처리 내용은 내용은 매우 단순합니다.

원하는 셀을 선택하고 색을 채우거나 폰트를 변경합니다.

그리고 아래쪽에서는 열의 폭을 조정해 셀 내용이 잘 보이도록 조정합니다.

실제 엑셀 파일을 열어 보면 처음과 달리 조금은 깔끔해졌을 것입니다.

	A	B	C	D	E	F	G
1	1_삼일대로점 매출 데이터						
2							
3		주문 접수 일시	고객 ID	수입 총액	주문 타입	주문 상태	
4		2021-04-01 11:09	C25851661	24710	delivery	배달 완료	
5		2021-04-01 11:11	C78632079	21120	delivery	주문 취소	
6		2021-04-01 11:28	C44700154	21220	delivery	주문 취소	
7		2021-04-01 11:49	C80269937	26150	takeout	결제 완료	
8		2021-04-01 12:05	C70409495	46920	delivery	주문 취소	
9		2021-04-01 12:11	C77407164	26030	delivery	주문 취소	
10		2021-04-01 12:41	C77508455	39310	delivery	배달 완료	
11		2021-04-01 12:55	C83130731	39010	takeout	주문 취소	
12		2021-04-01 13:01	C22802269	22520	takeout	주문 취소	
13		2021-04-01 13:45	C71855263	35860	delivery	배달 완료	
14		2021-04-01 13:50	C85259317	28080	takeout	결제 완료	
15		2021-04-01 14:22	C76724964	18820	takeout	결제 완료	
		2021-04-01 15:06	C59758422	51000	delivery	배달 완료	

그림 4-9 **서식 적용 후의 엑셀 파일**

테크닉 33 매출 이외의 데이터도 출력하자

매출 데이터의 서식을 다듬어 엑셀에 출력했습니다. 다음은 이전 장에서 문제로 인식한 배달 시간을 계산해서 엑셀에 출력해 봅시다.

```
def calc_delta(t):
    t1, t2 = t
    delta = t2 - t1
    return delta.total_seconds() / 60


store_df.loc[:, 'order_accept_datetime'] = pd.to_datetime(
    store_df['order_accept_date'])
store_df.loc[:, 'delivered_datetime'] = pd.to_datetime(
    store_df['delivered_date'])
store_df.loc[:, 'delta'] = store_df[
    ['order_accept_datetime', 'delivered_datetime']].apply(calc_delta, axis=1)

delivery_time = store_df.groupby(['store_id'])['delta'].describe()
delivery_time
```

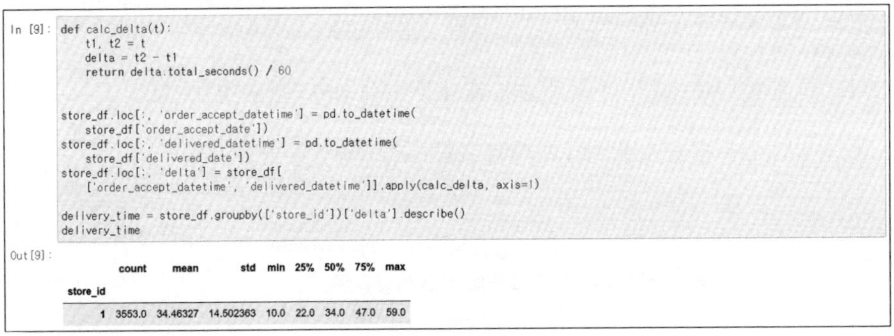

	count	mean	std	min	25%	50%	75%	max
store_id								
1	3553.0	34.46327	14.502363	10.0	22.0	34.0	47.0	59.0

그림 4-10 배달 시간 계산

이 처리는 앞 테크닉에서와 거의 같습니다. 마지막에 .describe() 함수로 결과를 표시합니다. 결과를 보면 배달 시간은 최소 10분, 최대 59분, 평균 34분인 것을 한눈에 확인할 수 있습니다.

```
openpyxl.load_workbook(filename)
ws = wb[store_title]

cell = ws.cell(1, 7)
cell.value = f'배달 시간'
cell.font = Font(bold=True, color='008080')

rows = dataframe_to_rows(delivery_time, index=False, header=True)

# 표 삽입 위치
```

```
row_start = 3
col_start = 8

for row_no, row in enumerate(rows, row_start):
    for col_no, value in enumerate(row, col_start):
        cell = ws.cell(row_no, col_no)
        cell.value = value
        cell.border = border
        if row_no == row_start:
            cell.fill = PatternFill(patternType='solid', fgColor='008080')
            cell.font = Font(bold=True, color='FFFFFF')

filename = f'{store_title}.xlsx'
wb.save(filename)
wb.close()
```

```
In [10]: openpyxl.load_workbook(filename)
         ws = wb[store_title]

         cell = ws.cell(1, 7)
         cell.value = f'배달 완료 소요 시간'
         cell.font = Font(bold=True, color='008080')

         rows = dataframe_to_rows(delivery_time, index=False, header=True)

         # 표 삽입 위치
         row_start = 3
         col_start = 8

         for row_no, row in enumerate(rows, row_start):
             for col_no, value in enumerate(row, col_start):
                 cell = ws.cell(row_no, col_no)
                 cell.value = value
                 cell.border = border
                 if row_no == row_start:
                     cell.fill = PatternFill(patternType='solid', fgColor='008080')
                     cell.font = Font(bold=True, color='FFFFFF')

         filename = f'{store_title}.xlsx'
         wb.save(filename)
         wb.close()
```

그림 4-11 계산한 배달 시간을 엑셀에 출력

A	B	C	D	E	F	G	H	I	J	K	L	M	N	O
1_삼일대로점 매출 데이터						배달 완료 소요 시간								
	주문 접수 일시	고객 ID	수입 총액	주문 타입	주문 상태		count	mean	std	min	25%	50%	75%	max
	2021-04-01 11:09	C25851661	24710	delivery	배달 완료		3553	34.47706	14.5144	10	22	34	47	59
	2021-04-01 11:11	C78632079	21120	delivery	주문 취소									
	2021-04-01 11:28	C44700154	21220	delivery	주문 취소									
	2021-04-01 11:49	C80269937	26150	takeout	결제 완료									
	2021-04-01 12:05	C70409495	46920	delivery	주문 취소									
	2021-04-01 12:11	C77407164	26030	delivery	주문 취소									
	2021-04-01 12:41	C77508455	39310	delivery	배달 완료									
	2021-04-01 12:55	C83130731	39010	takeout	주문 취소									
	2021-04-01 13:01	C22802269	22520	takeout	주문 취소									
	2021-04-01 13:45	C71855263	35860	delivery	배달 완료									
	2021-04-01 13:50	C85259317	28080	takeout	결제 완료									
	2021-04-01 14:22	C76724964	18820	takeout	결제 완료									
	2021-04-01 15:06	C50758423	51000	delivery	배달 완료									

그림 4-12 엑셀 파일 확인

이어서 조건을 붙여 서식을 꾸며 봅시다.

테크닉 34 **문제가 있는 위치를 빨간색으로 출력하자**

데이터 출력 처리를 조금 다듬어 특정 조건을 만족하는 셀의 서식을 바꾸어 출력해 봅시다. 특정 위치를 강조할 때 매우 유용합니다.

먼저 테스트로 '주문 취소'라는 문자열을 빨간색으로 바꿔 봅시다.

```python
openpyxl.load_workbook(filename)
ws = wb[store_title]

rows = dataframe_to_rows(output_df, index=False, header=True)

# 표 삽입 위치
row_start = 3
col_start = 2

for row_no, row in enumerate(rows, row_start):
    if row_no == row_start:
        continue
    for col_no, value in enumerate(row, col_start):
        ws.cell(row_no, col_no).value = value
        if value == '주문 취소':
            ws.cell(row_no, col_no).font = Font(bold=True, color='FF0000')

filename = f'{store_title}.xlsx'
wb.save(filename)
wb.close()
```

```
In [10]:  openpyxl.load_workbook(filename)
          ws = wb[store_title]

          rows = dataframe_to_rows(output_df, index=False, header=True)

          # 표 삽입 위치
          row_start = 3
          col_start = 2

          for row_no, row in enumerate(rows, row_start):
              if row_no == row_start:
                  continue
              for col_no, value in enumerate(row, col_start):
                  ws.cell(row_no, col_no).value = value
                  if value == '주문 취소':
                      ws.cell(row_no, col_no).font = Font(bold=True, color='FF0000')

          filename = f'{store_title}.xlsx'
          wb.save(filename)
          wb.close()
```

그림 4-13 주문 취소 데이터를 빨간색으로 출력

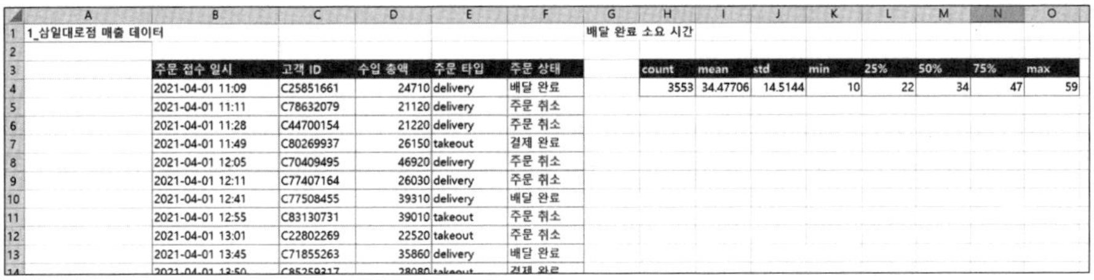

	A	B	C	D	E	F
1	1_삼일대로점 매출 데이터					
2						
3		주문 접수 일시	고객 ID	수입 총액	주문 타입	주문 상태
4		2021-04-01 11:09	C25851661	24710	delivery	배달 완료
5		2021-04-01 11:11	C78632079	21120	delivery	주문 취소
6		2021-04-01 11:28	C44700154	21220	delivery	주문 취소
7		2021-04-01 11:49	C80269937	26150	takeout	결제 완료
8		2021-04-01 12:05	C70409495	46920	delivery	주문 취소
9		2021-04-01 12:11	C77407164	26030	delivery	주문 취소
10		2021-04-01 12:41	C77508455	39310	delivery	배달 완료
11		2021-04-01 12:55	C83130731	39010	takeout	주문 취소
12		2021-04-01 13:01	C22802269	22520	takeout	주문 취소
13		2021-04-01 13:45	C71855263	35860	delivery	배달 완료
14		2021-04-01 13:50	C85259317	28080	takeout	결제 완료

	G	H	I	J	K	L	M	N	O
1	배달 완료 소요 시간								
3		count	mean	std	min	25%	50%	75%	max
4		3553	34.47706	14.5144	10	22	34	47	59

그림 4-14 **엑셀 파일 확인**

도중에 주문 취소를 판단한 뒤 조건과 일치하는 데이터의 폰트를 지정하는 점 외에는 앞의 테크닉과 크게 다르지 않습니다.

이어서 엑셀의 셀 함수를 이용해 엑셀에서 계산을 수행해 봅시다.

테크닉 35 엑셀의 셀 함수를 이용해 일 단위로 집계하자

엑셀에는 '셀 함수' 기능이 있어 매우 편리하게 사용할 수 있습니다. 파이썬에서 계산하는 편이 빠를 때도 있지만, 세세한 계산을 일일이 파이썬에서 수행해 결과를 출력하지 않고 데이터에서 셀 함수로 계산할 수도 있습니다.

파이썬과 엑셀 양쪽 모두를 사용해 효율적으로 개발하는 것이 좋습니다.

```
openpyxl.load_workbook(filename)
ws = wb[store_title]

cell = ws.cell(7, 7)
cell.value = '집계'
cell.font = Font(bold=True, color='008080')

cell = ws.cell(8,8)
cell.value = '데이터 총액'
cell.font = Font(bold=True, color='008080')

cell = ws.cell(8,10)
cell.value = f'=SUM(D4:D{ws.max_row})'

cell = ws.cell(9,8)
```

```
cell.value = '내 결제 완료 금액'
cell.font = Font(bold=True)

cell = ws.cell(9,10)
cell.value = f'=SUMIF(F4:F{ws.max_row},"<>주문 취소",D4:D{ws.max_row})'

cell = ws.cell(10,8)
cell.value = '내 주문 취소 금액'
cell.font = Font(bold=True)

cell = ws.cell(10,10)
cell.value = f'=SUMIF(F4:F{ws.max_row},"=주문 취소",D4:D{ws.max_row})'

filename = f'{store_title}.xlsx'
wb.save(filename)
wb.close()
```

```
In [11]:  openpyxl.load_workbook(filename)
          ws = wb[store_title]

          cell = ws.cell(7, 7)
          cell.value = '집계'
          cell.font = Font(bold=True, color='008080')

          cell = ws.cell(8,8)
          cell.value = '데이터 총액'
          cell.font = Font(bold=True, color='008080')

          cell = ws.cell(8,10)
          cell.value = f'=SUM(D4:D{ws.max_row})'

          cell = ws.cell(9,8)
          cell.value = '내 결제 완료 금액'
          cell.font = Font(bold=True)

          cell = ws.cell(9,10)
          cell.value = f'=SUMIF(F4:F{ws.max_row},"<>주문 취소",D4:D{ws.max_row})'

          cell = ws.cell(10,8)
          cell.value = '내 주문 취소 금액'
          cell.font = Font(bold=True)

          cell = ws.cell(10,10)
          cell.value = f'=SUMIF(F4:F{ws.max_row},"=주문 취소",D4:D{ws.max_row})'

          filename = f'{store_title}.xlsx'
          wb.save(filename)
          wb.close()
```

그림 4-15 엑셀의 셀 함수

G	H	I	J	K	L	M
배달 완료 소요 시간						
	count	mean	std	min	25%	50%
	3553	34.477062	14.514403	10	22	
집계						
	데이터 총액		110932250			
	내 결제 완료 금액		90045350			
	내 주문 취소 금액		20886900			

그림 4-16 엑셀 파일 확인

꺾은선 그래프로 출력하자

앞 테크닉의 셀 함수와 마찬가지로 엑셀의 그래프를 이용해 매출 그래프를 출력해 봅시다. 이번에는 주문 정보를 꺾은선 그래프로 나타냅니다. 테스트이므로 일부 데이터만 이용합니다.

```python
from openpyxl.chart import Reference, BarChart, PieChart, \
    LineChart, ScatterChart, Series

openpyxl.load_workbook(filename)
ws = wb[store_title]

cell = ws.cell(7, 7)
cell.value = f'매출 그래프'
cell.font = Font(bold=True, color='008080')

# 그래프용 참조 데이터를 지정한다. D열(구입 총액)의 4번째 행부터 20건을 지정
refy = Reference(ws, min_col=4, min_row=4, max_col=4, max_row=23)

# 그래프 시계열 생성
series = Series(refy, title='매출액')

# Chart
chart = LineChart()
chart.title = '꺾은선 그래프'
chart.x_axis.title = '건수'
chart.y_axis.title = '매출액'
chart.height = 10
chart.width = 20
chart.series.append(series)

# 생선한 Chart 객체를 시트의 지정한 위치에 추가
ws.add_chart(chart, 'H12')

filename = f'{store_title}.xlsx'
wb.save(filename)
wb.close()
```

```
In [14]: from openpyxl.chart import Reference, BarChart, PieChart, ₩
         LineChart, ScatterChart, Series

openpyxl.load_workbook(filename)
ws = wb[store_title]

cell = ws.cell(7, 7)
cell.value = f'매출 그래프'
cell.font = Font(bold=True, color='008080')

# 그래프용 참조 데이터를 지정한다. D열(구입 총액)의 4번째 행부터 20건을 지정
refy = Reference(ws, min_col=4, min_row=4, max_col=4, max_row=23)

# 그래프 시계열 생성
series = Series(refy, title='매출액')

# Chart
chart = LineChart()
chart.title = '꺾은선 그래프'
chart.x_axis.title = '건수'
chart.y_axis.title = '매출액'
chart.height = 10
chart.width = 20
chart.series.append(series)

# 생성한 Chart 객체를 시트의 지정한 위치에 추가
ws.add_chart(chart, 'H12')

filename = f'{store_title}.xlsx'
wb.save(filename)
wb.close()
```

그림 4-17 **그래프 그리기 처리**

첫 번째 행에서는 그래프 관련 패키지를 임포트합니다. 이번에는 LineChart만 사용하지만 다른 그래프도 임포트해 둡니다.

그래프를 그리기 위해 먼저 Reference 함수로 참조 영역을 설정합니다. 이번 예에서는 네 번째 열 구입 총액의 네 번째 행부터 20건의 데이터를 참조하도록 설정합니다.

다음으로 시계열과 차트를 만듭니다. 이후 LineChart()를 만들고 H12 셀 위치에 그래프를 배치합니다.

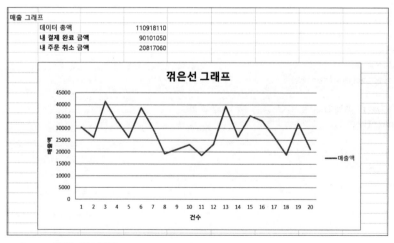

그림 4-18 **엑셀 파일 확인**

보고서용 데이터를 준비하자

엑셀의 간단한 기능들을 사용할 수 있게 되었습니다. 여기에서는 보고서 작성이 목적이므로 관련된 세부 기법을 소개합니다.

먼저 보고서용 데이터를 준비합니다.

```python
# 주문 취소율 순위 데이터 준비
cancel_df = pd.DataFrame()
cancel_cnt = order_all.loc[order_all['status'] == 9].groupby(
    ['store_id'])['store_id'].count()
order_cnt = order_all.loc[order_all['status'].isin([1, 2, 9])].groupby(
    ['store_id'])['store_id'].count()
cancel_rate = (cancel_cnt / order_cnt) * 100
cancel_df['cancel_rate'] = cancel_rate
cancel_df = pd.merge(cancel_df, m_store, on='store_id', how='left')
cancel_rank = cancel_df.sort_values('cancel_rate',
                                    ascending=True).reset_index()


def check_store_cancel_rank(trg_id):
    tmp = cancel_rank.loc[cancel_rank['store_id'] == trg_id].index + 1
    return tmp[0]
```

```
In [15]:  # 주문 취소율 순위 데이터 준비
          cancel_df = pd.DataFrame()
          cancel_cnt = order_all.loc[order_all['status'] == 9].groupby(
              ['store_id'])['store_id'].count()
          order_cnt = order_all.loc[order_all['status'].isin([1, 2, 9])].groupby(
              ['store_id'])['store_id'].count()
          cancel_rate = (cancel_cnt / order_cnt) * 100
          cancel_df['cancel_rate'] = cancel_rate
          cancel_df = pd.merge(cancel_df, m_store, on='store_id', how='left')
          cancel_rank = cancel_df.sort_values('cancel_rate',
                                              ascending=True).reset_index()


          def check_store_cancel_rank(trg_id):
              tmp = cancel_rank.loc[cancel_rank['store_id'] == trg_id].index + 1
              return tmp[0]
```

그림 4-19 **주문 취소율 순위와 매장 순위 확인 함수**

주문 취소율 순위 데이터를 준비합니다. 이 처리는 3장의 내용을 응용한 것이므로 상세한 내용은 설명하지 않습니다.

마지막에 check_store_cancel_rank(trg_id) 함수를 정의합니다. 뒤에서 재사용하기 위해 함수화했습니다. 이 함수는 지정한 매장이 주문 취소율 순위에서 몇 위인지 확인합니다.

```python
def get_area_df(trg_id):
    # 해당 매장이 속한 지역별 데이터 집계와 매출 순위
    area_df = pd.DataFrame()
    area_df = order_all.loc[order_all['area_cd'] ==
                            store_df['area_cd'].unique()[0]]
    area_df = area_df.loc[area_df['status'].isin([1, 2])]
    return area_df


def get_area_rank_df(trg_id):
    area_df = get_area_df(trg_id)
    area_rank = area_df.groupby(['store_id'])['total_amount'].sum(). \
        sort_values(ascending=False)
    area_rank = pd.merge(area_rank, m_store, on='store_id', how='left')
    return area_rank


def check_store_sales_rank(trg_id):
    area_rank = get_area_rank_df(trg_id)
    tmp = area_rank.loc[area_rank['store_id'] == trg_id].index + 1
    return tmp[0]
```

```
In [16]:  def get_area_df(trg_id):
              # 해당 매장이 속한 지역별 데이터 집계와 매출 순위
              area_df = pd.DataFrame()
              area_df = order_all.loc[order_all['area_cd'] ==
                                      store_df['area_cd'].unique()[0]]
              area_df = area_df.loc[area_df['status'].isin([1, 2])]
              return area_df


          def get_area_rank_df(trg_id):
              area_df = get_area_df(trg_id)
              area_rank = area_df.groupby(['store_id'])['total_amount'].sum(). #
                  sort_values(ascending=False)
              area_rank = pd.merge(area_rank, m_store, on='store_id', how='left')
              return area_rank


          def check_store_sales_rank(trg_id):
              area_rank = get_area_rank_df(trg_id)
              tmp = area_rank.loc[area_rank['store_id'] == trg_id].index + 1
              return tmp[0]
```

그림 4-20 **지역별 매출 집계 함수와 순위 집계**

이 처리 역시 재사용할 수 있도록 함수로 정의했습니다.

get_area_df(trg_id) 함수는 해당 매장이 속한 지역의 주문 정보를 추출합니다. 이를 통해 같은 지역에 속한 매장 내에서의 순위를 집계할 수 있습니다.

get_area_rank_df(trg_id) 함수는 앞의 함수에서 지역 단위로 추출한 주문 정보에 대해, 매장 단위로 금액 합계를 산출하고 금액이 높은 순으로 정렬해서 순위를 만듭니다.

마지막으로 check_store_sales_rank(trg_id) 함수는 주문 취소율과 마찬가지로, 해당 매장이 매출 순위 중 어디에 위치하는지 조사합니다.

```python
def make_store_daily(trg_id):
    # 해당 매장의 일일 매출 데이터
    tmp_store_df = order_all.loc[(order_all['store_id'] == trg_id) &
                                 (order_all['status'].isin([1, 2]))]
    tmp = tmp_store_df[['order_accept_date', 'total_amount']].copy()
    tmp.loc[:, 'order_accept_date'] = pd.to_datetime(tmp['order_accept_date'])
    tmp.set_index('order_accept_date', inplace=True)
    tmp = tmp.resample('D').sum().reset_index()
    return tmp
```

```
In [17]:  def make_store_daily(trg_id):
              # 해당 매장의 일일 매출 데이터
              tmp_store_df = order_all.loc[(order_all['store_id'] == trg_id) &
                                           (order_all['status'].isin([1, 2]))]
              tmp = tmp_store_df[['order_accept_date', 'total_amount']].copy()
              tmp.loc[:, 'order_accept_date'] = pd.to_datetime(tmp['order_accept_date'])
              tmp.set_index('order_accept_date', inplace=True)
              tmp = tmp.resample('D').sum().reset_index()
              return tmp
```

그림 4-21 **해당 매장의 일 단위 매출 집계**

이 함수는 이전 장과 마찬가지로 일 단위 매출 금액 합계를 계산합니다. 이 처리도 재사용할 수 있도록 함수로 정의합니다.

```python
def get_area_delivery(trg_id):
    # 해당 점포가 속한 지역별 데이터의 배달 완료까지의 시간 순위
    area_delivery = pd.DataFrame()
    area_df = get_area_df(trg_id)
    area_delivery = area_df.loc[area_df['status'] == 2].copy()

    area_delivery.loc[:, 'order_accept_datetime'] = pd.to_datetime(
        area_delivery['order_accept_date'])
    area_delivery.loc[:, 'delivered_datetime'] = pd.to_datetime(
        area_delivery['delivered_date'])
    area_delivery.loc[:, 'delta'] = area_delivery[[
        'order_accept_datetime', 'delivered_datetime']]. \
        apply(calc_delta, axis=1)
    return area_delivery
```

```
def get_area_delivery_rank_df(trg_id):
    area_delivery = get_area_delivery(trg_id)
    area_delivery_rank = area_delivery.groupby(['store_id'])['delta']. \
        mean().sort_values()
    area_delivery_rank = pd.merge(area_delivery_rank, m_store,
                                    on='store_id', how='left')
    return area_delivery_rank


def check_store_delivery_rank(trg_id):
    area_delivery_rank = get_area_delivery_rank_df(trg_id)
    tmp = area_delivery_rank.loc[
            area_delivery_rank['store_id'] == trg_id].index + 1
    return tmp[0]
```

```
In [18]: def get_area_delivery(trg_id):
             # 해당 점포가 속한 지역별 데이터의 배달 완료까지의 시간 순위
             area_delivery = pd.DataFrame()
             area_df = get_area_df(trg_id)
             area_delivery = area_df.loc[area_df['status'] == 2].copy()

             area_delivery.loc[:, 'order_accept_datetime'] = pd.to_datetime(
                 area_delivery['order_accept_date'])
             area_delivery.loc[:, 'delivered_datetime'] = pd.to_datetime(
                 area_delivery['delivered_date'])
             area_delivery.loc[:, 'delta'] = area_delivery[[
                 'order_accept_datetime', 'delivered_datetime']]. \
                 apply(calc_delta, axis=1)
             return area_delivery


         def get_area_delivery_rank_df(trg_id):
             area_delivery = get_area_delivery(trg_id)
             area_delivery_rank = area_delivery.groupby(['store_id'])['delta']. \
                 mean().sort_values()
             area_delivery_rank = pd.merge(area_delivery_rank, m_store,
                                             on='store_id', how='left')
             return area_delivery_rank


         def check_store_delivery_rank(trg_id):
             area_delivery_rank = get_area_delivery_rank_df(trg_id)
             tmp = area_delivery_rank.loc[
                     area_delivery_rank['store_id'] == trg_id].index + 1
             return tmp[0]
```

그림 4-22 해당 매장의 배달 시간 집계 처리

여기에서는 지역별 배달 시간을 집계해서 순위를 매깁니다.

기본적으로는 주문 취소율 처리와 동일합니다.

이번 테크닉은 준비 작업 관점에서 이후 사용할 함수를 정의하는 것에 중점을 두었습니다. 함수는 호출되기 전까지는 실행되지 않으므로 코드에 이상이 있더라도 지금은 알 수 없습니다.

실제 함수를 호출했을 때 에러가 발생하므로 그 원인을 특정할 때 한층 더 주의해야 합니다. 하지만 화면에 출력되는 에러 내용에 어디에서 어떤 에러가 발생했는지 표시되므로 당황하지 말고 에러 메시지를 잘 확인하기 바랍니다. 디버그_{debug}도 중요한 스킬입니다.

테크닉 38 데이터시트에 필요한 데이터를 출력하자

앞의 테크닉에서 만든 함수에 이어서 데이터를 엑셀에 출력하는 함수를 만들어 봅시다. 이 처리들도 뒤에서 재사용하므로 함수로 만듭니다.

전처리에서는 이제까지 임시로 만든 엑셀 파일을 삭제합니다.

```
# 테스트용 파일 삭제
if os.path.exists('test.xlsx') : os.remove('test.xlsx')
if os.path.exists(filename): os.remove(filename)
```

```
In [17]:  # 테스트용 파일 삭제
          if os.path.exists('test.xlsx') : os.remove('test.xlsx')
          if os.path.exists(filename): os.remove(filename)
```

그림 4-23 **파일 삭제**

첫 번째 if문에서는 파일 존재 여부를 확인합니다. 파일이 존재한다면 remove로 해당 파일을 삭제합니다.

다음으로 여러 데이터를 시트에 표시하기 위한 범용 함수를 준비합니다.

```
def data_sheet_output(trg_wb, sheet_name, target_df, index_flg):
    ws = trg_wb.create_sheet(title=sheet_name)
    rows = dataframe_to_rows(target_df, index=index_flg, header=True)

    # 표 삽입 위치
    row_start = 1
    col_start = 1

    for row_no, row in enumerate(rows, row_start):
        for col_no, value in enumerate(row, col_start):
            ws.cell(row_no, col_no).value = value
```

```
# 데이터시트는 표시하지 않음
ws.sheet_state = 'hidden'
```

```
In [20]: def data_sheet_output(trg_wb, sheet_name, target_df, index_flg):
             ws = trg_wb.create_sheet(title=sheet_name)
             rows = dataframe_to_rows(target_df, index=index_flg, header=True)

             # 표 삽입 위치
             row_start = 1
             col_start = 1

             for row_no, row in enumerate(rows, row_start):
                 for col_no, value in enumerate(row, col_start):
                     ws.cell(row_no, col_no).value = value

             # 데이터시트는 표시하지 않음
             ws.sheet_state = 'hidden'
```

그림 4-24 데이터를 엑셀에 출력하는 범용 함수

이 함수는 이전 테크닉에서 사용한 처리를 함수로 만든 것입니다. 데이터를 인수로 받아 여러 데이터의 출력 처리를 할 수 있습니다.

이번에는 데이터시트를 출력하므로 제목이나 서식은 지정하지 않고 데이터시트 자체도 숨김 처리합니다.

다음으로 앞의 함수를 호출하는 함수를 정의합니다.

```
def make_data_sheet(trg_id, trg_st_df, target_folder):
    target_daily = make_store_daily(trg_id)
    store_name = trg_st_df['store_name'].unique()[0]

    # 새로운 파일을 만듦
    store_title = f'{trg_id}_{store_name}'

    wb = openpyxl.Workbook()

    # 주문 취소 순위
    data_sheet_output(wb, 'Data_CancelRank',
                      cancel_rank, False)
    # 지역 매출 순위
    data_sheet_output(wb, 'Data_AreaRank',
                      get_area_rank_df(trg_id), False)
    # 지역 배달 완료 시간 순위
    data_sheet_output(wb, 'Data_DeliveryRank',
                      get_area_delivery_rank_df(trg_id), False)
    # 해당 매장의 일단위 매출 데이터
    data_sheet_output(wb, 'Data_Target_Daily',
                      target_daily, False)
```

```
        filename = os.path.join(target_folder, f'{store_title}.xlsx')
        wb.save(filename)
        wb.close()

        return filename
```

```
In [21]:  def make_data_sheet(trg_id, trg_st_df, target_folder):
              target_daily = make_store_daily(trg_id)
              store_name = trg_st_df['store_name'].unique()[0]

              # 새로운 파일을 만듦
              store_title = f'{trg_id}_{store_name}'

              wb = openpyxl.Workbook()

              # 주문 취소 순위
              data_sheet_output(wb, 'Data_CancelRank',
                                cancel_rank, False)
              # 지역 매출 순위
              data_sheet_output(wb, 'Data_AreaRank',
                                get_area_rank_df(trg_id), False)
              # 지역 배달 완료 시간 순위
              data_sheet_output(wb, 'Data_DeliveryRank',
                                get_area_delivery_rank_df(trg_id), False)
              # 해당 매장의 일단위 매출 데이터
              data_sheet_output(wb, 'Data_Target_Daily',
                                target_daily, False)

              filename = os.path.join(target_folder, f'{store_title}.xlsx')
              wb.save(filename)
              wb.close()

              return filename
```

그림 4-25 **data_sheet_output 함수 호출**

이 함수는 새 워크북 객체를 만들고 앞에서 만든 data_sheet_output 함수를 호출해 두 가지 종류의 데이터를 엑셀에 출력합니다.

이렇게 함수는 다른 함수 안에서 호출되는 경우가 많습니다. 함수나 클래스는 가급적 상세한 것이 바람직하지만 너무 상세하면 오히려 가독성이나 유지보수성이 떨어질 수도 있으므로 현장 구성원의 스킬 수준 등을 고려해 그 구조를 설계하는 것이 좋습니다.

마지막으로 make_data_sheet 함수를 호출해 데이터시트를 포함한 엑셀 파일을 출력합니다.

```
filename_store = make_data_sheet(store_id, store_df, '')
```

```
In [20]:  filename_store = make_data_sheet(store_id, store_df, '')
```

그림 4-26 **make_data_sheet 함수 호출**

이 처리를 실행하면 make_data_sheet 함수가 호출되고 그 안에서 data_sheet_output 이 호출되어 결과적으로 엑셀 파일이 출력됩니다.

또한, 네 가지 데이터시트는 숨김 상태로 되어 있어 엑셀 파일을 열어도 보이지 않습니다 (시트에서 마우스 오른쪽 버튼을 클릭해서 다시 표시하면 해당 시트를 볼 수 있습니다).

다음은 데이터시트를 활용해 보고용 요약 시트를 만들어 봅시다.

 ## 요약 시트를 만들자

앞 장의 대시보드에서도 언급했지만 상세 데이터는 관심이 있을 때 참조하는 것으로 충분하므로 전달하고자 하는 데이터를 한눈에 알 수 있도록 요약 정보 보고서를 구성합니다.

자료를 만드는 사람은 해당 정보를 잘 알고 있기 때문에 무심코 많은 정보를 넣으려 하게 됩니다. 하지만 실제 정보를 접하는 사람은 그 정보가 생소하기 때문에 그 수준을 고려해야만 전달하기 쉬운 자료 및 데이터 시각화를 할 수 있습니다.

그럼 요약 시트를 만드는 함수를 만들어 봅시다.

코드는 길지만 엑셀 서식 꾸미기가 주요 내용이므로 그다지 복잡하지는 않습니다. 지금까지의 내용을 응용한 것이므로 편안한 마음으로 확인하기 바랍니다.

```python
def make_summary_sheet(trg_id, storename, trgfile):
    target_cancel_rank = check_store_cancel_rank(trg_id)
    target_sales_rank = check_store_sales_rank(trg_id)
    target_delivery_rank = check_store_delivery_rank(trg_id)

    wb = openpyxl.load_workbook(trgfile)
    ws = wb.active
    ws.title = '요약 보고서'

    cell = ws.cell(1, 1)
    cell.value = f'{storename} 요약 보고서(4월~6월)'
    cell.font = Font(bold=True, color='008080', size=20)

    # 매출 순위 표시
    tmpWs = wb['Data_Target_Daily']
    cell = ws.cell(3, 2)
    cell.value = '매장 매출액'
    cell.font = Font(bold=True, color='008080', size=16)
```

```python
# 셀 병합
ws.merge_cells('E3:F3')

cell = ws.cell(3, 5)
cell.value = f'=SUM({tmpWs.title}!B2:B{tmpWs.max_row})'
cell.font = Font(bold=True, color='0080FF', size=16)
cell.number_format = '#,##0'

cell = ws.cell(4, 2)
cell.value = '매장 매출 순위'
cell.font = Font(bold=True, color='008080', size=16)

cell = ws.cell(4, 5)
cell.value = f'{len(m_store)}개 매장 중 {target_sales_rank}위'
cell.font = Font(bold=True, color='0080FF', size=16)

# 그래프용 참조 데이터 지정
refy = Reference(tmpWS, min_col=2, min_row=2, max_col=2,
                 max_row=tmpWS.max_row)

# 그래프 시계열 생성
series = Series(refy, title='매출액')

# Chart
chart = LineChart()
chart.title = '기간 매출액(일별)'
chart.x_axis.title = '건수'
chart.y_axis.title = '매출액'
chart.height = 10
chart.width = 15
chart.series.append(series)

# 생성한 Chart 객체를 시트의 지정한 위치에 추가
ws.add_chart(chart, 'B6')

# 지역 정보
tmpWs = wb['Data_AreaRank']

cell = ws.cell(4, 10)
cell.value = '지역 매장 매출 정보'
cell.font = Font(bold=True, color='008080', size=16)

cell = ws.cell(5, 11)
cell.value = '최고 금액'

cell = ws.cell(5, 12)
cell.value = f'=MAX({tmpWs.title}!B2:B{tmpWs.max_row})'
```

```python
cell.number_format = '#,##0'

cell = ws.cell(6, 11)
cell.value = '최저 금액'

cell = ws.cell(6, 12)
cell.value = f'=MIN({tmpWs.title}!B2:B{tmpWs.max_row})'
cell.number_format = '#,##0'

cell = ws.cell(7, 11)
cell.value = '지역 평균'

cell = ws.cell(7, 12)
cell.value = f'=AVERAGE({tmpWs.title}!B2:B{tmpWs.max_row})'
cell.number_format = '#,##0'

# 주문 취소율 표시
cell = ws.cell(11, 10)
cell.value = '주문 취소 순위'
cell.font = Font(bold=True, color='008080', size=16)

cell = ws.cell(12, 11)
cell.value = f'{len(m_store)}개 매장 중 {target_cancel_rank}위'
cell.font = Font(bold=True, color='0080FF', size=16)

tmpWs = wb['Data_CancelRank']

cell = ws.cell(13, 11)
cell.value = '지역 평균'

cell = ws.cell(13, 12)
cell.value = f'=AVERAGE({tmpWs.title}!C2:C{tmpWs.max_row})'
cell.number_format = '0.00'

# 배달 시간 순위 표시
cell = ws.cell(15, 10)
cell.value = '배달 완료 시간 순위'
cell.font = Font(bold=True, color='008080', size=16)

cell = ws.cell(16, 11)
cell.value = f'{len(m_store)}개 매장 중 {target_delivery_rank}위'
cell.font = Font(bold=True, color='0080FF', size=16)

tmpWs = wb['Data_DeliveryRank']

cell = ws.cell(17, 11)
cell.value = '지역 평균'
```

```
cell = ws.cell(17, 12)
cell.value = f'=AVERAGE({tmpWs.title}!B2:B{tmpWs.max_row})'
cell.number_format = '0.00'


wb.save(trgfile)
wb.close()
```

```
In [23]:  def make_summary_sheet(trg_id, storename, trgfile):
              target_cancel_rank = check_store_cancel_rank(trg_id)
              target_sales_rank = check_store_sales_rank(trg_id)
              target_delivery_rank = check_store_delivery_rank(trg_id)

              wb = openpyxl.load_workbook(trgfile)
              ws = wb.active
              ws.title = '요약 보고서'

              cell = ws.cell(1, 1)
              cell.value = f'{storename} 요약 보고서(4월~6월)'
              cell.font = Font(bold=True, color='008080', size=20)

              # 매출 순위 표시
              tmpWs = wb['Data_Target_Daily']
              cell = ws.cell(3, 2)
              cell.value = '매장 매출액'
              cell.font = Font(bold=True, color='008080', size=16)

              # 셀 병합
              ws.merge_cells('E3:F3')

              cell = ws.cell(3, 5)
              cell.value = f'=SUM({tmpWs.title}!B2:B{tmpWs.max_row})'
              cell.font = Font(bold=True, color='0080FF', size=16)
              cell.number_format = '#,##0'

              cell = ws.cell(4, 2)
              cell.value = '매장 매출 순위'
              cell.font = Font(bold=True, color='008080', size=16)

              cell = ws.cell(4, 5)
              cell.value = f'{len(m_store)}개 매장 중 {target_sales_rank}위'
              cell.font = Font(bold=True, color='0080FF', size=16)

              # 그래프용 참조 데이터 지정
              refy = Reference(tmpWs, min_col=2, min_row=2, max_col=2,
                              max_row=tmpWs.max_row)

              # 그래프 시계열 생성
              series = Series(refy, title='매출액')

              # Chart
              chart = LineChart()
              chart.title = '기간 매출액(일별)'
              chart.x_axis.title = '건수'
              chart.y_axis.title = '매출액'
              chart.height = 10
              chart.width = 15
              chart.series.append(series)

              # 생성한 Chart 객체를 시트의 지정한 위치에 추가
              ws.add_chart(chart, 'B6')

              # 지역 정보
              tmpWs = wb['Data_AreaRank']

              cell = ws.cell(4, 10)
              cell.value = '지역 매장 매출 정보'
              cell.font = Font(bold=True, color='008080', size=16)

              cell = ws.cell(5, 11)
              cell.value = '최고 금액'

              cell = ws.cell(5, 12)
              cell.value = f'=MAX({tmpWs.title}!B2:B{tmpWs.max_row})'
              cell.number_format = '#,##0'

              cell = ws.cell(6, 11)
              cell.value = '최저 금액'

              cell = ws.cell(6, 12)
              cell.value = f'=MIN({tmpWs.title}!B2:B{tmpWs.max_row})'
              cell.number_format = '#,##0'

              cell = ws.cell(7, 11)
              cell.value = '지역 평균'

              cell = ws.cell(7, 12)
              cell.value = f'=AVERAGE({tmpWs.title}!B2:B{tmpWs.max_row})'
              cell.number_format = '#,##0'
```

```
# 주문 취소율 표시
cell = ws.cell(11, 10)
cell.value = '주문 취소 순위'
cell.font = Font(bold=True, color='008080', size=16)

cell = ws.cell(12, 11)
cell.value = f'{len(m_store)}개 매장 중 {target_cancel_rank}위'
cell.font = Font(bold=True, color='0080FF', size=16)

tmpWs = wb['Data_CancelRank']

cell = ws.cell(13, 11)
cell.value = '지역 평균'

cell = ws.cell(13, 12)
cell.value = f'=AVERAGE({tmpWs.title}!C2:C{tmpWs.max_row})'
cell.number_format = '0.00'

# 배달 시간 순위 표시
cell = ws.cell(15, 10)
cell.value = '배달 완료 시간 순위'
cell.font = Font(bold=True, color='008080', size=16)

cell = ws.cell(16, 11)
cell.value = f'{len(m_store)}개 매장 중 {target_delivery_rank}위'
cell.font = Font(bold=True, color='0080FF', size=16)

tmpWs = wb['Data_DeliveryRank']

cell = ws.cell(17, 11)
cell.value = '지역 평균'

cell = ws.cell(17, 12)
cell.value = f'=AVERAGE({tmpWs.title}!B2:B{tmpWs.max_row})'
cell.number_format = '0.00'

wb.save(trgfile)
wb.close()
```

그림 4-27 요약 시트 작성 함수

코드가 다소 길지만 이제까지의 테크닉을 응용한 것이므로 어렵지 않을 것입니다.

```
make_summary_sheet(store_id, store_name, filename_store)
```

```
In [22]: make_summary_sheet(store_id, store_name, filename_store)
```

그림 4-28 요약 시트 작성 함수 실행

요약 시트 작성 함수가 실행되고 데이터시트만 있던 엑셀 파일에 요약 시트가 추가됩니다.

아직 추가할 내용이 있을 듯 하지만 필요한 내용을 모두 추가하면 소스 코드가 길어지므로 이 책에서 중점을 둔 구조화라는 관점에서 벗어나지 않도록 간략하게 마무리합니다.

여러분이 원하는 만큼 충분한 요약 데이터를 담을 수 있도록 직접 시도해 보기 바랍니다.

또한, 업무에서는 엑셀을 많이 이용할 것이라 생각합니다. 여기에서 소개한 기법들은 비교적 쉽게 실천할 수 있으므로 조금 귀찮은 엑셀 업무를 자동화하는 데도 활용할 수 있을 것입니다.

매장별 보고서를 엑셀로 출력하자

이번 장의 마지막 테크닉입니다.

지금까지는 테스트를 목적으로 1개 매장을 대상으로 처리하고 확인했습니다. 모든 매장에 대한 보고서를 만드는 것이 원래 목표이므로 모든 매장의 보고서를 매장별로 출력해 봅시다.

또한, 매장 숫자만큼 파일이 만들어지므로 output 폴더를 만들고 그 안에 매장별로 파일을 출력합니다.

이 처리는 매장 숫자만큼 실행되므로 처리 완료에 시간이 걸립니다.

필요에 따라 어느 정도 매장 정보가 출력되면 처리를 중단하는 등 효율적으로 진행하기 바랍니다.

```python
os.makedirs('output', exist_ok=True)

for store in m_store['store_id'].tolist():
    if store != 999:
        store_df = order_all.loc[order_all['store_id']==store]
        store_name = m_store.loc[m_store['store_id']==store]['store_name']
        print(store_name)

        tmp_file_name = make_data_sheet(store, store_df, 'output')
        make_summary_sheet(store, store_name.values[0], tmp_file_name)

print('출력을 완료했습니다.')
```

```
In [*]:  os.makedirs('output', exist_ok=True)

        for store in m_store['store_id'].tolist():
            if store != 999:
                store_df = order_all.loc[order_all['store_id']==store]
                store_name = m_store.loc[m_store['store_id']==store]['store_name']
                print(store_name)

                tmp_file_name = make_data_sheet(store, store_df, 'output')
                make_summary_sheet(store, store_name.values[0], tmp_file_name)

        print('출력을 완료했습니다.')
```

```
    0      삼일대로점
Name: store_name, dtype: object
    1      세종대로점
Name: store_name, dtype: object
    2      무교점
Name: store_name, dtype: object
    3      덕수궁길점
Name: store_name, dtype: object
    4      서소문로점
Name: store_name, dtype: object
    5      청계천로점
Name: store_name, dtype: object
    6      노해로점
Name: store_name, dtype: object
    7      당산로점
Name: store_name, dtype: object
    8      남부순환로점
Name: store_name, dtype: object
    9      성내로점
Name: store_name, dtype: object
   10      자양로점
Name: store_name, dtype: object
   11      봉화산로점
Name: store_name, dtype: object
   12      창경궁로점
```

그림 4-29 **매장 숫자만큼 반복하면서 모든 매장의 보고서를 출력**

이번 장에서는 파이썬으로 엑셀을 조작해 보고서를 만들었습니다. 업무에서 엑셀을 사용하지 않는 경우가 거의 없다 해도 과언이 아닐 만큼 여러분은 실제 현장에서 엑셀을 다양하게 사용하고 있습니다.

이번 장에서 학습한 기법을 활용해 엑셀 업무를 자동화하는 도구를 만들어서 업무 개선에 활용해 보기 바랍니다.

다음 장에서는 보고서나 대시보드를 더 구조적인 형태로 다듬어 봅시다.

분석 시스템을 구축하기 위한 테크닉 10

지금까지 직접 기초 분석을 수행하고 대시보드를 만들어 다각적으로 분석함으로써 현장과 커뮤니케이션해 문제의 원인이 될 수 있는 요소를 확인했습니다. 계속해서 이번 장에서는 그 테크닉을 개선하기 위한 대책을 실시하기 위한 보고를 수행합니다. 매우 중요하기에 반복해서 강조하지만 분석의 목적은 어디까지나 대책을 실시함으로써 개선하는 데 있습니다. 실시한 대책이 적절했는지, 매달 실행한 결과 어떤 변화가 일어나는지 지속해서 검증하는 것이 매우 중요합니다.

그래서 이번 장에서는 지속해서 반복할 수 있는 구조를 구축합니다. 데이터는 항상 업데이트됩니다. 이때 잘못된 데이터가 제공되지 않도록 폴더 구성도 함께 정리하면서 매달 원활하게 데이터를 업데이트할 수 있는 소규모 구조를 만들어 봅시다. 그리고 데이터 업데이트 시점에 지난달 데이터와 비교함으로써 개선이 이루어졌는지에 관한 검증도 함께 진행합니다.

- 테크닉 41: 기본 폴더를 만들자
- 테크닉 42: 입력 데이터 확인 구조를 만들자
- 테크닉 43: 보고서(본부용) 작성 처리를 함수화하자
- 테크닉 44: 보고서(매장용) 작성 처리를 함수화하자
- 테크닉 45: 함수를 실행하고 동작을 확인하자
- 테크닉 46: 데이터 업데이트에 맞춰 출력 폴더를 만들자
- 테크닉 47: 시/도/군/구별로 폴더를 만들고 데이터를 출력하자
- 테크닉 48: 지난달 데이터를 동적으로 로딩하자
- 테크닉 49: 과거 데이터와 비교하자
- 테크닉 50: 화면에서 실행할 수 있게 하자

상황

여러분은 6월까지의 데이터를 기반으로 보고서를 만들었습니다. 그리고 7월 데이터가 업데이트되어 다시 보고서를 만들려 합니다. 이후 업무를 고려해 데이터 업데이트 시 오류가 발생하지 않도록 하고자 합니다. 또한 6월까지의 데이터에 기반해 수행한 대책의 효과를 확인하고 싶습니다. 그래서 데이터가 업데이트되면 지난달의 데이터와 비교할 수 있는 구조를 제공하는 소규모 시스템을 만들기로 합니다.

전제조건 --

이번 장에서 다루는 기초 데이터는 지금까지의 것과 같습니다.

표 5-1 **데이터 목록**

No.	파일명	설명
1	m_area.csv	지역 마스터. 시/도/군/구 정보
2	m_store.csv	매장 마스터. 매장 이름 등
3-1	tbl_order_202104.csv	4월 주문 데이터
3-2	tbl_order_202105.csv	5월 주문 데이터
3-3	tbl_order_202106.csv	6월 주문 데이터
3-4	tbl_order_202107.csv	7월 주문 데이터

기본 폴더를 만들자

데이터가 업데이트되는 상황을 가정해 소규모 시스템을 만들어 봅시다. 바로 프로그램을 작성하고 싶은 마음이 들겠지만 잠시 마음을 가라앉히고 폴더 구조에 관해 먼저 생각해 봅시다.

지금까지의 작업으로 어느 정도 상상이 될 것입니다. 크게 프로그램을 작성한 소스 코드(.pynb 파일)와 csv 등의 데이터 파일이 존재합니다. 또한, 데이터를 다루는 프로젝트들의 공통점이라 할 수 있는 것으로 입력 데이터input data와 무언가 처리를 수행한 결과를 파일에 출력한 출력 데이터output data가 존재합니다. 이 책에서의 입력 데이터는 tbl_order_202104.csv와 같은 주문 데이터입니다. 그렇다면 m_area.csv, m_store.csv는 어디에 배치하는 것이 좋을까요? 그것은 마스터 데이터master data 폴더를 만들어서 배치하면 좋지 않을까요? 입력 데이터와 마스터 데이터를 나누는 명확한 기준은 없으나 일반적으로 업데이트 빈도를 기준으로 구분합니다. 이번 테크닉에서처럼 매달 업데이트하고자 하는 데이터인 입력 데이터와 특정한 상황에서만 업데이트하는 데이터(지역 마스터 등 지역 통합과 같이 특정한 상황에서만 업데이트)는 폴더를 나누는 것이 철칙입니다. 이렇게 함으로써 데이터를 업데이트할 때 대상 데이터에만 집중할 수 있습니다.

기본 폴더 구성은 그림 5-1과 같습니다. 프로그램 소스는 일반적으로 소스 폴더를 만들어 배치하지만 이번에는 소스 파일이 하나뿐이므로 별도의 폴더를 만들지 않습니다. 그리고 data 폴더 안에는 '0_'과 같이 번호를 붙입니다. 번호를 붙이면 이름순으로 정렬했을 때 항상 입력 데이터가 가장 위에 나타나므로 확인하기 쉽고 오류를 방지할 수 있습니다.

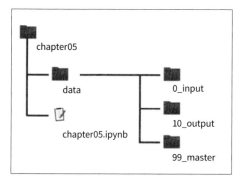

그림 5-1 **폴더 구조**

그럼 폴더를 만들어 봅시다. 손으로 직접 만들 수도 있지만 여기에서는 프로그램으로 폴더를 만듭니다. 프로그램을 이용해 폴더를 작성하는 상황은 매우 많습니다. 먼저 data, 0_input, 10_output, 99_master 폴더의 경로를 정의합니다. 그리고 만일을 위해 0_input이 올바르게 정의되어 있는지 경로를 표시해서 확인합니다.

```
data_dir = 'data'
input_dir = os.path.join(data_dir, '0_input')
output_dir = os.path.join(data_dir, '10_output')
master_dir = os.path.join(data_dir, '99_master')
print(input_dir)
```

여기에서는 표준 모듈인 os를 이용합니다. 먼저 data_dir로 data 폴더를 정의하고 os.path.join을 사용해서 0_input, 10_output, 99_master를 각각 정의합니다. 마지막으로 input_dir을 표시해 0_input의 경로가 올바른지 확인합니다.

```
In [1]:  import os

         data_dir = 'data'
         input_dir = os.path.join(data_dir, '0_input')
         output_dir = os.path.join(data_dir, '10_output')
         master_dir = os.path.join(data_dir, '99_master')
         print(input_dir)
```

그림 5-2 **폴더 경로 정의**

이것으로 폴더 경로를 정의했습니다.

이어서 폴더를 만들어 봅시다.

폴더를 만들 때는 os.mkdir() 또는 os.makedirs()를 사용할 수 있습니다. os.makedirs()는 재귀적으로 중간 폴더를 자동으로 만들어 줍니다. 이번 테크닉에서는 os.mkdir(input_dir)을 사용했을 때 data 폴더가 없으면 에러가 발생하나, os.makedirs(input_dir)는 중간 폴더인 data 폴더를 만들어 주므로 에러가 발생하지 않습니다. 여기에서는 os.makedirs()를 사용해 봅시다. 또한, 인수로 exist_ok=True를 지정하면 이미 폴더가 존재할 때는 폴더를 만들지 않습니다. 이 인수를 지정하지 않으면 이미 폴더가 존재하는 경우 에러가 발생하므로 주의합니다.

```
os.makedirs(input_dir, exist_ok=True)
os.makedirs(output_dir, exist_ok=True)
```

```
os.makedirs(master_dir, exist_ok=True)
```

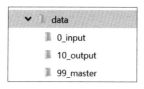

그림 5-3 **폴더 생성**

이것으로 폴더를 생성했습니다. 의도한 대로 폴더가 만들어졌는지 확인해 봅시다.

그림 5-4 **폴더 생성 결과**

테크닉 42 입력 데이터 확인 구조를 만들자

우선 내 손으로 직접 데이터를 입력해 봅시다. 0_input 폴더에는 주문 데이터 파일(tbl_order_xxx.csv)을 저장합니다. 그리고 99_master 폴더에는 마스터 파일(m_area.csv, m_store.csv)을 저장합니다.

이번에 사용하는 주요 데이터는 0_input 폴더에 저장되어 있습니다. 이곳은 업데이트 시 로딩 데이터가 항상 변하는 부분이므로 뒤에서 작업합니다. 먼저 마스터 데이터를 로딩합니다. 파일명이 변해도 혼동하지 않고 변경할 수 있도록 파일명을 정의하고 로딩합니다.

```
m_area_file = 'm_area.csv'
m_store_file = 'm_store.csv'
m_area = pd.read_csv(os.path.join(master_dir, m_area_file))
m_store = pd.read_csv(os.path.join(master_dir, m_store_file))
m_area.head(3)
```

```
In [4]:  import pandas as pd

         m_area_file = 'm_area.csv'
         m_store_file = 'm_store.csv'
         m_area = pd.read_csv(os.path.join(master_dir, m_area_file))
         m_store = pd.read_csv(os.path.join(master_dir, m_store_file))
         m_area.head(3)

Out[4]:
              area_cd   wide_area   narrow_area

         0      SL        서울           서울

         1      BS        부산           부산

         2      DJ        대전           대전
```

그림 5-5 **마스터 데이터 로딩**

앞쪽에서 파일명을 정의하고 pandas의 read_csv로 파일을 로딩합니다. 마지막으로 m_
area를 표시합니다. 이렇게 오류 여부를 확인하는 내용을 필요한 곳에 넣습니다.

다음은 핵심이 되는 주문 데이터 로딩입니다. 여기에서는 매달 데이터가 변경되므로 주의
해야 합니다. 이번에는 매달 업데이트되므로 대상 데이터의 연월이 변경됩니다. 파일명을
직접 지정하지 않고 대상 연월을 변수로 만들어 파일을 정의합니다. 여기에서 사용할 대
상 데이터는 2021년 7월분입니다.

```
tg_ym = '202107'
target_file = 'tbl_order_' + tg_ym + '.csv'
target_data = pd.read_csv(os.path.join(input_dir, target_file))
```

tg_ym에 202107, 즉, 2021년 7월을 지정하고 로딩합니다. 혼란을 피하기 위해 파일명이
아닌 연월을 이용해 지정하는 구조를 추가했습니다. 또한, 매달 특정 영업일에 데이터 업
데이트를 하는 등의 경우에는 datetime 등을 이용해 현재 연월을 얻을 수도 있습니다.

만약 데이터가 없거나 파일명이 다르면 FileNotFoundError 등이 발생하고 프로그램이
중단되므로 에러를 확인할 수 있습니다.

가장 문제가 되는 것은 에러가 발생하지 않았는데 여러분이 의도치 않은 처리가 수행되
어 잘못된 보고서가 배포되는 것입니다. 데이터 오류는 신뢰성을 크게 낮추므로 주의해
야 합니다.

그러므로 매달 변경되는 데이터를 확인하는 구조를 반드시 추가합니다. 가장 기본적인
형태의 확인 구조는 데이터 내용을 출력하는 것입니다. 단, 이 방법의 경우 프로그램 자
체가 멈추지는 않으므로 사람이 그 내용을 보고 판단해야 합니다. 업무로 분주한 경우에

는 에러를 놓치는 경우도 있으므로 데이터가 이상할 때는 가급적 에러를 의도적으로 발생시켜서 프로그램을 중단시키는 구조를 만드는 것이 좋습니다.

여기에서는 order_accept_date열의 최솟값과 최댓값이 모두 지정한 연월인 202107과 일치하지 않는다면 에러를 출력하게 합니다.

```python
import datetime

max_date = pd.to_datetime(target_data['order_accept_date']).max()
min_date = pd.to_datetime(target_data['order_accept_date']).min()
max_str_date = max_date.strftime('%Y%m')
min_str_date = min_date.strftime('%Y%m')

if tg_ym == min_str_date and tg_ym == max_str_date:
    print('날짜가 일치합니다')
else:
    raise Exception('날짜가 일치하지 않습니다')
```

두 번째 행과 세 번째 행에서는 max(), min()으로 데이터 내 날짜의 최댓값과 최솟값을 얻습니다. 그 후 strftime을 이용해 문자열 타입의 연월을 얻습니다. 코드가 이해되지 않는다면 print 등으로 결과를 표시해 봅시다.

데이터 내용과 업데이트할 날짜가 다르면 에러가 발생하고 프로그램이 중단됩니다. csv 나 엑셀 등과 같은 데이터는 파일명을 간단하게 바꿀 수 있기 때문에 이런 구조를 추가 해 데이터 오류를 확인할 수 있습니다.

지금까지 순서대로 진행했다면 그림 5-6과 같이 '날짜가 일치합니다'라는 문장이 출력됩니다.

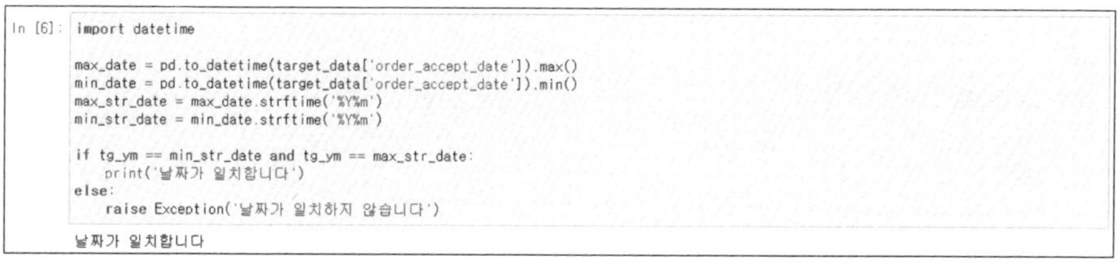

```
In [6]:  import datetime

         max_date = pd.to_datetime(target_data['order_accept_date']).max()
         min_date = pd.to_datetime(target_data['order_accept_date']).min()
         max_str_date = max_date.strftime('%Y%m')
         min_str_date = min_date.strftime('%Y%m')

         if tg_ym == min_str_date and tg_ym == max_str_date:
             print('날짜가 일치합니다')
         else:
             raise Exception('날짜가 일치하지 않습니다')

         날짜가 일치합니다
```

그림 5-6 데이터 확인 구조(정상 동작 시)

에러 확인 기능이 올바르게 동작하는지 확인하려면 어떻게 해야 할까요? 파일명을 인위적으로 변경한 뒤 기능을 동작시켜 보면 됩니다.

tbl_order_202106.csv를 수동으로 tbl_order_202107.csv로 변경한 뒤 실행해 봅시다.
이때 잊지 말고 원래의 tbl_order_202107.csv는 tbl_order_202107.tmp.csv 등으로 이
름을 변경해 둡니다. 그림 5-7과 같이 에러가 발생하는 것을 확인할 수 있습니다. tg_ym
에 202107을 지정했지만 실제로는 2021년 6월 데이터가 포함되어 있기 때문에 발생하는
에러입니다.

```
In [12]:  import datetime

          max_date = pd.to_datetime(target_data['order_accept_date']).max()
          min_date = pd.to_datetime(target_data['order_accept_date']).min()
          max_str_date = max_date.strftime('%Y%m')
          min_str_date = min_date.strftime('%Y%m')

          if tg_ym == min_str_date and tg_ym == max_str_date:
              print('날짜가 일치합니다')
          else:
              raise Exception('날짜가 일치하지 않습니다')

          ----------------------------------------------------------------
          Exception                                 Traceback (most recent call last)
          <ipython-input-12-ce39f1403af9> in <module>
                7     print("날짜가 일치합니다")
                8 else:
          ----> 9     raise Exception("날짜가 일치하지 않습니다")

          Exception: 날짜가 일치하지 않습니다
```

그림 5-7 데이터 확인 기능(에러 발생 시)

이번에는 파일명과 데이터에 실제로 포함된 날짜의 차이를 확인하는 구조를 만들었습니
다. 이 구조는 다루는 데이터에 따라 달라집니다. 데이터 확인에 어떤 규칙을 사용할지
고려해 데이터 확인 구조를 구현합니다.

다음으로 데이터를 초기화합니다.

이제까지의 장에서도 status나 takeout_flag 등 마스터에 존재하지 않는 데이터를 처
리했습니다. 여기에서는 초기화 함수를 만들어서 재사용할 수 있도록 합니다. 이때 배달
시간을 계산하는 처리도 초기화 처리에 포함시킵니다.

```
def calc_delta(t):
    t1, t2 = t
    delta = t2 - t1
    return delta.total_seconds() / 60


def init_tran_df(trg_df):
    # 유지 보슈용 매장 데이터 삭제
    trg_df = trg_df.loc[trg_df['store_id'] != 999]
```

```
trg_df = pd.merge(trg_df, m_store, on='store_id', how='left')
trg_df = pd.merge(trg_df, m_area, on='area_cd', how='left')

# 마스터 데이터에 없는 코드 대응 문자열 설정
trg_df.loc[trg_df['takeout_flag'] == 0, 'takeout_name'] = 'delivery'
trg_df.loc[trg_df['takeout_flag'] == 1, 'takeout_name'] = 'takeout'

trg_df.loc[trg_df['status'] == 0, 'status_name'] = '주문 접수'
trg_df.loc[trg_df['status'] == 1, 'status_name'] = '결제 완료'
trg_df.loc[trg_df['status'] == 2, 'status_name'] = '배달 완료'
trg_df.loc[trg_df['status'] == 9, 'status_name'] = '주문 취소'

trg_df.loc[:, 'order_date'] = pd.to_datetime(
    trg_df['order_accept_date']).dt.date

# 배달 시간 계산
trg_df.loc[:, 'order_accept_datetime'] = pd.to_datetime(
    trg_df['order_accept_date'])
trg_df.loc[:, 'delivered_datetime'] = pd.to_datetime(
    trg_df['delivered_date'])
trg_df.loc[:, 'delta'] = trg_df[[
    'order_accept_datetime', 'delivered_datetime']].apply(
    calc_delta, axis=1)

return trg_df


# 해당 월 데이터 초기화
target_data = init_tran_df(target_data)
```

```
In [6]: def calc_delta(t):
            t1, t2 = t
            delta = t2 - t1
            return delta.total_seconds() / 60


        def init_tran_df(trg_df):
            # 유지 보수용 매장 데이터 삭제
            trg_df = trg_df.loc[trg_df['store_id'] != 999]

            trg_df = pd.merge(trg_df, m_store, on='store_id', how='left')
            trg_df = pd.merge(trg_df, m_area, on='area_cd', how='left')

            # 마스터 데이터에 없는 코드 대응 문자열 설정
            trg_df.loc[trg_df['takeout_flag'] == 0, 'takeout_name'] = 'delivery'
            trg_df.loc[trg_df['takeout_flag'] == 1, 'takeout_name'] = 'takeout'

            trg_df.loc[trg_df['status'] == 0, 'status_name'] = '주문 접수'
            trg_df.loc[trg_df['status'] == 1, 'status_name'] = '결제 완료'
            trg_df.loc[trg_df['status'] == 2, 'status_name'] = '배달 완료'
            trg_df.loc[trg_df['status'] == 9, 'status_name'] = '주문 취소'

            trg_df.loc[:, 'order_date'] = pd.to_datetime(
                trg_df['order_accept_date']).dt.date

            # 배달 시간 계산
            trg_df.loc[:, 'order_accept_datetime'] = pd.to_datetime(
                trg_df['order_accept_date'])
            trg_df.loc[:, 'delivered_datetime'] = pd.to_datetime(
                trg_df['delivered_date'])
            trg_df.loc[:, 'delta'] = trg_df[[
                'order_accept_datetime', 'delivered_datetime']].apply(
                calc_delta, axis=1)
```

```
        return trg_df

# 해당 월 데이터 초기화
target_data = init_tran_df(target_data)
```

그림 5-8 데이터프레임 초기화

calc_delta 함수는 앞 장에서 다룬 시간 계산 함수입니다. init_tran_df 함수에서 지금까지의 초기화를 묶어서 실행합니다. 이후 주문 데이터를 로딩할 때는 이 함수만 호출하면 처리 누락 없이 완전하게 초기화할 수 있습니다.

이것으로 데이터 로딩을 마쳤습니다. 이제 보고서를 만들어 봅시다.

테크닉 43 보고서(본부용) 작성 처리를 함수화하자

보고서는 각 매장용 보고서와 본부용 보고서 두 가지를 만듭니다. 먼저 본부용 보고서를 만들기 위해 4장 테크닉 37 ~ 테크닉 40 을 유용해서 함수로 만들어 봅시다. 4장에서도 함수를 사용했지만 내용 설명을 위해 처음부터 함수로 만들지는 않았으므로 여기에서 다시 함수로 정리해 봅시다.

그리고 출력 기능 등은 함수로 만들어 두면 가독성이 높아지는 것은 물론 보고서 내용이 바뀔 때 프로그램이 변경되어야 할 위치를 한눈에 알 수 있습니다.

이번에는 소스 코드 분량상 간단한 보고서를 만들지만 4장의 내용을 응용해 독자적인 그래프를 도입할 수도 있습니다.

그럼 몇 가지 함수로 나누어 만들어 봅시다.

먼저 엑셀 라이브러리를 임포트하고 매장별 순위를 집계하는 함수입니다.

```
import openpyxl
from openpyxl.utils.dataframe import dataframe_to_rows
from openpyxl.styles import PatternFill, Border, Side, Font


def get_rank_df(target_data):
```

```
# 매장 데이터 작성, 순위 DF 반환
tmp = target_data.loc[target_data['status'].isin([1, 2])]
rank = tmp.groupby(['store_id'])['total_amount'].sum().sort_values(
    ascending=False)
rank = pd.merge(rank, m_store, on='store_id', how='left')
return rank
```

```
In [7]:  import openpyxl
         from openpyxl.utils.dataframe import dataframe_to_rows
         from openpyxl.styles import PatternFill, Border, Side, Font

         def get_rank_df(target_data):
             # 매장 데이터 작성, 순위 DF 반환
             tmp = target_data.loc[target_data['status'].isin([1, 2])]
             rank = tmp.groupby(['store_id'])['total_amount'].sum().sort_values(
                 ascending=False)
             rank = pd.merge(rank, m_store, on='store_id', how='left')
             return rank
```

그림 5-9 **엑셀 라이브러리 임포트와 매장별 순위 집계 함수**

get_rank_df 함수는 데이터프레임을 인수로 받아서 매장 단위의 매출을 집계한 뒤, 그 순위 데이터를 반환합니다.

계속해서 다른 함수도 만들어 봅시다.

```
def get_cancel_rank_df(target_data):
    # 주문 취소율 계산, 순위 DF 반환
    cancel_df = pd.DataFrame()
    cancel_cnt = target_data.loc[target_data['status'] == 9].groupby(
        ['store_id'])['store_id'].count()
    order_cnt = target_data.loc[
        target_data['status'].isin([1, 2, 9])].groupby(
        ['store_id'])['store_id'].count()
    cancel_rate = (cancel_cnt / order_cnt) * 100
    cancel_df['cancel_rate'] = cancel_rate
    cancel_df = pd.merge(cancel_df, m_store, on='store_id', how='left')
    cancel_df = cancel_df.sort_values('cancel_rate', ascending=True)
    return cancel_df
```

```
In [9]:  def get_cancel_rank_df(target_data):
             # 주문 취소율 계산, 순위 DF 반환
             cancel_df = pd.DataFrame()
             cancel_cnt = target_data.loc[target_data['status'] == 9].groupby(
                 ['store_id'])['store_id'].count()
             order_cnt = target_data.loc[
                 target_data['status'].isin([1, 2, 9])].groupby(
                 ['store_id'])['store_id'].count()
             cancel_rate = (cancel_cnt / order_cnt) * 100
             cancel_df['cancel_rate'] = cancel_rate
             cancel_df = pd.merge(cancel_df, m_store, on='store_id', how='left')
             cancel_df = cancel_df.sort_values('cancel_rate', ascending=True)
             return cancel_df
```

그림 5-10 **주문 취소율 순위 집계 함수**

이 함수도 주문 취소율을 집계한 뒤 순위를 매긴 결과를 반환합니다. 지금까지의 테크닉에서 여러 차례 비슷한 처리를 했으므로 처리 내용에 관해 상세한 설명은 생략합니다. 명확하지 않은 점이 있다면 이전 장의 테크닉들을 참고하기 바랍니다.

```python
def data_export(df, ws, row_start, col_start):
    # 스타일 정의
    side = Side(style='thin', color='008080')
    border = Border(top=side, bottom=side, left=side, right=side)

    rows = dataframe_to_rows(df, index=False, header=True)

    for row_no, row in enumerate(rows, row_start):
        for col_no, value in enumerate(row, col_start):
            cell = ws.cell(row_no, col_no)
            cell.value = value
            cell.border = border
            if row_no == row_start:
                cell.fill = PatternFill(patternType='solid', fgColor='008080')
                cell.font = Font(bold=True, color='FFFFFF')
```

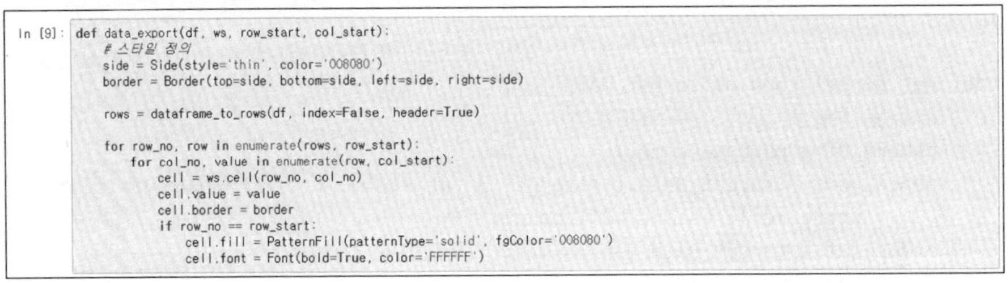

그림 5-11 데이터 출력 처리

이 함수는 데이터프레임 데이터를 지정된 행과 열에 표시합니다. 앞 장에서도 비슷한 처리를 했지만, 이번에는 데이터시트 구분 없이 지정한 영역에 직접 출력합니다.

```python
# 본부용 보고서 데이터 처리
def make_report_hq(target_data, output_folder):
    rank = get_rank_df(target_data)
    cancel_rank = get_cancel_rank_df(target_data)

    # Excel 출력 처리
    wb = openpyxl.Workbook()
    ws = wb.active
```

```
ws.title = '요약 보고서(본부용)'

cell = ws.cell(1,1)
cell.value = f'본부용 {max_str_date}월분 요약 보고서'
cell.font = Font(bold=True, color='008080', size=20)

cell = ws.cell(3,2)
cell.value = f'{max_str_date}월분 매출 총액'
cell.font = Font(bold=True, color='008080', size=20)

cell = ws.cell(3,6)
cell.value = f"{'{:,}'.format(rank['total_amount'].sum())}"
cell.font = Font(bold=True, color='008080', size=20)

# 매출 순위 직접 출력
cell = ws.cell(5,2)
cell.value = f'매출 순위'
cell.font = Font(bold=True, color='008080', size=16)

# 테이블 삽입 위치
data_export(rank, ws, 6, 2)

# 주문 취소율 순위 직접 출력
cell = ws.cell(5,8)
cell.value = f'주문 취소율 순위'
cell.font = Font(bold=True, color='008080', size=16)

# 테이블 삽입 위치
data_export(cancel_rank, ws, 6, 8)

wb.save(os.path.join(output_folder, f'report_hq_{max_str_date}.xlsx'))
wb.close()
```

```
In [10]:   # 본부용 보고 데이터 처리
           def make_report_hq(target_data, output_folder):
               rank = get_rank_df(target_data)
               cancel_rank = get_cancel_rank_df(target_data)

               # Excel 출력 처리
               wb = openpyxl.Workbook()
               ws = wb.active
               ws.title = '요약 보고서(본부용)'

               cell = ws.cell(1,1)
               cell.value = f'본부용 {max_str_date}월분 요약 보고서'
               cell.font = Font(bold=True, color='008080', size=20)

               cell = ws.cell(3,2)
               cell.value = f'{max_str_date}월분 매출 총액'
               cell.font = Font(bold=True, color='008080', size=20)

               cell = ws.cell(3,6)
               cell.value = f"{'{:,}'.format(rank['total_amount'].sum())}"
               cell.font = Font(bold=True, color='008080', size=20)

               # 매출 순위 직접 출력
               cell = ws.cell(5,2)
               cell.value = f'매출 순위'
               cell.font = Font(bold=True, color='008080', size=16)
```

```
# 테이블 삽입 위치
data_export(rank, ws, 6, 2)

# 주문 취소율 순위 직접 출력
cell = ws.cell(5,8)
cell.value = f'주문 취소율 순위'
cell.font = Font(bold=True, color='008080', size=16)

# 테이블 삽입 위치
data_export(cancel_rank, ws, 6, 8)

wb.save(os.path.join(output_folder, f'report_hq_{max_str_date}.xlsx'))
wb.close()
```

그림 5-12 **본부용 보고서 출력 함수**

본부용 데이터를 출력한 보고서입니다. 이 내용 역시 기존에 설명한 테크닉을 응용하거나 조합한 것이므로 이해하는 데 어렵지 않을 것입니다. 함수로 깔끔하게 작성했으므로 그 구조가 이전에 비해 한층 단순해진 것을 알 수 있습니다.

함수화(구조화)를 통해 가독성이나 유지보수성을 높일 수 있으므로 최대한 이를 의식하면서 함수를 만드는 것이 좋습니다. 하지만 너무 상세하게 구분하지는 않도록 주의합니다.

테크닉 44 보고서(매장용) 작성 처리를 함수화하자

다음으로 매장용 보고서 작성 처리를 함수로 만들어 봅시다. 본부용 처리와 마찬가지로 몇 개의 함수로 나누어 정리합니다.

```
def get_store_rank(target_id, target_df):
    rank = get_rank_df(target_df)
    store_rank = rank.loc[rank['store_id'] == target_id].index + 1
    return store_rank[0]


def get_store_sale(target_id, target_df):
    rank = get_rank_df(target_df)
    store_sale = rank.loc[rank['store_id'] == target_id]['total_amount']
    return store_sale
```

```
In [11]: def get_store_rank(target_id, target_df):
             rank = get_rank_df(target_df)
             store_rank = rank.loc[rank['store_id'] == target_id].index + 1
             return store_rank[0]


         def get_store_sale(target_id, target_df):
             rank = get_rank_df(target_df)
             store_sale = rank.loc[rank['store_id'] == target_id]['total_amount']
             return store_sale
```

그림 5-13 **매장 매출 순위와 매장 매출 집계 함수**

여기에서는 매장 단위로 데이터를 집계합니다.

앞의 본부용 보고서를 만들 때 만든 함수를 호출해 전체 데이터를 얻은 후 매장 ID(store_id)로 데이터를 추출합니다.

이렇게 함수를 나누어 두면 언제든지 재사용할 수 있으므로 같은 처리를 하는 코드를 여러 위치에 넣는 것보다 효율이 높을 뿐만 아니라 에러 발생률도 낮아집니다.

```
def get_store_cancel_rank(target_id, target_df):
    cancel_df = get_cancel_rank_df(target_df)
    cancel_df = cancel_df.reset_index()
    store_cancel_rank = cancel_df.loc[cancel_df['store_id'] ==
                                      target_id].index + 1
    return store_cancel_rank[0]


def get_store_cancel_count(target_id, target_df):
    store_cancel_count = target_df.loc[
        (target_df['status'] == 9) &
        (target_df['store_id'] == target_id)
        ].groupby(['store_id'])['store_id'].count()
    return store_cancel_count
```

```
In [12]: def get_store_cancel_rank(target_id, target_df):
             cancel_df = get_cancel_rank_df(target_df)
             cancel_df = cancel_df.reset_index()
             store_cancel_rank = cancel_df.loc[cancel_df['store_id'] ==
                                               target_id].index + 1
             return store_cancel_rank[0]


         def get_store_cancel_count(target_id, target_df):
             store_cancel_count = target_df.loc[
                 (target_df['status'] == 9) &
                 (target_df['store_id'] == target_id)
                 ].groupby(['store_id'])['store_id'].count()
             return store_cancel_count
```

그림 5-14 **매장 단위 주문 취소 순위, 주문 취소 수 집계 함수**

계속해서 함수를 만듭니다.

```
def get_delivery_rank_df(target_id, target_df):
    delivery = target_df.loc[target_df['status'] == 2]
    delivery_rank = delivery.groupby(
        ['store_id'])['delta'].mean().sort_values()
    delivery_rank = pd.merge(delivery_rank, m_store,
                             on='store_id', how='left')
    return delivery_rank


def get_delivery_rank_store(target_id, target_df):
    delivery_rank = get_delivery_rank_df(target_id, target_df)
    store_delivery_rank = delivery_rank.loc[
                              delivery_rank['store_id'] == target_id
                              ].index + 1
    return store_delivery_rank[0]
```

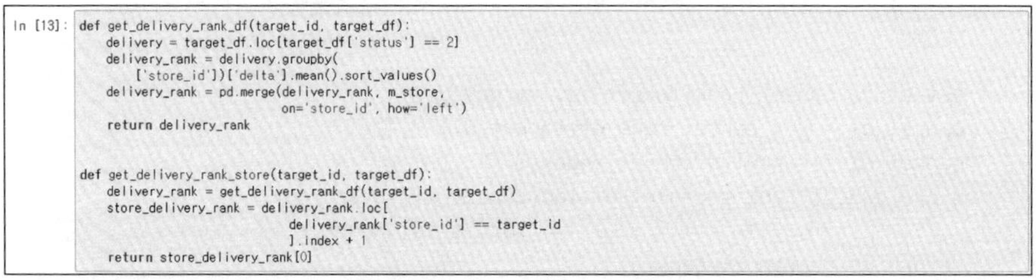

```
In [13]: def get_delivery_rank_df(target_id, target_df):
             delivery = target_df.loc[target_df['status'] == 2]
             delivery_rank = delivery.groupby(
                 ['store_id'])['delta'].mean().sort_values()
             delivery_rank = pd.merge(delivery_rank, m_store,
                                      on='store_id', how='left')
             return delivery_rank


         def get_delivery_rank_store(target_id, target_df):
             delivery_rank = get_delivery_rank_df(target_id, target_df)
             store_delivery_rank = delivery_rank.loc[
                                       delivery_rank['store_id'] == target_id
                                       ].index + 1
             return store_delivery_rank[0]
```

그림 5-15 **매장별 배달 시간 순위 및 집계 함수**

다음으로 개별 매장용 보고서를 출력합니다.

본부용 보고 처리와 구성은 거의 비슷합니다. 출력해야 할 데이터가 늘어난 만큼 처리 시간이 걸리지만 같은 처리를 반복하는 것이므로 지금까지 나온 테크닉들로 학습했다면 쉽게 이해할 것입니다.

```
# 매장용 보고서 데이터 처리
def make_report_store(target_data, target_id, output_folder):
    rank = get_store_rank(target_id, target_data)
    sale = get_store_sale(target_id, target_data)
    cancel_rank = get_store_cancel_rank(target_id, target_data)
    cancel_count = get_store_cancel_count(target_id, target_data)
    delivery_df = get_delivery_rank_df(target_id, target_data)
    delivery_rank = get_delivery_rank_store(target_id, target_data)

    store_name = m_store.loc[
        m_store['store_id'] == target_id]['store_name'].values[0]
```

```python
# Excel 출력 처리
wb = openpyxl.Workbook()
ws = wb.active
ws.title = '매장용 보고서'

cell = ws.cell(1, 1)
cell.value = f'{store_name} {max_str_date}월분 요약 보고서'
cell.font = Font(bold=True, color='008080', size=20)

cell = ws.cell(3, 2)
cell.value = f'{max_str_date}월분 매출총액'
cell.font = Font(bold=True, color='008080', size=20)

cell = ws.cell(3, 6)
cell.value = f"'{:,}'.format(sale.values[0])}"
cell.font = Font(bold=True, color='008080', size=20)

# 매출 순위 직접 출력
cell = ws.cell(5, 2)
cell.value = f'매출 순위'
cell.font = Font(bold=True, color='008080', size=16)

cell = ws.cell(5, 5)
cell.value = f'{rank}위'
cell.font = Font(bold=True, color='008080', size=16)

cell = ws.cell(6, 2)
cell.value = f'매출 데이터'
cell.font = Font(bold=True, color='008080', size=16)

# 테이블 삽입
tmp_df = target_data.loc[(target_data['store_id'] == target_id) &
                         (target_data['status'].isin([1, 2]))]
tmp_df = tmp_df[['order_accept_date', 'customer_id', 'total_amount',
                 'takeout_name', 'status_name']]
data_export(tmp_df, ws, 7, 2)

# 주문 취소율 순위 직접 출력
cell = ws.cell(5, 8)
cell.value = f'매출 취소율 순위'
cell.font = Font(bold=True, color='008080', size=16)

cell = ws.cell(5, 12)
cell.value = f'{cancel_rank}위, {cancel_count.values[0]}회'
cell.font = Font(bold=True, color='008080', size=16)

cell = ws.cell(6, 8)
```

```python
cell.value = f'매출 취소 데이터'
cell.font = Font(bold=True, color='008080', size=16)

# 테이블 삽입
tmp_df = target_data.loc[(target_data['store_id'] == target_id) &
                         (target_data['status'] == 9)]
tmp_df = tmp_df[['order_accept_date', 'customer_id', 'total_amount',
                 'takeout_name', 'status_name']]
data_export(tmp_df, ws, 7, 8)

# 배달 시간 직접 출력
ave_time = delivery_df.loc[
    delivery_df['store_id'] == target_id]['delta'].values[0]
cell = ws.cell(5, 14)
cell.value = f'배달 완료 소요 시간 순위'
cell.font = Font(bold=True, color='008080', size=16)

cell = ws.cell(5, 18)
cell.value = f'{delivery_rank}위, 평균 {ave_time}분'
cell.font = Font(bold=True, color='008080', size=16)

cell = ws.cell(6, 14)
cell.value = f'각 매장 배달 시간 순위'
cell.font = Font(bold=True, color='008080', size=16)

# 테이블 삽입
data_export(delivery_df, ws, 7, 14)

wb.save(os.path.join(
    output_folder, f'{target_id}_{store_name}_report_{max_str_date}.xlsx'))
wb.close()
```

```python
In [14]: # 매장용 보고서 데이터 처리
         def make_report_store(target_data, target_id, output_folder):
             rank = get_store_rank(target_id, target_data)
             sale = get_store_sale(target_id, target_data)
             cancel_rank = get_store_cancel_rank(target_id, target_data)
             cancel_count = get_store_cancel_count(target_id, target_data)
             delivery_df = get_delivery_rank_df(target_id, target_data)
             delivery_rank = get_delivery_rank_store(target_id, target_data)

             store_name = m_store.loc[
                 m_store['store_id'] == target_id]['store_name'].values[0]

             # Excel 출력 처리
             wb = openpyxl.Workbook()
             ws = wb.active
             ws.title = '매장용 보고서'

             cell = ws.cell(1, 1)
             cell.value = f'{store_name} {max_str_date}월분 요약 보고서'
             cell.font = Font(bold=True, color='008080', size=20)

             cell = ws.cell(3, 2)
             cell.value = f'{max_str_date}월분 매출총액'
             cell.font = Font(bold=True, color='008080', size=20)

             cell = ws.cell(3, 6)
             cell.value = f"{'{:,}'.format(sale.values[0])}"
             cell.font = Font(bold=True, color='008080', size=20)
```

```
# 매출 순위 직접 출력
cell = ws.cell(5, 2)
cell.value = f'매출 순위'
cell.font = Font(bold=True, color='008080', size=16)

cell = ws.cell(5, 5)
cell.value = f'{rank}위'
cell.font = Font(bold=True, color='008080', size=16)

cell = ws.cell(6, 2)
cell.value = f'매출 데이터'
cell.font = Font(bold=True, color='008080', size=16)

# 테이블 삽입
tmp_df = target_data.loc[(target_data['store_id'] == target_id) &
                (target_data['status'].isin([1, 2]))]
tmp_df = tmp_df[['order_accept_date', 'customer_id', 'total_amount',
                'takeout_name', 'status_name']]
data_export(tmp_df, ws, 7, 2)

# 주문 취소율 순위 직접 출력
cell = ws.cell(5, 8)
cell.value = f'매출 취소율 순위'
cell.font = Font(bold=True, color='008080', size=16)

cell = ws.cell(5, 12)
cell.value = f'{cancel_rank}위, {cancel_count.values[0]}회'
cell.font = Font(bold=True, color='008080', size=16)

cell = ws.cell(6, 8)
cell.value = f'매출 취소 데이터'
cell.font = Font(bold=True, color='008080', size=16)

# 테이블 삽입
tmp_df = target_data.loc[(target_data['store_id'] == target_id) &
                (target_data['status'] == 9)]
tmp_df = tmp_df[['order_accept_date', 'customer_id', 'total_amount',
                'takeout_name', 'status_name']]
data_export(tmp_df, ws, 7, 8)

# 배달 시간 직접 출력
ave_time = delivery_df.loc[
    delivery_df['store_id'] == target_id]['delta'].values[0]
cell = ws.cell(5, 14)
cell.value = f'배달 완료 소요 시간 순위'
cell.font = Font(bold=True, color='008080', size=16)

cell = ws.cell(5, 18)
cell.value = f'{delivery_rank}위, 평균 {ave_time}분'
cell.font = Font(bold=True, color='008080', size=16)

cell = ws.cell(6, 14)
cell.value = f'각 매장 배달 시간 순위'
cell.font = Font(bold=True, color='008080', size=16)

# 테이블 삽입
data_export(delivery_df, ws, 7, 14)

wb.save(os.path.join(
    output_folder, f'{target_id}_{store_name}_report_{max_str_date}.xlsx'))
wb.close()
```

그림 5-16 **매장용 보고서 작성 함수**

함수를 실행하고 동작을 확인하자

앞에서 만든 함수를 실행해 봅시다.

```
# 본부용 보고서
make_report_hq(target_data, output_dir)
```

```
In [15]:  # 본부용 보고서
          make_report_hq(target_data, output_dir)
```

그림 5-17 **본부용 보고서 작성 함수 실행**

그림 5-18 **엑셀 출력 결과**

10_output 폴더 안에 report_hq_202107.xlsx 파일이 만들어집니다.

이어서 각 매장용 보고서를 출력해 봅시다.

```
# 각 매장용 보고서(모든 지점 대상)
for store_id in m_store.loc[m_store['store_id']!=999]['store_id']:
    make_report_store(target_data, store_id, output_dir)
```

```
In [16]:  # 각 매장용 보고서(모든 지점 대상)
          for store_id in m_store.loc[m_store['store_id']!=999]['store_id']:
              make_report_store(target_data, store_id, output_dir)
```

그림 5-19 **각 매장용 보고서 작성 함수**

그림 5-20 **각 매장용 보고서 엑셀 파일 생성 결과**

함수를 실행하면 마찬가지로 10_output 폴더 안에 다수의 매장용 보고서가 만들어집니다. 이때 한 번 더 데이터를 업데이트해서 실행하려면 어떻게 해야 할까요? 그렇습니다. 손으로 직접 출력된 파일을 삭제해야 합니다.

기존 파일을 삭제하지 않거나 뒤늦게 삭제하면 어떤 파일이 최근 생성한 데이터인지 확인하기 위해 파일 업데이트 날짜 정보에 의존해야만 하는 상황이 발생합니다.

그래서는 모처럼 프로그램을 만들어 효율화한 것이 쓸모 없어집니다.

다음 테크닉에서 이와 관련한 구조화도 검토해 봅시다.

테크닉 46 데이터 업데이트에 대응해 폴더를 만들자

출력 폴더를 수정해 봅시다. 출력 폴더는 10_output 폴더입니다. 매달 업데이트되는 데이터를 이 폴더 바로 아래에 넣으면 문제가 발생하기 쉽습니다. 처음에는 문제가 없지만 파일 개수가 늘어나면 업데이트한 보고서 파일을 찾는 데도 시간이 오래 걸립니다.

가장 단순한 방법으로 tg_ym의 값을 폴더 이름으로 만드는 것을 생각할 수 있습니다. 그렇게 하면 월별로 데이터를 모아서 알아보기 쉽게 배치할 수 있습니다. 한 가지 구조를 더 추가합니다. 그 구조란 업데이트 날짜를 동적으로 입력하도록 하는 것입니다. 이를 통해 업데이트하는 데이터에 오류가 있을 때, 언제 업데이트한 데이터인지 쉽게 알아볼 수 있습니다.

현재 시각을 얻어서 tg_ym과 현재 시각을 폴더 이름으로 정의한 뒤 테크닉 41 과 같이 폴더를 만듭니다. 또한, 이후 재사용할 수 있도록 함수로 만들어 둡니다.

```python
def make_active_folder(targetYM):
    now = datetime.datetime.now().strftime('%Y%m%d%H%M%S')
    target_output_dir_name = targetYM + '_' + now
    target_output_dir = os.path.join(output_dir, target_output_dir_name)
    os.makedirs(target_output_dir)
    print(target_output_dir_name)
    return target_output_dir
```

```
target_output_dir = make_active_folder(tg_ym)
```

현재 시각은 datetime.now()로 얻을 수 있습니다. 시간이기는 하나 폴더 이름으로 사용할 수 없으므로 ':'와 같은 문자는 붙이지 않습니다. 이번에는 연, 월, 일, 시, 분, 초를 그대로 나열합니다. 나중에 이해할 수 있으면 그것으로 충분합니다. 연월일과 시분초 사이에 '_'를 넣기도 합니다. print를 이용해서 10_output 폴더 안에 원하는 폴더가 생성되었는지 확인합니다.

```
In [18]:  def make_active_folder(targetYM):
              now = datetime.datetime.now().strftime('%Y%m%d%H%M%S')
              target_output_dir_name = targetYM + '_' + now
              target_output_dir = os.path.join(output_dir, target_output_dir_name)
              os.makedirs(target_output_dir)
              print(target_output_dir_name)
              return target_output_dir

          target_output_dir = make_active_folder(tg_ym)

          202107_20211013120944
```

그림 5-21 **각 매장용 보고서 생성 함수**

```
  ▼  📁 chapter05
       📁 .ipynb_checkpoints
  ▼  📁 data
       📁 0_input
  ▼  📁 10_output
    >  📁 202107_20211013120944
       📁 99_master
```

그림 5-22 **보고서 작성 폴더 생성 결과**

> ## 테크닉 47
> # 시/도/군/구별로 폴더를 만들고 데이터를 출력하자

앞의 테크닉에서 보고서 생성 폴더로 타임스탬프(timestamp) 형태의 동적 폴더를 만들었습니다. 그와 함께 각 매장의 보고서 생성 폴더를 업데이트합니다.

폴더 생성 처리를 수정해 봅시다.

```
# 본부용 보고서(생성 위치 변경)
make_report_hq(target_data, target_output_dir)
```

```
In [18]:  # 본부용 보고서(생성 위치 변경)
          make_report_hq(target_data, target_output_dir)
```

그림 5-23 **새로운 폴더를 대상으로 본부용 보고서 생성**

10_output 폴더 아래 동적으로 생성된 폴더에 본부용 보고서가 만들어졌는지 확인할
수 있습니다.

계속해서 개별 매장용 보고서도 생성해 봅시다.

이번 테크닉의 제목에서 말한 것처럼 시/도/군/구별 폴더를 동적으로 만들고, 해당 폴더
에 파일이 저장되도록 처리를 수정합니다.

```
# 각 매장용 보고서(모든 지점 대상)
for store_id in m_store.loc[m_store['store_id'] != 999]['store_id']:
    # narrow_area 폴더 생성
    area_cd = m_store.loc[m_store['store_id'] == store_id]['area_cd']
    area_name = m_area.loc[
        m_area['area_cd'] == area_cd.values[0]]['narrow_area'].values[0]
    target_store_output_dir = os.path.join(target_output_dir, area_name)
    os.makedirs(target_store_output_dir, exist_ok=True)
    make_report_store(target_data, store_id, target_store_output_dir)
```

```
In [*]:  # 각 매장용 보고서(모든 지점 대상)
         for store_id in m_store.loc[m_store['store_id'] != 999]['store_id']:
             # narrow_area 폴더 생성
             area_cd = m_store.loc[m_store['store_id'] == store_id]['area_cd']
             area_name = m_area.loc[
                 m_area['area_cd'] == area_cd.values[0]]['narrow_area'].values[0]
             target_store_output_dir = os.path.join(target_output_dir, area_name)
             os.makedirs(target_store_output_dir, exist_ok=True)
             make_report_store(target_data, store_id, target_store_output_dir)
```

그림 5-24 **시/도/군/구별 폴더를 구분해 매장 보고서 생성**

앞의 처리와 다른 점은 매장 ID를 이용해 지역 정보에 접속해 시/도/군/구(narrow_area)
정보를 추출하고 이에 대응하는 폴더를 만들어 매장 보고서를 생성하도록 한 것입니다.

실제 10_output 폴더 ➡ 동적으로 생성한 폴더 ➡ 시도군구 폴더 ➡ 매장 보고서 형태로
보고서가 만들어집니다.

지난달 데이터를 동적으로 로딩하자

```python
# 본부용 보고서 데이터 처리(지난달 데이터 대응 버전)
def make_report_hq_r2(target_data_list, output_folder):
    # 엑셀 생성 처리
    wb = openpyxl.Workbook()

    file_date = ''

    for tmp in target_data_list:
        df = pd.DataFrame(tmp)

        df_date = pd.to_datetime(df["order_accept_date"]).max()
        trg_date = df_date.strftime("%Y%m")

        if file_date == '':
            # 처음에만 파일명용으로 연월 저장
            file_date = trg_date

        rank = get_rank_df(df)
        cancel_rank = get_cancel_rank_df(df)

        # 워크시트 생성
        ws = wb.create_sheet(title=f'{trg_date}월분')

        cell = ws.cell(1,1)
        cell.value = f'본부용 {trg_date}월분 요약 보고서'
        cell.font = Font(bold=True, color='008080', size=20)

        cell = ws.cell(3,2)
        cell.value = f'{max_str_date}월분 매출 총액'
        cell.font = Font(bold=True, color='008080', size=20)

        cell = ws.cell(3,6)
        cell.value = f"{'{:,}'.format(rank['total_amount'].sum())}"
        cell.font = Font(bold=True, color='008080', size=20)

        # 매출 순위를 직접 출력
        cell = ws.cell(5,2)
        cell.value = f'매출 순위'
        cell.font = Font(bold=True, color='008080', size=16)

        # 표 삽입
```

```
            data_export(rank, ws, 6, 2)

            # 주문 취소율 순위를 직접 출력
            cell = ws.cell(5,8)
            cell.value = f'주문 취소율 순위'
            cell.font = Font(bold=True, color='008080', size=16)

            # 테이블 삽입 위치
            data_export(cancel_rank, ws, 6, 8)

    # 기본 시트 삭제
    wb.remove(wb.worksheets[0])

    # DF 반복 처리 완료 후 워크북을 저장
    wb.save(os.path.join(output_folder, f'report_hq_{file_date}.xlsx'))
    wb.close()
```

```
In [20]: # 본부용 보고서 데이터 처리(지난달 데이터 대응 버전)
         def make_report_hq_r2(target_data_list, output_folder):
             # 엑셀 생성 처리
             wb = openpyxl.Workbook()

             file_date = ''

             for tmp in target_data_list:
                 df = pd.DataFrame(tmp)

                 df_date = pd.to_datetime(df["order_accept_date"]).max()
                 trg_date = df_date.strftime("%Y%m")

                 if file_date == '':
                     # 처음에만 파일명용으로 연월 저장
                     file_date = trg_date

                 rank = get_rank_df(df)
                 cancel_rank = get_cancel_rank_df(df)

                 # 워크시트 생성
                 ws = wb.create_sheet(title=f'{trg_date}월분')

                 cell = ws.cell(1,1)
                 cell.value = f'본부용 {trg_date}월분 요약 보고서'
                 cell.font = Font(bold=True, color='008080', size=20)

                 cell = ws.cell(3,2)
                 cell.value = f'{max_str_date}월분 매출 총액'
                 cell.font = Font(bold=True, color='008080', size=20)

                 cell = ws.cell(3,6)
                 cell.value = f"{'{:,}'.format(rank['total_amount'].sum())}"
                 cell.font = Font(bold=True, color='008080', size=20)

                 # 매출 순위를 직접 출력
                 cell = ws.cell(5,2)
                 cell.value = f'매출 순위'
                 cell.font = Font(bold=True, color='008080', size=16)

                 # 표 삽입
                 data_export(rank, ws, 6, 2)

                 # 주문 취소율 순위를 직접 출력
                 cell = ws.cell(5,8)
                 cell.value = f'주문 취소율 순위'
                 cell.font = Font(bold=True, color='008080', size=16)

                 # 테이블 삽입 위치
                 data_export(cancel_rank, ws, 6, 8)

             # 기본 시트 삭제
             wb.remove(wb.worksheets[0])

             # DF 반복 처리 완료 후 워크북을 저장
             wb.save(os.path.join(output_folder, f'report_hq_{file_date}.xlsx'))
             wb.close()
```

그림 5-25 지난달 데이터를 동시에 생성할 수 있도록 수정한 본부용 보고서 생성 함수

앞에서 만든 make_report_hq 함수를 복사해서 수정합니다. 이때 함수 이름에 _r2를 붙여 다른 함수로 정의합니다.

기본 구성은 달라지지 않았지만 첫 번째 인수로 데이터프레임을 직접 받지 않고 여러 데이터프레임을 배열로 받는 점이 다릅니다.

여기에 맞춰 인수로 받은 데이터프레임 수만큼 처리를 반복합니다. 크게 변경한 내용은 이것이 전부입니다. 그 외에 엑셀 조작 등 기본 부분은 같습니다. 각 매장의 처리도 같은 형태로 수정합니다.

```python
# 매장용 보고서 데이터 처리(지난달 데이터 대응 버전)
def make_report_store_r2(target_data_list, target_id, output_folder):
    # 엑셀 생성 처리
    wb = openpyxl.Workbook()

    file_date = ''

    for tmp in target_data_list:
        df = pd.DataFrame(tmp)

        df_date = pd.to_datetime(df["order_accept_date"]).max()
        trg_date = df_date.strftime("%Y%m")

        if file_date == '':
            # 처음에만 파일명용으로 연월 저장
            file_date = trg_date

        rank = get_store_rank(target_id, df)
        sale = get_store_sale(target_id, df)
        cancel_rank = get_store_cancel_rank(target_id, df)
        cancel_count = get_store_cancel_count(target_id, df)
        delivery_df = get_delivery_rank_df(target_id, df)
        delivery_rank = get_delivery_rank_store(target_id, df)

        store_name = m_store.loc[
            m_store['store_id'] == target_id]['store_name'].values[0]

        # 워크 시트 생성
        ws = wb.create_sheet(title=f'{trg_date}년도')

        # 엑셀 생성 처리
        cell = ws.cell(1, 1)
        cell.value = f'{store_name} {max_str_date}월분 요약 보고서'
        cell.font = Font(bold=True, color='008080', size=20)
```

```python
cell = ws.cell(3, 2)
cell.value = f'{max_str_date}월분 매출 총액'
cell.font = Font(bold=True, color='008080', size=20)

cell = ws.cell(3, 6)
cell.value = f"{'{:,}'.format(sale.values[0])}"
cell.font = Font(bold=True, color='008080', size=20)

# 매출 순위를 직접 생성
cell = ws.cell(5, 2)
cell.value = f'매출 순위'
cell.font = Font(bold=True, color='008080', size=16)

cell = ws.cell(5, 5)
cell.value = f'{rank}위'
cell.font = Font(bold=True, color='008080', size=16)

cell = ws.cell(6, 2)
cell.value = f'매출 데이터'
cell.font = Font(bold=True, color='008080', size=16)

# 테이블 삽입
tmp_df = df.loc[(df['store_id'] == target_id) &
               (df['status'].isin([1, 2]))]
tmp_df = tmp_df[['order_accept_date', 'customer_id', 'total_amount',
               'takeout_name', 'status_name']]
data_export(tmp_df, ws, 7, 2)

# 주문 취소율 순위를 직접 출력
cell = ws.cell(5, 8)
cell.value = f'매출 취소율 순위'
cell.font = Font(bold=True, color='008080', size=16)

cell = ws.cell(5, 12)
cell.value = f'{cancel_rank}위, {cancel_count.values[0]}회'
cell.font = Font(bold=True, color='008080', size=16)

cell = ws.cell(6, 8)
cell.value = f'주문 취소 데이터'
cell.font = Font(bold=True, color='008080', size=16)

# 테이블 삽입
tmp_df = df.loc[(df['store_id'] == target_id) &
               (df['status'] == 9)]
tmp_df = tmp_df[['order_accept_date', 'customer_id', 'total_amount',
               'takeout_name', 'status_name']]
data_export(tmp_df, ws, 7, 8)
```

```python
    # 배달 완료 소요 시간 직접 출력
    ave_time = delivery_df.loc[
        delivery_df['store_id'] == target_id]['delta'].values[0]
    cell = ws.cell(5, 14)
    cell.value = f'배달 완료 소요 시간 순위'
    cell.font = Font(bold=True, color='008080', size=16)

    cell = ws.cell(5, 18)
    cell.value = f'{delivery_rank}위, 평균 {ave_time}분'
    cell.font = Font(bold=True, color='008080', size=16)

    cell = ws.cell(6, 14)
    cell.value = f'각 매장의 배달 시간 순위'
    cell.font = Font(bold=True, color='008080', size=16)

    # 테이블 삽입
    data_export(delivery_df, ws, 7, 14)

# 기본 시트 삭제
wb.remove(wb.worksheets[0])

# DF 반복 처리 완료 후 워크북을 저장
wb.save(os.path.join(
    output_folder, f'{target_id}_{store_name}_report_{file_date}.xlsx'))
wb.close()
```

```
In [*]:  # 매장용 보고서 데이터 처리(지난달 데이터 대응 버전)
         def make_report_store_r2(target_data_list, target_id, output_folder):
             # 엑셀 생성 처리
             wb = openpyxl.Workbook()

             file_date = ''

             for tmp in target_data_list:
                 df = pd.DataFrame(tmp)

                 df_date = pd.to_datetime(df["order_accept_date"]).max()
                 trg_date = df_date.strftime("%Y%m")

                 if file_date == '':
                     # 처음에만 파일명용으로 연월 저장
                     file_date = trg_date

                 rank = get_store_rank(target_id, df)
                 sale = get_store_sale(target_id, df)
                 cancel_rank = get_store_cancel_rank(target_id, df)
                 cancel_count = get_store_cancel_count(target_id, df)
                 delivery_df = get_delivery_rank_df(target_id, df)
                 delivery_rank = get_delivery_rank_store(target_id, df)

                 store_name = m_store.loc[
                     m_store['store_id'] == target_id]['store_name'].values[0]

                 # 워크 시트 생성
                 ws = wb.create_sheet(title=f'{trg_date}년도')

                 # 엑셀 생성 처리
                 cell = ws.cell(1, 1)
                 cell.value = f'{store_name} {max_str_date}월분 요약 보고서'
                 cell.font = Font(bold=True, color='008080', size=20)

                 cell = ws.cell(3, 2)
                 cell.value = f'{max_str_date}월분 매출 총액'
                 cell.font = Font(bold=True, color='008080', size=20)
```

```
cell = ws.cell(3, 6)
cell.value = f"{'{:,}'.format(sale.values[0])}"
cell.font = Font(bold=True, color='008080', size=20)

# 매출 순위를 직접 생성
cell = ws.cell(5, 2)
cell.value = f'매출 순위'
cell.font = Font(bold=True, color='008080', size=16)

cell = ws.cell(5, 5)
cell.value = f'{rank}위'
cell.font = Font(bold=True, color='008080', size=16)

cell = ws.cell(6, 2)
cell.value = f'매출 데이터'
cell.font = Font(bold=True, color='008080', size=16)

# 테이블 삽입
tmp_df = df.loc[(df['store_id'] == target_id) &
                (df['status'].isin([1, 2]))]
tmp_df = tmp_df[['order_accept_date', 'customer_id', 'total_amount',
                 'takeout_name', 'status_name']]
data_export(tmp_df, ws, 7, 2)
# 주문 취소율 순위를 직접 출력
cell = ws.cell(5, 8)
cell.value = f'매출 취소율 순위'
cell.font = Font(bold=True, color='008080', size=16)

cell = ws.cell(5, 12)
cell.value = f'{cancel_rank}위, {cancel_count.values[0]}회'
cell.font = Font(bold=True, color='008080', size=16)

cell = ws.cell(6, 8)
cell.value = f'주문 취소 데이터'
cell.font = Font(bold=True, color='008080', size=16)

# 테이블 삽입
tmp_df = df.loc[(df['store_id'] == target_id) &
                (df['status'] == 9)]
tmp_df = tmp_df[['order_accept_date', 'customer_id', 'total_amount',
                 'takeout_name', 'status_name']]
data_export(tmp_df, ws, 7, 8)

# 배달 완료 소요 시간 직접 출력
ave_time = delivery_df.loc[
    delivery_df['store_id'] == target_id]['delta'].values[0]
cell = ws.cell(5, 14)
cell.value = f'배달 완료 소요 시간 순위'
cell.font = Font(bold=True, color='008080', size=16)

cell = ws.cell(5, 18)
cell.value = f'{delivery_rank}위, 평균 {ave_time}분'
cell.font = Font(bold=True, color='008080', size=16)

cell = ws.cell(6, 14)
cell.value = f'각 매장의 배달 시간 순위'
cell.font = Font(bold=True, color='008080', size=16)

# 테이블 삽입
data_export(delivery_df, ws, 7, 14)

# 기본 시트 삭제
wb.remove(wb.worksheets[0])

# DF 반복 처리 완료 후 워크북을 저장
wb.save(os.path.join(
    output_folder, f'{target_id}_{store_name}_report_{file_date}.xlsx'))
wb.close()
```

그림 5-26 지난달 데이터를 동시에 생성할 수 있도록 수정한 매장용 보고서 생성 함수

과거 데이터와 비교하자

```python
# 자동으로 지정한 연월의 1개월 데이터를 로딩해 배열에 저장한다.
tg_ym_old = str(int(tg_ym) - 1)
target_file = 'tbl_order_' + tg_ym_old + '.csv'
target_data_old = pd.read_csv(os.path.join(input_dir, target_file))

# 과거 데이터 초기화
target_data_old = init_tran_df(target_data_old)

df_array = [target_data, target_data_old]
```

```
In [22]:  # 자동으로 지정한 연월의 1개월 데이터를 로딩해 배열에 저장한다.
          tg_ym_old = str(int(tg_ym) - 1)
          target_file = 'tbl_order_' + tg_ym_old + '.csv'
          target_data_old = pd.read_csv(os.path.join(input_dir, target_file))

          # 과거 데이터 초기화
          target_data_old = init_tran_df(target_data_old)

          df_array = [target_data, target_data_old]
```

그림 5-27 **지정한 연월의 지난달 데이터를 배열에 저장**

tg_ym이라는 대상 연월을 숫자로 변환한 뒤 1을 빼서 지난달을 지정할 수 있습니다. 이 값을 이용해 CSV를 로딩하고 데이터를 초기화한 뒤 데이터프레임 배열에 추가합니다.

출력 폴더를 동적으로 만들어서 보고서를 생성해 봅시다.

```python
# 폴더 동적 생성
target_output_dir = make_active_folder(tg_ym)

# 본부용 보고서 R2 호출
make_report_hq_r2(df_array, target_output_dir)
```

```
In [23]:  # 폴더 동적 생성
          target_output_dir = make_active_folder(tg_ym)

          # 본부용 보고서 R2 호출
          make_report_hq_r2(df_array, target_output_dir)

          202007_20210527110319
```

그림 5-28 **본부용 과거 데이터 대응 함수 호출**

| | 145 | 35503120 | 계룡로점 | DJ |
| | 184 | 35366840 | 절재로점 | SJ |

그림 5-29 **생성된 보고서에서는 2개월분의 데이터시트가 존재**

7월과 6월의 데이터를 사용한 보고서가 만들어졌습니다. 시트를 바꾸면 지난달 보고서와 비교할 수 있습니다.

마찬가지로 각 매장용 보고서를 만들어 봅시다.

```
# 각 매장용 보고서(모든 매장 대상)
for store_id in m_store.loc[m_store['store_id'] != 999]['store_id']:
    # narrow_area 폴더 작성
    area_cd = m_store.loc[m_store['store_id'] == store_id]['area_cd']
    area_name = m_area.loc[
        m_area['area_cd'] == area_cd.values[0]]['narrow_area'].values[0]
    target_store_output_dir = os.path.join(target_output_dir, area_name)
    os.makedirs(target_store_output_dir, exist_ok=True)
    make_report_store_r2(df_array, store_id, target_store_output_dir)
```

```
In [*]: # 각 매장용 보고서(모든 매장 대상)
        for store_id in m_store.loc[m_store['store_id'] != 999]['store_id']:
            # narrow_area 폴더 작성
            area_cd = m_store.loc[m_store['store_id'] == store_id]['area_cd']
            area_name = m_area.loc[
                m_area['area_cd'] == area_cd.values[0]]['narrow_area'].values[0]
            target_store_output_dir = os.path.join(target_output_dir, area_name)
            os.makedirs(target_store_output_dir, exist_ok=True)
            make_report_store_r2(df_array, store_id, target_store_output_dir)
```

그림 5-30 **각 매장용 보고서 생성 처리**

본부용 보고서와 마찬가지로 7월과 6월의 시트가 만들어졌습니다. 이제 1부의 마지막 테크닉입니다.

화면에서 실행할 수 있게 하자

여기에서는 Ctrl + Enter 키 등이 아니라 화면 UI로 처리를 실행하도록 해봅시다.

3장에서 화면 UI를 만들었으므로 이를 활용할 수 있습니다.

매장 수가 많으며 여러 달의 데이터에도 대응하도록 했으므로 매장 보고서 생성 시간이 그만큼 오래 걸립니다.

무언가 동작하고 있음을 알 수 있도록 화면에 로깅logging도 간단하게 구현해 봅시다.

또한, 이제까지 파일 위치를 고정해서 지정한 것과 다르게 파일이 존재하지 않는 연월을 임의로 선택할 수 있도록 할 것이므로 파일 존재 여부 확인과 같은 최소한의 에러 대응도 추가합니다.

```python
from IPython.display import display, clear_output
from ipywidgets import DatePicker
import datetime


def order_by_date(val):
    clear_output()
    display(date_picker)

    df_array = []

    print('데이터 확인. 데이터를 준비합니다...')

    date_str = str(val['new'])
    date_dt = datetime.datetime.strptime(date_str, '%Y-%m-%d')
    target_ym = date_dt.strftime('%Y%m')

    # 폴더 자동 생성
    target_output_dir = make_active_folder(target_ym)

    # 선택한 기준 월 데이터 확인
    target_file = 'tbl_order_' + target_ym + '.csv'
    if os.path.exists(os.path.join(input_dir, target_file)) == False:
        print(f'{target_file}가 없습니다')
        return
```

```python
    else:
        # 데이터 로딩
        df = pd.read_csv(os.path.join(input_dir, target_file))
        df = init_tran_df(df)
        df_array.append(df)


    # 선택한 기준 월의 전월 데이터 확인
    target_ym_old = str(int(target_ym) - 1)
    target_file = 'tbl_order_' + target_ym_old + '.csv'
    if os.path.exists(os.path.join(input_dir, target_file)) == True:
        # 데이터가 존재하는 경우
        df = pd.read_csv(os.path.join(input_dir, target_file))
        df = init_tran_df(df)
        df_array.append(df)

    print('데이터 준비 완료. 보고서를 생성합니다...')

    # 본부용 보고서 R2 호출
    make_report_hq_r2(df_array, target_output_dir)

    print(f'관리 보고서 생성 완료. 매장용 보고서를 생성합니다...')
    # 각 매장용 보고서(모든 매장 대상)
    for store_id in m_store.loc[m_store['store_id'] != 999]['store_id']:
        # narrow_area 폴더 생성
        area_cd = m_store.loc[m_store['store_id'] == store_id]['area_cd']
        area_name = m_area.loc[m_area['area_cd'] == area_cd.values[0]][
            'narrow_area'].values[0]
        target_store_output_dir = os.path.join(target_output_dir, area_name)
        os.makedirs(target_store_output_dir, exist_ok=True)
        make_report_store_r2(df_array, store_id, target_store_output_dir)

    print('처리를 완료했습니다.')


date_picker = DatePicker(value=datetime.datetime(2021, 4, 1))
date_picker.observe(order_by_date, names='value')
print(f'데이터를 0_input 폴더에 복사한 뒤, 기준 월을 선택하십시오.')
display(date_picker)
```

```
In [*]:  from IPython.display import display, clear_output
         from ipywidgets import DatePicker
         import datetime


         def order_by_date(val):
             clear_output()
             display(date_picker)

             df_array = []

             print('데이터 확인, 데이터를 준비합니다...')

             date_str = str(val['new'])
             date_dt = datetime.datetime.strptime(date_str, '%Y-%m-%d')
             target_ym = date_dt.strftime('%Y%m')

             # 폴더 자동 생성
             target_output_dir = make_active_folder(target_ym)

             # 선택한 기준 월 데이터 확인
             target_file = 'tbl_order_' + target_ym + '.csv'
             if os.path.exists(os.path.join(input_dir, target_file)) == False:
                 print(f'{target_file}가 없습니다')
                 return
             else:
                 # 데이터 로딩
                 df = pd.read_csv(os.path.join(input_dir, target_file))
                 df = init_tran_df(df)
                 df_array.append(df)

             # 선택한 기준 월의 전월 데이터 확인
             target_ym_old = str(int(target_ym) - 1)
             target_file = 'tbl_order_' + target_ym_old + '.csv'
             if os.path.exists(os.path.join(input_dir, target_file)) == True:
                 # 데이터가 존재하는 경우
                 df = pd.read_csv(os.path.join(input_dir, target_file))
                 df = init_tran_df(df)
                 df_array.append(df)

             print('데이터 준비 완료. 보고서를 생성합니다...')

             # 본부용 보고서 R2 호출
             make_report_hq_r2(df_array, target_output_dir)

             print(f'관리 보고서 생성 완료. 매장용 보고서를 생성합니다...')
             # 각 매장용 보고서(모든 매장 대상)
             for store_id in m_store.loc[m_store['store_id'] != 999]['store_id']:
                 # narrow_area 폴더 생성
                 area_cd = m_store.loc[m_store['store_id'] == store_id]['area_cd']
                 area_name = m_store.loc[m_area['area_cd'] == area_cd.values[0]][
                     'narrow_area'].values[0]
                 target_store_output_dir = os.path.join(target_output_dir, area_name)
                 os.makedirs(target_store_output_dir, exist_ok=True)
                 make_report_store_r2(df_array, store_id, target_store_output_dir)

             print('처리를 완료했습니다.')

         date_picker = DatePicker(value=datetime.datetime(2021, 4, 1))
         date_picker.observe(order_by_date, names='value')
         print(f'데이터를 0_input 폴더에 복사한 뒤, 기준 월을 선택하십시오.')
         display(date_picker)
```

그림 5-31 **화면에서 대상 연월을 지정해 처리**

내용이 상당히 길지만 기본적으로 지금까지의 처리를 조합한 것에 지나지 않습니다.

차근히 읽어 보면 그렇게 복잡하지 않음을 알 수 있습니다.

이외에도 토글 버튼을 사용해 지역만 필터링하거나 리스트 박스로 임의의 매장을 선택하는 등 응용도 해 보기 바랍니다.

```
2021-05-01                    □

데이터 확인. 데이터를 준비합니다...
202105_20210601162512
데이터 준비 완료. 보고서를 생성합니다...
관리 보고서 생성 완료. 매장용 보고서를 생성합니다...
처리를 완료했습니다.
```

그림 5-32 화면에서 처리 실행 시 로그 표시 결과

이것으로 구조화와 관련한 10개 테크닉을 완료했습니다. 어떠셨나요?

혹시라도 맥이 풀린 분은 없습니까? 좀더 제대로 된 시스템을 기대한 분도 많을 것이라 생각하지만, 간결하면서도 최소한의 기능을 가진 구조로는 충분하다고 말할 수 있는 시스템을 만들었습니다.

다시 말하지만 분석의 목적은 어디까지나 대책을 실시하고 개선을 수행하는 것입니다. 이를 위한 대규모 투자는 필요하지 않습니다. 이런 작은 시스템으로 개선 효과를 검증한 뒤 대규모의 시스템 구현을 고려해도 됩니다. 지금까지 단발성 분석을 자주 경험한 분이라면 데이터를 업데이트할 때 필요한 최소한의 시스템 구현에 관한 이미지를 떠올렸을 것입니다. 폴더 구성이나 데이터 확인 기능 등 간과하기 쉬운 부분도 어느 정도 고려했으므로 데이터 업데이트에 따른 혼란을 막을 수 있습니다.

이것으로 1부의 50개 테크닉을 마쳤습니다. 수고하셨습니다. 1장과 2장에서는 데이터 가공에서 시작해 직접 기초 분석을 했습니다. 3장에서는 대시보드를 만들고 현장이나 고객과의 커뮤니케이션을 위한 강력한 도구를 개발하는 방법을 학습했습니다. 4장에서는 현장을 바꾸기 위한 보고서를 만들었고, 마지막 5장에서는 지속적으로 보고서를 생성할 수 있는 소규모 시스템을 만들었습니다. 대책을 고려한 최소 시스템에 대한 이미지를 그렸을 것으로 생각합니다. 중요한 것은 분석 결과를 새로운 대책 제안으로 연결해, 지속적으로 개선하는 것입니다. 이를 위해 필요한 최소한의 시스템이 무엇인지 항상 생각해야 합니다.

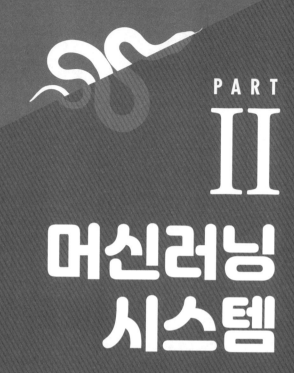

머신러닝
시스템

2부에서는 머신러닝을 이용해 대책으로 연결하는 구조를 만들어 봅니다.

머신러닝은 어디까지나 기술의 하나일 뿐 무적의 도구는 아니므로 머신러닝을 이용하는 것 자체는 대단한 일이 아닙니다. 머신러닝을 능숙하게 활용하면 지금까지는 할 수 없었던 대책을 실행하고, 그 결과를 얻을 수 있다는 점이 대단한 것입니다. 데이터 분석도 마찬가지입니다. 머신러닝을 사용하는 목적은 머신러닝으로 얻을 수 있는 정보를 기반으로 대책을 실행하고, 효과를 높이는 것에 있음을 생각하기 바랍니다.

머신러닝과 데이터 분석의 결정적인 차이는 미래 예측입니다. 데이터 분석의 대상은 과거의 사실이지 미래가 아닙니다. 예를 들어, 배달 시간을 줄이는 것이 매출에 기여한다는 것을 알았으니 매달 보고서를 만들어 공유하는 것은 것은 매우 효과적이라 할 수 있습니다. 한편, 다음 달의 배달 시간을 줄이기 위해서는 어떻게 해야 할까요? 다음 달 주문이 늘거나 줄어드는 것을 알 수 있다면 직원 배치를 고려할 수 있지 않을까요? 과거의 사례로부터 다음 달의 주문이 늘어날지 줄어들지 예측하는 것이 바로 머신러닝의 강점이라 할 수 있습니다.

머신러닝 모델 설계, 데이터 가공, 모델 구현 및 평가, 대책, 효과 검증의 일반적인 흐름을 수행합니다. 데이터 분석에서와 마찬가지로 이를 통해 충분한 효과를 얻어냈다면 본격적으로 수평 전개 또는 시스템 구축을 검토합니다. 효과 검증 단계에서는 대책을 조합하는 방법을 수정하거나 모델 정밀도가 기대에 미치지 못해 모델 구현까지 되돌아오기도 합니다.

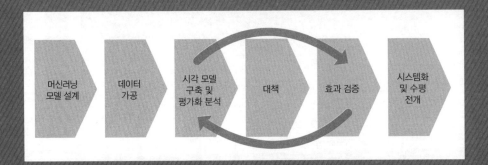

2부에서도 피자 체인을 주제로 머신러닝 시스템을 만들어 갑니다. 먼저 1부에서 얻은 지식을 활용해, 어떤 머신러닝 모델을 구축할지 고려해 머신러닝용 데이터를 가공합니다. 1부를 복습하면서 데이터를 가공해 봅시다. 그런 후에 모델을 구축하고 평가합니다. 여기에서는 다각적으로 모델을 검토하고 평가하기 위한 간이 모델 구현 시스템을 만듭니다. 모델이 만들어지면 업데이트(신규) 데이터에 대응할 수 있도록 간이 예측 시스템을 만듭니다. 마지막 과제로 1부의 데이터 분석 시스템을 포함해 데이터 업데이트에도 대응하는 소규모 시스템을 만들어 봅시다.

2부에서 사용하는 파이썬 라이브러리

데이터 가공	pandas
시각화	matplotlib, openpyxl
머신러닝	scikit-learn

머신러닝용 데이터를 가공하기 위한 테크닉 10

머신러닝을 할 때도 데이터 가공을 가장 먼저 해야 합니다.

데이터 분석이나 머신러닝의 80퍼센트는 데이터 가공이라 불립니다. 머신러닝 모델이 미궁에 빠지지 않도록 확실히 데이터를 정제함으로써 머신러닝 모델에 투입하기 직전까지의 준비를 합니다.

이번 장은 1장의 흐름과 같습니다. 1장의 내용에 머신러닝용 변수까지 추가합니다. 또한, 5장에서 만든 폴더 구성도 함께 준비하면서 진행합니다. 복습을 겸해서 도전해 봅시다.

- 테크닉 51: 데이터 가공을 위한 밑준비를 하자
- 테크닉 52: 데이터를 로딩하고 데이터 가공 방향성을 검토하자
- 테크닉 53: 1개월분 데이터로 기본적인 가공을 하자
- 테크닉 54: 머신러닝용 변수를 만들자
- 테크닉 55: 매장 단위로 집계해서 변수를 만들자
- 테크닉 56: 데이터 가공과 매장별 집계를 함수로 실행하자
- 테크닉 57: 모든 데이터를 로딩하고 데이터를 가공하자
- 테크닉 58: 목적 변수를 만들자
- 테크닉 59: 설명 변수와 목적 변수를 연결해 머신러닝용 데이터를 완성하자
- 테크닉 60: 머신러닝용 데이터를 확인하고 출력하자

여러분은 각 매장에 피자 배달 시간을 의식하도록 하기 위해 보고서를 배포했으며 어느 정도 효과를 얻었음을 실감하고 있습니다. 그러나 매장마다 개선율이 다르기 때문에 피자 배달 시간을 지난달과 비교해 공유하는 것만으로는 충분한 정보가 아니라고 느낍니다. 그래서 머신러닝을 이용해 예측하면 매장 직원에게 도움이 되리라 생각합니다.

전제조건

머신러닝에서 사용할 2020년 4월 ~ 2021년 3월의 주문 데이터를 얻었습니다. 주문 데이터는 월별로 제공됩니다.

표 6-1 데이터 목록

No.	파일명	설명
1	m_area.csv	지역 마스터. 시/도/군/구 정보
2	m_store.csv	매장 마스터. 매장 이름 등
3	tbl_order_202004.csv ~ tbl_order_202103.csv	2020년 4월 ~ 2021년 3월 데이터

테크닉 51 데이터 가공을 위한 밑준비를 하자

데이터 가공을 위한 밑준비에 들어가기 전에 어떤 머신러닝 모델을 구현할지 생각해 봅시다.

지금까지의 분석으로 피자 배달 시간이 짧을수록 주문 취소율의 경향이 낮다는 것을 알았습니다. 그럼 피자 배달 시간을 줄이는 것을 과제로 설정해 봅시다. 어떤 매장은 업무 흐름을 바꿔서 피자 배달 시간의 낭비를 줄일 것입니다. 이런 대응은 매장이 자체적으로 그 노하우를 전사에 공유하거나 본부에서 공통의 업무 흐름을 수정하는 등으로 개선할 수 있습니다.

또 어떤 매장에서는 점장이 데이터를 참조해 업무 균형이 맞도록 인원을 배치하기도 할 것입니다. 이 점장의 행동을 조금 더 구체적으로 확인해 봅시다. 점장은 과거의 매출이나 주문 건수를 보고, 매달 언제 주문 건수가 늘어나는지 생각할 것입니다. 그 예측에 따라 아르바이트의 교대를 효율적으로 조정해서 피자 배달 시간을 개선하면서 비용도 낮출 것입니다. 이렇게 과거 데이터를 이용해 나름의 지식을 도출해서 예측하는 행동은 사람의 강점이며, 사람에 따라 그 능숙함에 차이가 있습니다. 1부에서 보고서를 공유했을 때, 데이터를 활용할 수 있는 점장과 그렇지 않은 점장으로 나뉘는 이유입니다. 그럼 지난달까지의 데이터로부터 다음 달의 주문 건수가 늘어날지 줄어들지 예측해 봅시다. 주문 건수 자체를 예측하는 것이 아니라 늘어날지 줄어들지 예측하는 것이므로 지도 학습의 분류 (이진 분류) 모델이 됩니다. 이 책에서는 평일과 휴일의 두 가지 모델을 만들어 보겠습니다. 이것으로 피자 배달 시간을 단축하기 위한 대책을 고려하는 데 도움이 될 것입니다.

데이터를 가공해 봅시다. 먼저 어떤 폴더 구조를 만들어야 할까요? 데이터를 가공하기 전의 입력 데이터와 데이터를 가공한 후의 출력 데이터가 있으므로 5장과 같은 폴더 구조를 사용할 수 있습니다. 먼저 앞 장과 마찬가지로 폴더를 만듭니다.

```python
import os
data_dir = 'data'
input_dir = os.path.join(data_dir, '0_input')
output_dir = os.path.join(data_dir, '1_output')
master_dir = os.path.join(data_dir, '99_master')
os.makedirs(input_dir, exist_ok=True)
os.makedirs(output_dir, exist_ok=True)
os.makedirs(master_dir, exist_ok=True)
```

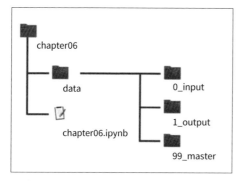

그림 6-1 **6장의 폴더 구조**

```
In [1]: import os
        data_dir = 'data'
        input_dir = os.path.join(data_dir, '0_input')
        output_dir = os.path.join(data_dir, '1_output')
        master_dir = os.path.join(data_dir, '99_master')
        os.makedirs(input_dir,exist_ok=True)
        os.makedirs(output_dir,exist_ok=True)
        os.makedirs(master_dir,exist_ok=True)
```

그림 6-2 **폴더 생성**

폴더를 만들었다면 이번에 사용할 샘플 데이터를 배치합니다. 0_input 데이터에는 주문
데이터, 99_master 데이터에는 지역 마스터와 매장 마스터를 저장합니다.

계속해서 0_input 폴더에 저장되어 있는 주문 데이터를 로딩합니다. 이번에는 여러 주문
파일이 존재하므로 파일을 일일이 지정하는 것은 무리입니다. 그래서 0_input 폴더의 내
용을 확인해 경로를 자동으로 배열로 정의합니다. **테크닉 3** 을 참고해 도전해 봅시다.

```
import glob
tbl_order_file = os.path.join(input_dir, 'tbl_order_*.csv')
tbl_order_paths = glob.glob(tbl_order_file)
tbl_order_paths
```

```
In [2]: import glob
        tbl_order_file = os.path.join(input_dir, 'tbl_order_*.csv')
        tbl_order_paths = glob.glob(tbl_order_file)
        tbl_order_paths
Out[2]: ['data##0_input##tbl_order_202004.csv',
         'data##0_input##tbl_order_202005.csv',
         'data##0_input##tbl_order_202006.csv',
         'data##0_input##tbl_order_202007.csv',
         'data##0_input##tbl_order_202008.csv',
         'data##0_input##tbl_order_202009.csv',
         'data##0_input##tbl_order_202010.csv',
         'data##0_input##tbl_order_202011.csv',
         'data##0_input##tbl_order_202012.csv',
         'data##0_input##tbl_order_202101.csv',
         'data##0_input##tbl_order_202102.csv',
         'data##0_input##tbl_order_202103.csv']
```

그림 6-3 **주문 데이터 경로 얻기**

테크닉 52 데이터를 로딩하고 데이터 가공 방향성을 검토하자

이어서 데이터를 로딩합니다. 먼저 간단한 마스터 데이터를 로딩합니다. 이 작업은 이제
익숙할 것입니다.

```
import pandas as pd
m_area_file = 'm_area.csv'
m_store_file = 'm_store.csv'
m_area = pd.read_csv(os.path.join(master_dir, m_area_file))
m_store = pd.read_csv(os.path.join(master_dir, m_store_file))
m_area.head(3)
```

In [3]:
```
import pandas as pd
m_area_file = 'm_area.csv'
m_store_file = 'm_store.csv'
m_area = pd.read_csv(os.path.join(master_dir, m_area_file))
m_store = pd.read_csv(os.path.join(master_dir, m_store_file))
m_area.head(3)
```

Out[3]:

	area_cd	wide_area	narrow_area
0	SL	서울	서울
1	BS	부산	부산
2	DJ	대전	대전

그림 6-4 **마스터 데이터 로딩**

이것은 테크닉 42 와 완전히 같은 코드입니다. 이와 같이 폴더 구조를 고려해 함수명을 통일해 두면 쉽게 재사용할 수 있습니다.

이어서 주문 데이터를 로딩합니다. 먼저 1개월분 주문 데이터만 지정해서 로딩해 봅시다. 주문 데이터는 tbl_order_paths에 배열로 저장되므로 그중 하나를 로딩해 봅시다. 데이터 전체 건수와 처음 3개 데이터도 표시합니다.

```
tbl_order_path = tbl_order_paths[0]
print(f'데이터 로딩: {tbl_order_path}')
order_data = pd.read_csv(tbl_order_path)
print(f'데이터 건수: {len(order_data)}')
order_data.head(3)
```

In [4]:
```
tbl_order_path = tbl_order_paths[0]
print(f'데이터 로딩: {tbl_order_path}')
order_data = pd.read_csv(tbl_order_path)
print(f'데이터 건수: {len(order_data)}')
order_data.head(3)
```

데이터 로딩: data\0_input\tbl_order_202004.csv
데이터 건수: 233374

Out[4]:

	order_id	store_id	customer_id	coupon_cd	sales_detail_id	order_accept_date	delivered_date	takeout_flag	total_amount	status
0	6485764	126	C33734772	84	13294339	2020-04-01 11:00	2020-04-01 11:43	0	24710	9
1	89788069	15	C14950605	39	18972168	2020-04-01 11:00	2020-04-01 11:30	0	46920	2
2	67719661	58	C91671073	19	45126916	2020-04-01 11:00	2020-04-01 11:11	0	44620	2

그림 6-5 **주문 데이터 로딩**

여기까지는 그다지 어렵지 않습니다. 그런데 전체 데이터가 아닌 1개월분의 주문 데이터만 로딩한 이유는 무엇일까요?

데이터 건수에 주목해 봅시다. 1개월분 데이터의 수는 약 20만 건입니다. 이를 1년으로 환산하면 240만 건이 넘습니다. 240만 건의 데이터를 주고받으려면 처리 시간이 상당히 소요될 것입니다. 그러므로 먼저 이 1개월분 데이터를 기반으로 가공의 방향성을 정하고, 모든 기간의 데이터에 적용하는 것이 좋습니다. 특히, 이번 경우는 매장 단위로 예측을 실행할 것이므로 최종적으로는 매장 단위로 데이터를 집계하게 됩니다. 그 결과, 1개월분의 데이터량은 매장 숫자 단위로 줄어들 것이므로 작은 단위로 처리해서 결합하는 것이 효율적입니다.

이것으로 데이터 가공 처리의 방향성을 정리했습니다. 다음 테크닉에서는 기본적인 데이터 가공을 합니다. 기본적인 데이터 가공이란 결손값이나 이상값을 확인하고 라벨을 붙이는 등으로 1부 1장에서 다루었습니다.

테크닉 53 1개월분 데이터로 기본적인 가공을 하자

기본적인 데이터를 가공해 봅시다. 매장 999는 불필요한 데이터이므로 store_id가 999인 데이터는 삭제합니다. 그 뒤 지역과 매장 마스터를 결합해서 마스터가 존재하지 않는 코드에 라벨을 붙입니다.

store_id가 999인 데이터 삭제, 지역 및 매장 마스터 결합, 마스터가 존재하지 않는 코드에 라벨 부여를 한 번에 처리합니다. 1장을 참고해서 도전해 봅시다.

```python
order_data = order_data.loc[order_data['store_id'] != 999]

order_data = pd.merge(order_data, m_store, on='store_id', how='left')
order_data = pd.merge(order_data, m_area, on='area_cd', how='left')

order_data.loc[order_data['takeout_flag'] == 0, 'takeout_name'] = 'delivery'
order_data.loc[order_data['takeout_flag'] == 1, 'takeout_name'] = 'takeout'
```

```
order_data.loc[order_data['status'] == 0, 'status_name'] = '주문 접수'
order_data.loc[order_data['status'] == 1, 'status_name'] = '계산 완료'
order_data.loc[order_data['status'] == 2, 'status_name'] = '배달 완료'
order_data.loc[order_data['status'] == 9, 'status_name'] = '주문 취소'
order_data.head(3)
```

그림 6-6 기본적인 데이터 가공

1장에서 학습한 내용을 활용해 데이터를 가공했습니다. 오른쪽으로 스크롤하면 매장명 등이 포함되어 있음을 알 수 있습니다. 만일을 위해 결손값을 확인해 둡니다. 데이터를 결합할 때는 결손값이 발생할 가능성이 있습니다. 결손값은 머신러닝에서 에러를 일으키는 요소이므로 이를 확인하는 구조를 만들어 둡니다.

```
order_data.isna().sum()
```

그림 6-7 결손값 확인

결손값이 없음을 확인했습니다. 이번 데이터는 비교적 깔끔합니다. 실제로 결손값 문제는 빈번하게 발생하는 동시에 골머리를 앓게 하는 요소이므로 늘 주의합니다.

 ## 테크닉 54 머신러닝용 변수를 만들자

다음으로 머신러닝용 변수를 만듭니다. 여기에서는 주문별로 데이터가 존재하지만 이후 매장별로 필터링하게 되어 정보량이 줄어듭니다. 이를 위해 주문별로 필요한 변수는 여기에서 만들어 둡니다.

여기에서 변수에 해당하는 열은 피자 배달 시간 정보와 주문 접수 시간 정보입니다. 특히, 피자 배달 시간과 주문 취소율은 상관관계가 있음을 알고 있기 때문에 중요합니다. 지난달 주문 이후 피자 배달 시간이 평소보다 길었다고 가정해 봅시다. 같은 기간에 바로 재주문을 받지는 않을 것이므로 다음 달의 주문 숫자가 감소할 것이라고 상상할 수 있습니다.

이 책에서는 피자 제공 완료 시간, 피자 주문 접수 시간대, 평일/휴일 플래그를 만들어 둡니다. 평일/휴일 플래그는 모델을 구분할 예정이므로 그런 의미에서도 평일/휴일 데이터를 나눠 두어야 합니다.

먼저 피자 배달 시간을 부여합니다. 여기에서는 **테크닉 27** 에서 이미 만들었던 부분을 이용합니다. 내용이 잘 기억나지 않는 분은 이전 내용을 확인하시기 바랍니다.

```python
def calc_delta(t):
    t1, t2 = t
    delta = t2 - t1
    return delta.total_seconds() / 60


order_data.loc[:, 'order_accept_datetime'] = \
    pd.to_datetime(order_data['order_accept_date'])
order_data.loc[:, 'delivered_datetime'] = \
    pd.to_datetime(order_data['delivered_date'])
order_data.loc[:, 'delta'] = order_data[[
```

```
      'order_accept_datetime', 'delivered_datetime']].apply(calc_delta, axis=1)
order_data.head(3)
```

```
In [7]: def calc_delta(t):
            t1, t2 = t
            delta = t2 - t1
            return delta.total_seconds() / 60

        order_data.loc[:, 'order_accept_datetime'] = ₩
            pd.to_datetime(order_data['order_accept_date'])
        order_data.loc[:, 'delivered_datetime'] = ₩
            pd.to_datetime(order_data['delivered_date'])
        order_data.loc[:, 'delta'] = order_data[[
            'order_accept_datetime', 'delivered_datetime']].apply(calc_delta, axis=1)
        order_data.head(3)
```

Out[7]:

	order_id	store_id	customer_id	coupon_cd	sales_detail_id	order_accept_date	delivered_date	takeout_flag	total_amount	status	store_name	area_cd	w
0	6485764	126	C33734772	84	13294339	2020-04-01 11:00	2020-04-01 11:43	0	24710	9	하신변영로점	BS	
1	89788069	15	C14950605	39	18972168	2020-04-01 11:00	2020-04-01 11:30	0	46920	2	학동로점	SL	
2	67719661	58	C91671073	19	45126916	2020-04-01 11:00	2020-04-01 11:11	0	44620	2	관악로점	SL	

그림 6-8 **피자 배달 시간 작성**

함수 calc_delta를 정의하고 order_accept_datetime, delivered_datetime의 차이를 계산해 delta라는 열 이름으로 정의합니다. **테크닉 27** 에서는 이후 취소된 주문은 제외하고 집계했지만, 여기에서는 집계를 먼저 하므로 취소된 주문 데이터를 그대로 남겨 둡니다.

다음으로 피자 주문 접수 시간대와 평일/휴일을 부여합니다. 평일/휴일은 요일을 얻은 후 각각을 추출해서 만듭니다.

```
order_data.loc[:, 'order_accept_hour'] = \
    order_data['order_accept_datetime'].dt.hour
order_data.loc[:, 'order_accept_weekday'] = \
    order_data['order_accept_datetime'].dt.weekday
order_data.loc[order_data['order_accept_weekday'] >= 5,
            'weekday_info'] = '휴일'
order_data.loc[order_data['order_accept_weekday'] < 5,
            'weekday_info'] = '평일'
order_data.head(3)
```

```
In [8]: order_data.loc[:, 'order_accept_hour'] = ₩
            order_data['order_accept_datetime'].dt.hour
        order_data.loc[:, 'order_accept_weekday'] = ₩
            order_data['order_accept_datetime'].dt.weekday
        order_data.loc[order_data['order_accept_weekday'] >= 5,
                    'weekday_info'] = '휴일'
        order_data.loc[order_data['order_accept_weekday'] < 5,
                    'weekday_info'] = '평일'
        order_data.head(3)
Out[8]:
```

	order_id	store_id	customer_id	coupon_cd	sales_detail_id	order_accept_date	delivered_date	takeout_flag	total_amount	status	...	wide_area	narrow_a
0	6485764	126	C33734772	84	13294339	2020-04-01 11:00	2020-04-01 11:43	0	24710	9	...	부산	
1	89788069	15	C14950605	39	18972168	2020-04-01 11:00	2020-04-01 11:30	0	46920	2	...	서울	
2	67719661	58	C91671073	19	45126916	2020-04-01 11:00	2020-04-01 11:11	0	44620	2	...	서울	

3 rows × 22 columns

그림 6-9 날짜 상관 변수 작성

weekday가 0이면 월요일이고 6이면 일요일입니다. 그러므로 평일은 5 미만, 휴일은 5 이상으로 나눌 수 있습니다. 2020년 4월 1일은 수요일이므로 2가 부여됩니다. 이상으로 주문 단위에서의 변수를 만들었습니다. 계속해서 매장 단위로 집계하면서 변수를 만들어 봅시다.

테크닉 55 매장 단위로 집계해서 변수를 만들자

매장 단위로 집계할 때 어떤 변수를 만들지 생각해 봅시다. 먼저 주문 건수입니다. 배달 완료나 결제 완료처럼 확실하게 완료될 수 있는 건수와 주문 취소 건수는 별도로 집계합니다. 마찬가지로 delivery와 takeout 건수는 별도로 집계합니다. 주문 전체 건수도 함께 만듭니다. 그리고 시간대별 주문 건수도 집계해 둡니다.

마지막으로 주문 취소율에 기여하는 피자 배달 시간의 평균을 산출합니다. 이때 주문 취소된 데이터는 제외하고 집계하는 것도 잊지 않도록 합니다.

먼저 시간대별 주문 건수를 제외한, 나머지 주문 건수부터 집계합니다.

```
store_data = order_data.groupby(['store_name']).count()[['order_id']]
store_f = order_data.loc[
    (order_data['status_name'] == "배달 완료") |
    (order_data['status_name'] == "결제 완료")
    ].groupby(['store_name']).count()[['order_id']]
store_c = order_data.loc[
    order_data['status_name'] == "주문 취소"
    ].groupby(['store_name']).count()[['order_id']]
store_d = order_data.loc[
```

```
    order_data['takeout_name'] == "delivery"
    ].groupby(['store_name']).count()[['order_id']]
store_t = order_data.loc[
    order_data['takeout_name'] == "takeout"
    ].groupby(['store_name']).count()[['order_id']]

store_weekday = order_data.loc[
    order_data['weekday_info'] == "평일"
    ].groupby(['store_name']).count()[['order_id']]
store_weekend = order_data.loc[
    order_data['weekday_info'] == "휴일"
    ].groupby(['store_name']).count()[['order_id']]
```

```
In [9]: store_data = order_data.groupby(['store_name']).count()[['order_id']]
        store_f = order_data.loc[
            (order_data['status_name'] == "배달 완료") |
            (order_data['status_name'] == "결제 완료")
            ].groupby(['store_name']).count()[['order_id']]
        store_c = order_data.loc[
            order_data['status_name'] == "주문 취소"
            ].groupby(['store_name']).count()[['order_id']]
        store_d = order_data.loc[
            order_data['takeout_name'] == "delivery"
            ].groupby(['store_name']).count()[['order_id']]
        store_t = order_data.loc[
            order_data['takeout_name'] == "takeout"
            ].groupby(['store_name']).count()[['order_id']]

        store_weekday = order_data.loc[
            order_data['weekday_info'] == "평일"
            ].groupby(['store_name']).count()[['order_id']]
        store_weekend = order_data.loc[
            order_data['weekday_info'] == "휴일"
            ].groupby(['store_name']).count()[['order_id']]
```

그림 6-10 **주문 건수 집계**

이제까지 처리해 온 것을 생각하면 그리 어렵지 않을 것입니다. 첫 번째 행에서는 매장별
로 모든 주문 건수를 집계합니다. 그런 후에 각 조건의 데이터를 추출해 해당 조건에 맞
는 건수를 집계합니다.

계속해서 시간대별 주문 건수를 집계합니다.

```
times = order_data['order_accept_hour'].unique()
store_time = []
for time in times:
    time_tmp = order_data.loc[
        order_data['order_accept_hour'] == time
        ].groupby(['store_name']).count()[['order_id']]
    time_tmp.columns = [f'order_time_{time}']
    store_time.append(time_tmp)
store_time = pd.concat(store_time, axis=1)
store_time.head(3)
```

```
In [10]:  times = order_data['order_accept_hour'].unique()
          store_time = []
          for time in times:
              time_tmp = order_data.loc[
                  order_data['order_accept_hour'] == time
                  ].groupby(['store_name']).count()[['order_id']]
              time_tmp.columns = [f'order_time_{time}']
              store_time.append(time_tmp)
          store_time = pd.concat(store_time, axis=1)
          store_time.head(3)
```

Out[10]:

store_name	order_time_11	order_time_12	order_time_13	order_time_14	order_time_15	order_time_16	order_time_17	order_time_18	order_time_19	order_tin
가먹해안로점	78	118	84	99	66	77	107	91	100	
가마산로2점	181	141	128	112	123	146	132	143	118	
가마산로점	81	105	101	94	93	111	77	81	104	

그림 6-11 시간대별 주문 건수 집계

마지막으로 주문 취소율에 기여하는 피자 제공 완료 소요 평균 시간을 집계합니다. 그리고 지금까지 집계한 여러 데이터를 결합합니다. 이때 열 이름도 꼭 업데이트합니다.

```
store_delta = order_data.loc[
    order_data['status_name'] != "주문 취소"
    ].groupby(['store_name']).mean()[['delta']]
store_data.columns = ['order']
store_f.columns = ['order_fin']
store_c.columns = ['order_cancel']
store_d.columns = ['order_delivery']
store_t.columns = ['order_takeout']
store_weekday.columns = ['order_weekday']
store_weekend.columns = ['order_weekend']
store_delta.columns = ['delta_avg']
store_data = pd.concat([
    store_data, store_f, store_c, store_d, store_t,
    store_weekday, store_weekend, store_time, store_delta], axis=1)
store_data.head(3)
```

```
In [11]:  store_delta = order_data.loc[
              order_data['status_name'] != "주문 취소"
              ].groupby(['store_name']).mean()[['delta']]
          store_data.columns = ['order']
          store_f.columns = ['order_fin']
          store_c.columns = ['order_cancel']
          store_d.columns = ['order_delivery']
          store_t.columns = ['order_takeout']
          store_weekday.columns = ['order_weekday']
          store_weekend.columns = ['order_weekend']
          store_delta.columns = ['delta_avg']
          store_data = pd.concat([
              store_data, store_f, store_c, store_d, store_t,
              store_weekday, store_weekend, store_time, store_delta], axis=1)
          store_data.head(3)
```

Out[11]:

	order	order_fin	order_cancel	order_delivery	order_takeout	order_weekday	order_weekend	order_time_11	order_time_12	order_time_13	order_

store_name										
가덕해안로점	1000	610	182	741	259	732	268	78	118	84
가마산로2점	1470	916	263	1099	371	1076	394	181	141	128
가마산로점	1021	653	183	792	229	748	273	81	105	101

그림 6-12 배달 시간 집계와 집계 결과 결합

첫 번째 행에서는 취소된 주문을 제외하고 피자 배달 시간 평균을 집계합니다. 그런 후에 열 이름을 바꾸고 결합해서 매장별 집계를 완료합니다.

이것으로 1개월분 데이터를 대상으로 변수 만들기와 매장별 집계를 완료했습니다.

이제 위 처리를 함수로 만들고 모든 데이터를 대상으로 처리를 수행합니다.

데이터 가공과 매장별 집계를 함수로 실행하자
테크닉 56

여기에서 만들 함수는 1개월분 데이터를 받아, 매장별로 집계한 결과를 반환합니다. 테크닉 53, 54, 55 의 내용을 복사하면서 작성합니다. 이때 화면 확인 표시를 위한 프로그램은 삭제합니다. data_processing 함수로 정의합니다.

```python
def data_processing(order_data):
    order_data = order_data.loc[order_data['store_id'] != 999]
    order_data = pd.merge(order_data, m_store, on='store_id', how='left')
    order_data = pd.merge(order_data, m_area, on='area_cd', how='left')
    order_data.loc[order_data['takeout_flag'] == 0, 'takeout_name'] = 'delivery'
    order_data.loc[order_data['takeout_flag'] == 1, 'takeout_name'] = 'takeout'
    order_data.loc[order_data['status'] == 0, 'status_name'] = '주문 접수'
    order_data.loc[order_data['status'] == 1, 'status_name'] = '결제 완료'
    order_data.loc[order_data['status'] == 2, 'status_name'] = '배달 완료'
    order_data.loc[order_data['status'] == 9, 'status_name'] = '주문 취소'

    order_data.loc[:, 'order_accept_datetime'] = pd.to_datetime(
        order_data['order_accept_date'])
    order_data.loc[:, 'delivered_datetime'] = pd.to_datetime(
        order_data['delivered_date'])
    order_data.loc[:, 'delta'] = order_data[
        ['order_accept_datetime', 'delivered_datetime']]
```

```
    ].apply(calc_delta, axis=1)
order_data.loc[:, 'order_accept_hour'] = order_data[
    'order_accept_datetime'].dt.hour
order_data.loc[:, 'order_accept_weekday'] = order_data[
    'order_accept_datetime'].dt.weekday
order_data.loc[order_data['order_accept_weekday'] >= 5,
            'weekday_info'] = '휴일'
order_data.loc[order_data['order_accept_weekday'] < 5,
            'weekday_info'] = '평일'

store_data = order_data.groupby(['store_name']).count()[['order_id']]
store_f = order_data.loc[
    (order_data['status_name'] == "배달 완료") |
    (order_data['status_name'] == "결제 완료")
    ].groupby(['store_name']).count()[['order_id']]
store_c = order_data.loc[
    order_data['status_name'] == "주문 취소"
    ].groupby(['store_name']).count()[['order_id']]
store_d = order_data.loc[
    order_data['takeout_name'] == "delivery"
    ].groupby(['store_name']).count()[['order_id']]
store_t = order_data.loc[
    order_data['takeout_name'] == "takeout"
    ].groupby(['store_name']).count()[['order_id']]
store_weekday = order_data.loc[
    order_data['weekday_info'] == "평일"
    ].groupby(['store_name']).count()[['order_id']]
store_weekend = order_data.loc[
    order_data['weekday_info'] == "휴일"
    ].groupby(['store_name']).count()[['order_id']]
times = order_data['order_accept_hour'].unique()
store_time = []

for time in times:
    time_tmp = order_data.loc[
        order_data['order_accept_hour'] == time
        ].groupby(['store_name']).count()[['order_id']]
    time_tmp.columns = [f'order_time_{time}']
    store_time.append(time_tmp)

store_time = pd.concat(store_time, axis=1)
store_delta = order_data.loc[
    order_data['status_name'] != "주문 취소"
    ].groupby(['store_name']).mean()[['delta']]
store_data.columns = ['order']
store_f.columns = ['order_fin']
store_c.columns = ['order_cancel']
store_d.columns = ['order_delivery']
```

```
store_t.columns = ['order_takeout']
store_delta.columns = ['delta_avg']
store_weekday.columns = ['order_weekday']
store_weekend.columns = ['order_weekend']
store_data = pd.concat(
    [store_data, store_f, store_c, store_d, store_t,
     store_weekday, store_weekend, store_time, store_delta], axis=1)
return store_data
```

```
In [12]: def data_processing(order_data):
             order_data = order_data.loc[order_data['store_id'] != 999]
             order_data = pd.merge(order_data, m_store, on='store_id', how='left')
             order_data = pd.merge(order_data, m_area, on='area_cd', how='left')
             order_data.loc[order_data['takeout_flag'] == 0, 'takeout_name'] = 'delivery'
             order_data.loc[order_data['takeout_flag'] == 1, 'takeout_name'] = 'takeout'
             order_data.loc[order_data['status'] == 0, 'status_name'] = '주문 접수'
             order_data.loc[order_data['status'] == 1, 'status_name'] = '결제 완료'
             order_data.loc[order_data['status'] == 2, 'status_name'] = '배달 완료'
             order_data.loc[order_data['status'] == 9, 'status_name'] = '주문 취소'

             order_data.loc[:, 'order_accept_datetime'] = pd.to_datetime(
                 order_data['order_accept_date'])
             order_data.loc[:, 'delivered_datetime'] = pd.to_datetime(
                 order_data['delivered_date'])
             order_data.loc[:, 'delta'] = order_data[
                 ['order_accept_datetime', 'delivered_datetime']
             ].apply(calc_delta, axis=1)
             order_data.loc[:, 'order_accept_hour'] = order_data[
                 'order_accept_datetime'].dt.hour
             order_data.loc[:, 'order_accept_weekday'] = order_data[
                 'order_accept_datetime'].dt.weekday
             order_data.loc[order_data['order_accept_weekday'] >= 5,
                            'weekday_info'] = '휴일'
             order_data.loc[order_data['order_accept_weekday'] < 5,
                            'weekday_info'] = '평일'

             store_data = order_data.groupby(['store_name']).count()[['order_id']]
             store_f = order_data.loc[
                 (order_data['status_name'] == "배달 완료") |
                 (order_data['status_name'] == "결제 완료")
                 ].groupby(['store_name']).count()[['order_id']]
             store_c = order_data.loc[
                 order_data['status_name'] == "주문 취소"
                 ].groupby(['store_name']).count()[['order_id']]
             store_d = order_data.loc[
                 order_data['takeout_name'] == "delivery"
                 ].groupby(['store_name']).count()[['order_id']]
             store_t = order_data.loc[
             for time in times:
                 time_tmp = order_data.loc[
                     order_data['order_accept_hour'] == time
                     ].groupby(['store_name']).count()[['order_id']]
                 time_tmp.columns = [f'order_time_{time}']
                 store_time.append(time_tmp)

             store_time = pd.concat(store_time, axis=1)
             store_delta = order_data.loc[
                 order_data['status_name'] != "주문 취소"
                 ].groupby(['store_name']).mean()[['delta']]
             store_data.columns = ['order']
             store_f.columns = ['order_fin']
             store_c.columns = ['order_cancel']
             store_d.columns = ['order_delivery']
             store_t.columns = ['order_takeout']
             store_delta.columns = ['delta_avg']
             store_weekday.columns = ['order_weekday']
             store_weekend.columns = ['order_weekend']
             store_data = pd.concat(
                 [store_data, store_f, store_c, store_d, store_t,
                  store_weekday, store_weekend, store_time, store_delta], axis=1)
             return store_data
```

그림 6-13 **데이터 가공 함수**

테크닉 53, 54, 55 의 내용을 복사한 것뿐입니다. 다만, 함수 calc_delta는 **테크닉 54** 에서 이미 정의했기 때문에 필요하지 않습니다.

그럼 동작을 확인해 봅시다. 테크닉 52 의 마지막에서 1개월분만 로딩해 order_data로 정의했으므로 동일하게 tbl_order_paths의 0번째를 지정하고 로딩해서 함수에 전달합니다.

```
tbl_order_path = tbl_order_paths[0]
print(f'데이터 로딩: {tbl_order_path}')
order_data = pd.read_csv(tbl_order_path)
store_data = data_processing(order_data)
store_data.head(3)
```

In [13]:
```
tbl_order_path = tbl_order_paths[0]
print(f'데이터 로딩: {tbl_order_path}')
order_data = pd.read_csv(tbl_order_path)
store_data = data_processing(order_data)
store_data.head(3)
```
데이터 로딩: data\0_input\tbl_order_202004.csv

Out [13]:

store_name	order	order_fin	order_cancel	order_delivery	order_takeout	order_weekday	order_weekend	order_time_11	order_time_12	order_time_13	order_
가덕해안로점	1000	818	182	741	259	732	268	78	118	84	
가마산로2점	1470	1207	263	1099	371	1076	394	181	141	128	
가마산로점	1021	838	183	792	229	748	273	81	105	101	

그림 6-14 데이터 가공 함수 실행

테크닉 55 에서와 동일한 결과가 출력되었습니까? 동일한 결과가 출력되었다면 함수가 잘 만들어진 것입니다. 다음으로 for문을 이용해 모든 데이터를 로딩하고 데이터를 가공해 봅시다.

테크닉 57 모든 데이터를 로딩하고 데이터를 가공하자

이제 모든 데이터를 로딩합니다. 하지만 이대로 데이터를 로딩하면 유니온 과정에서 문제가 발생합니다. 어느 시점의 데이터인지 모르게 된다는 점과 인덱스로 store_name을 사용한다는 점입니다. 이 두 가지는 함수 측에서 처리하는 경우도 많습니다. 함수를 변경해도 문제는 없지만 여기에서는 함수를 통과한 뒤 이에 대응하면서 for문에서 결합합니다. 데이터 시점에 관한 정보는 파일명에서 얻습니다. 이 처리에는 다소 시간이 걸립니다.

```
store_all = []
for tbl_order_path in tbl_order_paths:
    print(f'데이터 로딩: {tbl_order_path}')
    tg_ym = tbl_order_path.split('_')[-1][:6]
    order_data = pd.read_csv(tbl_order_path)
    store_data = data_processing(order_data)
    store_data.loc[:,'year_month'] = tg_ym
    store_data.reset_index(drop=False, inplace=True)
    store_all.append(store_data)

store_all = pd.concat(store_all, ignore_index=True)
display(store_all.head(3))
display(store_all.tail(3))
store_monthly_name = 'store_monthly_data.csv'
store_all.to_csv(os.path.join(output_dir, store_monthly_name), index=False)
```

그림 6-15 **피자 배달 시간 집계 및 집계 결과 결합**

for문에서 tbl_order_paths를 반복합니다. 연월은 파일명을 '_'로 분할한 뒤 -1로 얻습니다. 그 결과 202004.csv와 같은 이름을 얻을 수 있으므로 앞의 6자리를 연월로 데이터에 삽입합니다. 마지막으로 head와 tail로 가장 처음과 가장 마지막의 3개 데이터를 출력합니다. 오른쪽으로 스크롤하면 year_month열에 202004부터 202103까지의 데이터가 들어 있음을 확인할 수 있습니다.

이것으로 매장별 집계 데이터를 만들었습니다. 이것으로 데이터 가공을 위한 밑준비를 마쳤습니다. 이제부터 머신러닝에서 사용할 데이터를 만들어 갑니다. 머신러닝에서는 예측할 변수를 **목적 변수**, 예측에 사용하는 변수를 **설명 변수**라고 부릅니다.

이번 테크닉에서의 목적 변수는 지난달 대비 주문 건수가 늘어났는지 줄어들었는지에 관한 정보입니다. 먼저 목적 변수를 만듭니다.

테크닉 58 목적 변수를 만들자

목적 변수는 지난달과 이번 달의 차이를 계산해 만들 수 있습니다. 먼저 필요한 데이터를 필터링한 뒤 year_month라는 지난달 칼럼을 만듭니다. 필요한 데이터는 store_name, order, year_month의 3개 열입니다.

단, 평일과 휴일은 각각 다른 모델을 구현할 것이므로 별도로 집계하는 것에 주의합니다.

```
y = store_all[
    ['store_name', 'year_month', 'order_weekday', 'order_weekend']].copy()
y.loc[:, 'one_month_ago'] = pd.to_datetime(y['year_month'], format='%Y%m')

from dateutil.relativedelta import relativedelta

y.loc[:, 'one_month_ago'] = y['one_month_ago'].map(
    lambda x: x - relativedelta(months=1))
y.loc[:, 'one_month_ago'] = y['one_month_ago'].dt.strftime('%Y%m')
y.head(3)
```

```
In [15]: y = store_all[
             ['store_name', 'year_month', 'order_weekday', 'order_weekend']].copy()
         y.loc[:, 'one_month_ago'] = pd.to_datetime(y['year_month'], format='%Y%m')

         from dateutil.relativedelta import relativedelta

         y.loc[:, 'one_month_ago'] = y['one_month_ago'].map(
             lambda x: x - relativedelta(months=1))
         y.loc[:, 'one_month_ago'] = y['one_month_ago'].dt.strftime('%Y%m')
         y.head(3)
```

```
Out [15]:    store_name  year_month  order_weekday  order_weekend  one_month_ago
         0  가덕해안로점    202004         732            268           202003
         1  가마산로2점     202004         1076           394           202003
         2  가마산로점      202004         748            273           202003
```

그림 6-16 **1개월 전 데이터 작성**

여기에서는 year_month를 datetime 타입으로 변경하고 relativedelta를 이용해 1개월
전 데이터를 만듭니다. 마지막으로 year_month와 같이 연월 단위로 변경합니다.

이제 이 y에 대해 y를 조인합니다. 이때 키는 one_month_ago와 year_month입니다.
year_month가 2020년 5월이면 one_month_ago는 2020년 4월이 되며, 여기에 year_
month가 2020년 4월 데이터가 결합되어 지난달의 order를 부여할 수 있습니다. 바로 실
행해 봅시다. 의도대로 처리되었는지 가덕해안로점의 데이터를 표시해서 확인합니다.

```
y_one_month_ago = y.copy()
y_one_month_ago.rename(columns={
    'order_weekday': 'order_weekday_one_month_ago',
    'order_weekend': 'order_weekend_one_month_ago',
    'year_month': 'year_month_for_join'}, inplace=True)
y = pd.merge(y, y_one_month_ago[['store_name', 'year_month_for_join',
                                 'order_weekday_one_month_ago',
                                 'order_weekend_one_month_ago']],
             left_on=['store_name', 'one_month_ago'],
             right_on=['store_name', 'year_month_for_join'], how='left')
y.loc[y['store_name'] == '가덕해안로점']
```

```
In [16]: y_one_month_ago = y.copy()
         y_one_month_ago.rename(columns={
             'order_weekday': 'order_weekday_one_month_ago',
             'order_weekend': 'order_weekend_one_month_ago',
             'year_month': 'year_month_for_join'}, inplace=True)
         y = pd.merge(y, y_one_month_ago[['store_name', 'year_month_for_join',
                                          'order_weekday_one_month_ago',
                                          'order_weekend_one_month_ago']],
                      left_on=['store_name', 'one_month_ago'],
                      right_on=['store_name', 'year_month_for_join'], how='left')
         y.loc[y['store_name'] == '가덕해안로점']
Out [16]:
```

	store_name	year_month	order_weekday	order_weekend	one_month_ago	year_month_for_join	order_weekday_one_month_ago	order_weekend_one_mor
0	가덕해안로점	202004	732	268	202003	NaN		NaN
193	가덕해안로점	202005	700	333	202004	202004	732.0	
386	가덕해안로점	202006	734	262	202005	202005	700.0	
579	가덕해안로점	202007	772	266	202006	202006	734.0	
772	가덕해안로점	202008	701	333	202007	202007	772.0	
965	가덕해안로점	202009	739	267	202008	202008	701.0	
1158	가덕해안로점	202010	729	299	202009	202009	739.0	
1351	가덕해안로점	202011	698	303	202010	202010	729.0	
1544	가덕해안로점	202012	770	266	202011	202011	698.0	
1737	가덕해안로점	202101	705	335	202012	202012	770.0	
1930	가덕해안로점	202102	668	267	202101	202101	705.0	
2123	가덕해안로점	202103	771	261	202102	202102	668.0	

그림 6-17 1개월 전 주문 건수 작성

y_one_month_ago라는 결합용 데이터를 준비하고 열 이름을 변경합니다. 실행 결과를 보면 1개월 전의 주문 건수가 입력되어 있는 것을 확인할 수 있습니다. 2020년 4월 데이터는 2020년 3월의 데이터를 포함하지 않으므로 값이 없습니다(NaN).

마지막으로 결손 데이터를 삭제한 후, 이번 달과 지난달의 차이를 계산해 양수면 증가를 의미하는 1, 음수면 감소를 나타내는 0을 부여합니다.

```
y.dropna(inplace=True)
y.loc[y['order_weekday'] - y['order_weekday_one_month_ago'] > 0, 'y_weekday'] = 1
y.loc[y['order_weekday'] - y['order_weekday_one_month_ago'] <= 0, 'y_weekday'] = 0
y.loc[y['order_weekend'] - y['order_weekend_one_month_ago'] > 0, 'y_weekend'] = 1
y.loc[y['order_weekend'] - y['order_weekend_one_month_ago'] <= 0, 'y_weekend'] = 0
y.head(3)
```

```
In [19]: y.dropna(inplace=True)
         y.loc[y['order_weekday'] - y['order_weekday_one_month_ago'] > 0, 'y_weekday'] = 1
         y.loc[y['order_weekday'] - y['order_weekday_one_month_ago'] <= 0, 'y_weekday'] = 0
         y.loc[y['order_weekend'] - y['order_weekend_one_month_ago'] > 0, 'y_weekend'] = 1
         y.loc[y['order_weekend'] - y['order_weekend_one_month_ago'] <= 0, 'y_weekend'] = 0
         y.head(3)
```

Out [19]:

	store_name	year_month	order_weekday	order_weekend	one_month_ago	year_month_for_join	order_weekday_one_month_ago	order_weekend_one_mor
193	가덕해안로점	202005	699	333	202004	202004	733.0	
194	가마산로2점	202005	1036	489	202004	202004	1079.0	
195	가마산로점	202005	719	347	202004	202004	749.0	

그림 6-18 1개월 전의 주문 건수 작성

이것으로 목적 변수를 만들었습니다. 계속해서 설명 변수와 목적 변수를 연결해 머신러 닝 데이터를 마무리합니다.

 테크닉
59
설명 변수와 목적 변수를 연결해 머신러닝용 데이터를 완성하자

앞에서 만든 목적 변수 y와 설명 변수로 사용할 store_all을 연결합니다. 여기에서는 어떻게 연결해야 할까요? 단순히 year_month로 연결해도 문제가 없을까요?

그렇지 않습니다. 예측을 수행하는 목적 변수 y는 1개월 후의 주문 건수입니다. 목적 변수 y에 대해 year_month가 2020년 5월이면 2020년 5월에 주문 건수가 늘어났다는 것입니다. 이때 예측을 수행할 때는 2020년 4월 실적 데이터를 이용합니다. 다시 말해, 목적 변수와 설명 변수는 1개월씩 어긋나 있어야 한다는 것입니다. 여기에서는 **테크닉 58** 에서 만든 one_month_ago를 그대로 사용할 수 있습니다. 목적 변수 y의 열 이름을 바꾸고 필터링한 뒤 결합합니다. 열 이름 year_month를 target_year_month로 변경합니다.

```python
y.rename(columns={'year_month': 'target_year_month'},
         inplace=True)
y = y[['store_name', 'target_year_month', 'one_month_ago',
       'y_weekday', 'y_weekend']].copy()
ml_data = pd.merge(y, store_all,
                   left_on=['store_name', 'one_month_ago'],
                   right_on=['store_name', 'year_month'],
                   how='left')
ml_data.head()
```

```
In [18]:  y.rename(columns={'year_month': 'target_year_month'},
                   inplace=True)
          y = y[['store_name', 'target_year_month', 'one_month_ago',
                 'y_weekday', 'y_weekend']].copy()
          ml_data = pd.merge(y, store_all,
                             left_on=['store_name', 'one_month_ago'],
                             right_on=['store_name', 'year_month'],
                             how='left')
          ml_data.head()
Out[18]:
```

그림 6-19 **설명 변수 결합**

이것으로 설명 변수와 목적 변수를 1개월씩 어긋난 형태로 연결했습니다. 설명 변수 측의 연월 year_month를 기준 달로 하고 one_month_age는 더 이상 필요하지 않으므로 삭제합니다. 마찬가지로 target_year_month도 필요하지 않으므로 삭제합니다.

```
del ml_data['target_year_month']
del ml_data['one_month_ago']
ml_data.head()
```

그림 6-20 **불필요한 열 삭제**

테크닉 60 머신러닝용 데이터를 확인하고 출력하자

마지막으로 머신러닝용 데이터를 확인합니다. 결손값이 없음을 확인하고 목적 변수의 1과 0의 수를 파악합니다.

먼저 결손값을 확인합니다.

```
ml_data.isna().sum()
```

```
In [20]: ml_data.isna().sum()

Out[20]: store_name         0
         y_weekday          0
         y_weekend          0
         order              0
         order_fin          0
         order_cancel       0
         order_delivery     0
         order_takeout      0
         order_weekday      0
         order_weekend      0
         order_time_11      0
         order_time_12      0
         order_time_13      0
         order_time_14      0
         order_time_15      0
         order_time_16      0
         order_time_17      0
         order_time_18      0
         order_time_19      0
         order_time_20      0
         order_time_21      0
         delta_avg          0
         year_month         0
         dtype: int64
```

그림 6-21 **결손값 확인**

결손값이 없음을 확인할 수 있습니다. 이번 데이터는 비교적 깔끔한 데이터이므로 만약 이 단계에서 결손값이 발생했다면, 결합 작업에서의 실수 또는 결손값을 버리는 dropna 를 사용하지 않은 것이 원인일 것입니다.

계속해서 y_weekday와 y_weekend에서 0, 1의 수를 각각 표시합니다.

```
display(ml_data.groupby('y_weekday').count()[['store_name']])
display(ml_data.groupby('y_weekend').count()[['store_name']])
```

```
In [21]: display(ml_data.groupby('y_weekday').count()[['store_name']])
         display(ml_data.groupby('y_weekend').count()[['store_name']])

                   store_name
         y_weekday
               0.0       1054
               1.0       1069

                   store_name
         y_weekend
               0.0       1113
               1.0       1010
```

그림 6-22 **목적 변수의 수량 확인**

다소 치우치긴 했으나 극단적으로 0/1이 많지는 않습니다. 이 단계에서 편차가 너무 크면 모델을 수정해야 하므로 미리 확인해 줍니다.

그럼 마지막으로 데이터를 출력합니다.

```python
ml_data.to_csv(os.path.join(output_dir, 'ml_base_data.csv'), index=False)
```

그림 6-23 머신러닝용 데이터 출력

이것으로 머신러닝용 데이터를 만들었습니다.

이것으로 머신러닝용 데이터를 가공하기 위한 테크닉 열 가지를 마쳤습니다. 실제로는 설명 변수를 만드는 과정에서 과거 1개월 데이터만으로 충분한지, 주문 취소 수 등도 평일/휴일을 나눠 집계해야 하는지 등 검토할 부분이 많이 남아 있습니다. 여기에서는 예제이기 때문에 다소 조잡한 설명 변수를 만들었지만 실제 프로젝트에서라면 더 다양한 설명 변수를 만들어야 할 것입니다. 시행착오를 통해 데이터에 적합한 설명 변수를 찾아내는 것이 좋습니다. 다음 장에서는 모델을 구현합니다.

CHAPTER

07 머신러닝 모델을 구현하기 위한 테크닉 10

6장에서는 머신러닝 설계부터 데이터 가공까지의 과정을 다루었습니다. 머신러닝 모델을 구현하기 위한 모든 준비를 마쳤습니다.

그러나 이번 장에서도 첫 테크닉 3개에서는 계속해서 데이터를 준비합니다. **테크닉 64** 부터 모델을 구현합니다. 모델은 다양한 알고리즘을 이용해 구현하며, 이번처럼 평일/휴일 모델 등 여러 모델을 만드는 경우가 많습니다. 이번 장에서도 여러 알고리즘 및 모델을 구현합니다. 하지만 처음부터 여러 모델을 만드는 것이 아니라, 하나의 모델을 이용해 평가 등 기본적인 기능을 만든 뒤 여러 모델을 동시에 구현합니다. 천 리 길도 한 걸음부터입니다.

- 테크닉 61: 폴더를 만들고 머신러닝용 데이터를 저장하자
- 테크닉 62: 범주형 변수에 대응하자
- 테크닉 63: 학습 데이터와 테스트 데이터를 나누자
- 테크닉 64: 모델 하나를 구축하자
- 테크닉 65: 모델을 평가하자
- 테크닉 66: 모델의 중요도를 확인해 보자
- 테크닉 67: 모델 구현부터 평가까지의 과정을 함수화하자
- 테크닉 68: 모델 파일과 평가 결과를 출력하자
- 테크닉 69: 알고리즘을 확장해 다각적으로 평가하자
- 테크닉 70: 평일/휴일 모델을 한 번에 실행하자

여러분은 머신러닝을 이용한 프로젝트를 시작했습니다. 피자 배달 시간을 단축하기 위한 대책 마련을 지원하는 정보 제공을 과제로 설정했습니다. 그래서 이번 달 주문 데이터로부터 다음 달 주문 건수가 늘어날지, 줄어들지 예측하는 모델을 만들기로 합니다. 먼저 데이터를 가공한 후에 머신러닝 모델을 구현합니다.

전제조건

이번 장에서는 6장에서 주문 데이터와 각종 마스터 데이터를 가공해서 만든 머신러닝용 데이터인 ml_base_data.csv만 이용합니다.

표 7-1 **데이터 목록**

No.	파일명	설명
1	ml_base_data.csv	6장에서 만든 머신러닝용 데이터

테크닉 61 폴더를 만들고 머신러닝용 데이터를 저장하자

먼저 폴더 구성에 관해 생각해 봅시다. 이번에는 데이터가 많지 않으므로 크게 고민하지 않아도 좋습니다. 기본 구성인 입력 데이터와 가공 후의 출력 데이터 폴더만으로 진행합니다. 이번 장에서 사용하는 데이터에는 마스터 데이터가 이미 결합되어 있으므로 마스터 폴더는 필요하지 않습니다. 폴더를 만들어 봅시다.

```
import os
data_dir = 'data'
input_dir = os.path.join(data_dir, '0_input')
output_dir = os.path.join(data_dir, '1_output')
os.makedirs(input_dir,exist_ok=True)
os.makedirs(output_dir,exist_ok=True)
```

```
In [5]:  import os
         data_dir = 'data'
         input_dir = os.path.join(data_dir, '0_input')
         output_dir = os.path.join(data_dir, '1_output')
         os.makedirs(input_dir,exist_ok=True)
         os.makedirs(output_dir,exist_ok=True)
```

그림 7-1 폴더 구성

폴더를 만들었다면 해당 폴더에 데이터를 배치합니다. 0_input 데이터에 ml_base_data.csv를 저장합니다. 파일을 배치한 뒤 데이터를 로딩합니다.

```
import pandas as pd
ml_data_file = 'ml_base_data.csv'
ml_data = pd.read_csv(os.path.join(input_dir, ml_data_file))
ml_data.head(3)
```

```
In [3]:  import pandas as pd
         ml_data_file = 'ml_base_data.csv'
         ml_data = pd.read_csv(os.path.join(input_dir, ml_data_file))
         ml_data.head(3)

Out[3]:    store_name  y_weekday  y_weekend  order  order_fin  order_cancel  order_delivery  order_takeout  order_weekday  order_weekend  ...  order_time_14  order

      0  가덕해안로        0.0        1.0        1000   818        182           741             259            732            268          ...  99
         점

      1  가마산로2점      0.0        1.0        1170   1207       263           1099            371            1076           394          ...  112

      2  가마산로점       0.0        1.0        1021   838        183           792             229            748            273          ...  94

      3 rows × 23 columns
```

그림 7-2 머신러닝용 데이터 로딩

기본적인 내용이므로 크게 어렵지 않습니다. 이제 머신러닝에 입력하기 전 데이터를 마지막으로 가공합니다.

테크닉 62 범주형 변수에 대응하자

머신러닝에서는 다루는 데이터는 어디까지나 숫자입니다. 그러므로 store_name과 같이 범주형 분류를 나타내는 **범주형 변수**categorical variable는 숫자로 다룰 수 있도록 처리해야 합니다. 범주형 변수는 어느 특정 범주에 속하면 1이라는 플래그를 세우는 타입을 일반적으로 사용합니다. 이러한 데이터 표현 방법을 **원-핫 인코딩**one-hot encoding이라 부릅니다. 코드를 실행해 보면 어떤 의미인지 알 수 있습니다.

```python
category_data = pd.get_dummies(ml_data['store_name'],
                               prefix='store', prefix_sep='_')
display(category_data.head(3))
```

그림 7-3 **원-핫 인코딩**

pandas의 get_dummies를 사용해 간단하게 원-핫 인코딩할 수 있습니다. 이제 범주형 변수를 숫자로 다룰 수 있으므로 이것을 원 데이터와 결합합니다. 이때 일반적으로 범주형 변수의 1열을 삭제합니다.

이번에는 store_가덕해안로점을 삭제합니다. 해당 열을 삭제해도 모든 플래그가 0이면 그것은 store_가덕해안로점인 것을 특정할 수 있기 때문에 문제없습니다. 그래서 이 범주형 변수처럼 반드시 어딘가에 소속된다면 일반적으로 1열을 제외합니다(다중 공선성 방지).

그리고 원 데이터로 결합할 때, 원-핫 인코딩 전의 변수인 store_name과 숫자의 의미를 갖지 않는 year_month를 삭제합니다. year_month 역시 범주형 변수이므로 원-핫 인코딩해 줘도 문제가 없지만 이 책에서는 삭제합니다.

```python
del category_data['store_가덕해안로점']
del ml_data['year_month']
del ml_data['store_name']
ml_data = pd.concat([ml_data, category_data],axis=1)
ml_data.columns
```

```
In [8]:  del category_data['store_가덕해안로점']
         del ml_data['year_month']
         del ml_data['store_name']
         ml_data = pd.concat([ml_data, category_data],axis=1)
         ml_data.columns

Out[8]:  Index(['y_weekday', 'y_weekend', 'order', 'order_fin', 'order_cancel',
                'order_delivery', 'order_takeout', 'order_weekday', 'order_weekend',
                'order_time_11',
                ...
                'store_한누리대로점', 'store_한밭대로점', 'store_해안새벽시장길점', 'store_해운대점',
                'store_해운대해변점', 'store_화곡로2점', 'store_화곡로점', 'store_화중로점',
                'store_효덕로점', 'store_효원로점'],
               dtype='object', length=213)
```

그림 7-4 **범주형 변수 결합**

이것으로 범주형 변수 대응을 마쳤습니다. 6장에서 이렇게 처리하지 않은 이유는 원-핫 인코딩하게 되면 정보로서 인식하기 어렵고, 다른 곳에서 사용하기도 어렵기 때문입니다. 그래서 원-핫 인코딩 처리는 머신러닝 모델 투입 직전에 적용하는 경우가 많습니다.

테크닉 63 학습 데이터와 테스트 데이터를 나누자

머신러닝 모델을 구현하기 선 마지막 준비 단계입니다. 여기에서는 학습 데이터와 테스트 데이터를 나눕니다. 머신러닝은 미지의 데이터에 적용하는 것을 목적으로 합니다. 그래서 모든 데이터를 모델 구현에 사용하면, 그 모델이 미지의 데이터에 대응하는지 평가할 수 없습니다. 미지의 데이터에 대응할 수 있는 모델은 범용적이고 좋은 모델이라 불리며 **범용성**이 높다고 말합니다.

학습 데이터와 테스트 데이터를 나누어 봅시다. 학습 데이터와 테스트 데이터의 비율은 7:3으로 합니다. 이 비율은 명확하게 정해지지 않았으며 시행착오를 통해 얻어내야 하는 요소들 중 하나입니다. 일반적으로는 75:25, 7:3 또는 8:2를 많이 사용합니다. 5:5로 나누는 경우에는 그 방법에 따라 정밀도에 차이가 발생할 가능성이 있습니다. 샘플 수가 적을 때는 특히 취약하므로 교차 검증 등을 이용해 정밀도를 올바르게 검증해야 합니다.

scikit-learn을 사용하면 1행의 코드로 학습 데이터와 테스트 데이터를 나눌 수 있습니다. 이때 난수 시드random seed를 고정하는 것을 잊지 않기 바랍니다. 또한, 데이터 건수를 각각 확인합니다. 이번에는 weekday 모델과 weekend 모델이 있으므로 두 가지 모델의 건수를 모두 출력해 봅시다.

```
from sklearn.model_selection import train_test_split
train_data, test_data = train_test_split(ml_data, test_size=0.3, random_state=0)
print(f'Train : {len(train_data)}건/ Test:{len(test_data)}')
print(f'Weekday Train0 : {len(train_data.loc[train_data["y_weekday"]==0])}건')
print(f'Weekday Train1 : {len(train_data.loc[train_data["y_weekday"]==1])}건')
print(f'Weekday Test0 : {len(test_data.loc[test_data["y_weekday"]==0])}건')
print(f'Weekday Test1 : {len(test_data.loc[test_data["y_weekday"]==1])}건')

print(f'Weekend Train0 : {len(train_data.loc[train_data["y_weekend"]==0])}건')
print(f'Weekend Train1 : {len(train_data.loc[train_data["y_weekend"]==1])}건')
print(f'Weekend Test0 : {len(test_data.loc[test_data["y_weekend"]==0])}건')
print(f'Weekend Test1 : {len(test_data.loc[test_data["y_weekend"]==1])}건')
```

```
In [8]:  from sklearn.model_selection import train_test_split
         train_data, test_data = train_test_split(ml_data, test_size=0.3, random_state=0)
         print(f'Train : {len(train_data)}건/ Test:{len(test_data)}')
         print(f'Weekday Train0 : {len(train_data.loc[train_data["y_weekday"]==0])}건')
         print(f'Weekday Train1 : {len(train_data.loc[train_data["y_weekday"]==1])}건')
         print(f'Weekday Test0 : {len(test_data.loc[test_data["y_weekday"]==0])}건')
         print(f'Weekday Test1 : {len(test_data.loc[test_data["y_weekday"]==1])}건')

         print(f'Weekend Train0 : {len(train_data.loc[train_data["y_weekend"]==0])}건')
         print(f'Weekend Train1 : {len(train_data.loc[train_data["y_weekend"]==1])}건')
         print(f'Weekend Test0 : {len(test_data.loc[test_data["y_weekend"]==0])}건')
         print(f'Weekend Test1 : {len(test_data.loc[test_data["y_weekend"]==1])}건')

         Train : 1486건 / Test:637
         Weekday Train0 : 744건
         Weekday Train1 : 742건
         Weekday Test0 : 310건
         Weekday Test1 : 327건
         Weekend Train0 : 784건
         Weekend Train1 : 702건
         Weekend Test0 : 329건
         Weekend Test1 : 308건
```

그림 7-5 **학습 데이터와 테스트 데이터 분할**

이것으로 학습 데이터와 테스트 데이터를 분할했습니다. 머신러닝 모델 구축에 필요한 데이터 준비를 모두 마쳤으므로 설명 변수와 목적 변수로 나눈 뒤 모델을 구현합니다.

테크닉 64 모델 하나를 구현하자

이제 목적 변수를 y_weekday로 설정하고 Weekday 모델을 구현해 봅시다. 먼저 설명 변수 X와 목적 변수 Y를 설정합니다.

```
X_cols = list(train_data.columns)
X_cols.remove('y_weekday')
X_cols.remove('y_weekend')
```

```
target_y = 'y_weekday'
y_train = train_data[target_y]
X_train = train_data[X_cols]
y_test = test_data[target_y]
X_test = test_data[X_cols]
display(y_train.head(3))
display(X_train.head(3))
```

```
In [10]: X_cols = list(train_data.columns)
         X_cols.remove('y_weekday')
         X_cols.remove('y_weekend')
         target_y = 'y_weekday'
         y_train = train_data[target_y]
         X_train = train_data[X_cols]
         y_test = test_data[target_y]
         X_test = test_data[X_cols]
         display(y_train.head(3))
         display(X_train.head(3))

         1310    0.0
         1790    0.0
         1295    0.0
         Name: y_weekday, dtype: float64
```

	order	order_fin	order_cancel	order_delivery	order_takeout	order_weekday	order_weekend	order_time_11	order_time_12	order_time_13	...	store_ s 한누리 한 대로점
1310	1492	1203	289	1111	381	1060	432	143	124	129	...	0
1790	1125	941	184	818	307	762	363	83	86	112	...	0
1295	1247	1032	215	935	312	888	359	136	107	109	...	0

3 rows × 211 columns

그림 7-6 **설명 변수와 목적 변수 작성**

train_data의 열 이름을 얻어 설명 변수의 변수로 설정했습니다. 그 뒤 train_data, test_data 각각 X, y로 생성합니다.

계속해서 모델을 구현합니다. 먼저 결정 트리decision tree 모델을 만들어 봅시다.

```
from sklearn.tree import DecisionTreeClassifier
model = DecisionTreeClassifier(random_state=0)
model.fit(X_train, y_train)
```

```
In [11]: from sklearn.tree import DecisionTreeClassifier
         model = DecisionTreeClassifier(random_state=0)
         model.fit(X_train, y_train)
Out[11]: DecisionTreeClassifier(random_state=0)
```

그림 7-7 **결정 트리 모델 구현**

정말 간단합니다. 모델을 정의하고 fit을 실행하면 모델이 구현됩니다. 모델을 정의할 때, 난수 시드가 있는 모델은 시드값을 고정하는 것을 잊지 않도록 합니다.

모델을 평가하자

모델을 구현했다면 구현한 모델을 평가합니다. 먼저 구현한 모델로 예측을 수행해 봅시다.

```
y_pred_train = model.predict(X_train)
y_pred_test = model.predict(X_test)
y_pred_test
```

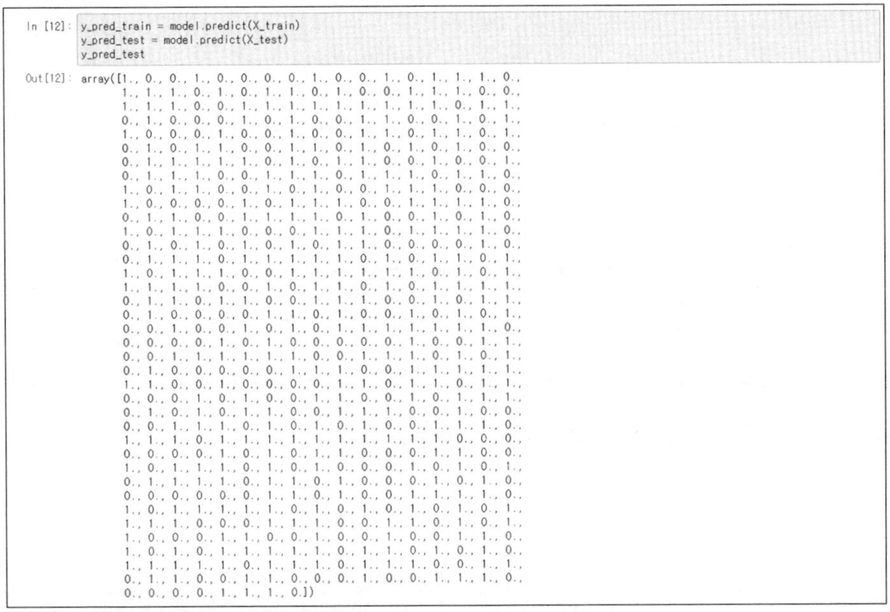

그림 7-8 **구현한 모델을 이용한 예측 결과**

model.predict 명령어로 구현한 모델을 사용한 예측 결과를 얻을 수 있습니다. 출력된 결과는 1 또는 0입니다. 1은 Weekday의 주문 건수가 늘어날 것이라고 예측했다는 의미입니다.

계속해서 숫자로 평가해 봅시다.

평가 지표로는 정확도accuracy, F1 점수F1 score, 재현율recall, 정밀도precision의 직교값을 이용합니다. 이는 혼동 행렬confusion matrix을 사용하면 이해하기 쉽습니다. 혼동 행렬은 그림 7-9와 같이 모델이 0/1을 예측한 결과로, 0/1의 4분면 매트릭스가 됩니다. 예측된 데이터는 반드시 이 중 어느 한 곳에 위치합니다. 정확도는 모든 합계 중 정답인 TN과 TP의 합계의 비율입니다. 즉, (TN+TP)/(TN+FP+FN+TP)입니다. 재현율은 실제로 1인 숫자 중 정답을 얼마나 정확하게 예측했는지를 의미합니다. 즉, (TP)/(FN+TP)입니다. 정밀도는 1이라고 예측했을 때, 정답을 얼마나 정확하게 예측했는지를 의미합니다. 즉, (TP)/(FP+TP)입니다. F1 점수는 재현율과 정밀도의 조화 평균입니다.

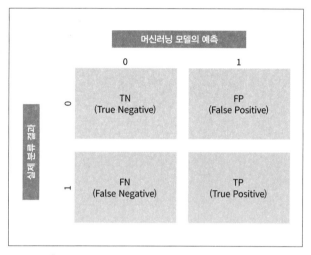

그림 7-9 **혼동 행렬**

정확도, F1 점수, 재현율, 정밀도를 계산해 봅시다.

```python
from sklearn.metrics import accuracy_score, f1_score, recall_score, \
    precision_score, confusion_matrix

acc_train = accuracy_score(y_train, y_pred_train)
acc_test = accuracy_score(y_test, y_pred_test)
f1_train = f1_score(y_train, y_pred_train)
f1_test = f1_score(y_test, y_pred_test)
recall_train = recall_score(y_train, y_pred_train)
recall_test = recall_score(y_test, y_pred_test)
precision_train = precision_score(y_train, y_pred_train)
precision_test = precision_score(y_test, y_pred_test)
print(f'[정확도] Train : {round(acc_train, 2)} '
      f'Test : {round(acc_test, 2)}')
print(f'[F1 점수] Train : {round(f1_train, 2)} '
      f'Test : {round(f1_test, 2)}')
```

```
print(f'[재현율] Train : {round(recall_train, 2)} '
    f'Test : {round(recall_test, 2)}')
print(f'[정밀도] Train : {round(precision_train, 2)} '
    f'Test : {round(precision_test, 2)}')
```

```
In [9]: from sklearn.metrics import accuracy_score, f1_score, recall_score, ₩
            precision_score, confusion_matrix

        acc_train = accuracy_score(y_train, y_pred_train)
        acc_test = accuracy_score(y_test, y_pred_test)
        f1_train = f1_score(y_train, y_pred_train)
        f1_test = f1_score(y_test, y_pred_test)
        recall_train = recall_score(y_train, y_pred_train)
        recall_test = recall_score(y_test, y_pred_test)
        precision_train = precision_score(y_train, y_pred_train)
        precision_test = precision_score(y_test, y_pred_test)
        print(f'[정확도] Train : {round(acc_train, 2)} '
            f'Test : {round(acc_test, 2)}')
        print(f'[F1 점수] Train : {round(f1_train, 2)} '
            f'Test : {round(f1_test, 2)}')
        print(f'[재현율] Train : {round(recall_train, 2)} '
            f'Test : {round(recall_test, 2)}')
        print(f'[정밀도] Train : {round(precision_train, 2)} '
            f'Test : {round(precision_test, 2)}')

        [정확도] Train : 1.0 Test : 0.59
        [F1 점수] Train : 1.0 Test : 0.6
        [재현율] Train : 1.0 Test : 0.59
        [정밀도] Train : 1.0 Test : 0.6
```

그림 7-10 평가 지표 확인

scikit-learn의 metrics를 사용해 간단하게 계산할 수 있습니다. 학습과 테스트 데이터의 결과를 출력하면 모든 지표에 대해 학습이 1.0, 다시 말해, 100%의 정밀도를 보입니다. 한편, 테스트 데이터에서는 60%의 정확도를 보입니다. 이것은 학습 데이터에 과도하게 적합한 상태로, 이 상태를 과적합overfitting이라 부릅니다. 이는 미지의 데이터에 대응할 수 없는 모델입니다. 과적합 모델보다는 학습 데이터의 정확도가 다소 낮더라도, 학습 데이터와 테스트 데이터의 정확도 차가 적은 모델이 더 좋습니다.

뒤에서 다른 알고리즘을 시험할 것이므로 이대로 진행합니다. 계속해서 혼동 행렬을 출력해 봅시다.

```
print(confusion_matrix(y_train, y_pred_train))
print(confusion_matrix(y_test, y_pred_test))
```

```
In [14]: print(confusion_matrix(y_train, y_pred_train))
         print(confusion_matrix(y_test, y_pred_test))

        [[744   0]
         [  0 742]]
        [[181 129]
         [133 194]]
```

그림 7-11 혼동 행렬 표시

혼동 행렬도 scikit-learn의 metrics를 사용해 간단히 출력할 수 있습니다. 역시, 학습 데이터에서는 FP와 FN이 0이 되어 모두 정답이므로 과적합 상태임을 다시 확인할 수 있습니다. 혼동 행렬도 중요한 지표이므로 TN, FP, FN, TP도 추출해 둡니다.

```
tn_train, fp_train, fn_train, tp_train = \
    confusion_matrix(y_train, y_pred_train).ravel()
tn_test, fp_test, fn_test, tp_test = \
    confusion_matrix(y_test, y_pred_test).ravel()
print(f'[혼동 행렬] Train:{tn_train}, {fp_train}, {fn_train}, {tp_train}')
print(f'[혼동 행렬] Test:{tn_test}, {fp_test}, {fn_test}, {tp_test}')
```

```
In [11]:  tn_train, fp_train, fn_train, tp_train = ₩
              confusion_matrix(y_train, y_pred_train).ravel()
          tn_test, fp_test, fn_test, tp_test = ₩
              confusion_matrix(y_test, y_pred_test).ravel()
          print(f'[혼동 행렬] Train:{tn_train}, {fp_train}, {fn_train}, {tp_train}')
          print(f'[혼동 행렬] Test:{tn_test}, {fp_test}, {fn_test}, {tp_test}')

          [혼동 행렬] Train:744, 0, 0, 742
          [혼동 행렬] Test:181, 129, 133, 194
```

그림 7-12 **혼동 행렬 데이터 저장**

마지막으로 지금까지 계산한 정밀도 지표를 모두 데이터프레임으로 만들어 둡니다.

```
score_train = pd.DataFrame({
    'DataCategory': ['train'], 'acc': [acc_train], 'f1': [f1_train],
    'recall': [recall_train], 'precision': [precision_train],
    'tp': [tp_train], 'fn': [fn_train], 'fp': [fp_train], 'tn': [tn_train]})
score_test = pd.DataFrame({
    'DataCategory': ['test'], 'acc': [acc_test], 'f1': [f1_test],
    'recall': [recall_test], 'precision': [precision_test],
    'tp': [tp_test], 'fn': [fn_test], 'fp': [fp_test], 'tn': [tn_test]})
score = pd.concat([score_train, score_test], ignore_index=True)
score
```

```
In [12]:  score_train = pd.DataFrame({
              'DataCategory': ['train'], 'acc': [acc_train], 'f1': [f1_train],
              'recall': [recall_train], 'precision': [precision_train],
              'tp': [tp_train], 'fn': [fn_train], 'fp': [fp_train], 'tn': [tn_train]})
          score_test = pd.DataFrame({
              'DataCategory': ['test'], 'acc': [acc_test], 'f1': [f1_test],
              'recall': [recall_test], 'precision': [precision_test],
              'tp': [tp_test], 'fn': [fn_test], 'fp': [fp_test], 'tn': [tn_test]})
          score = pd.concat([score_train, score_test], ignore_index=True)
          score
```

	DataCategory	acc	f1	recall	precision	tp	fn	fp	tn
0	train	1.000000	1.000000	1.000000	1.000000	742	0	0	744
1	test	0.588697	0.596923	0.593272	0.600619	194	133	129	181

그림 7-13 **정밀도 지표 데이터화**

이것으로 평가 부분도 만들었습니다. 다음으로 구축한 모델이 어떤 변수를 중요하다고 판단하는지 확인해 봅시다.

 ## 모델의 중요도를 확인해 보자

결정 트리와 같은 트리 계열 알고리즘에서는 feature_importances를 사용해 구현한 모델에 기여하는 변수를 얻을 수 있습니다. 데이터프레임에 저장한 뒤 중요도가 높은 순서로 상위 10건을 표시해 봅시다.

```
importance = pd.DataFrame({
    'cols': X_train.columns, 'importance': model.feature_importances_})
importance = importance.sort_values('importance', ascending=False)
importance.head(10)
```

```
In [13]: importance = pd.DataFrame({
             'cols': X_train.columns, 'importance': model.feature_importances_})
         importance = importance.sort_values('importance', ascending=False)
         importance.head(10)
```

Out[13]:

	cols	importance
6	order_weekend	0.124457
5	order_weekday	0.102269
18	delta_avg	0.077322
13	order_time_17	0.062313
7	order_time_11	0.061402
0	order	0.053850
11	order_time_15	0.049020
4	order_takeout	0.048527
16	order_time_20	0.047793
14	order_time_18	0.046598

그림 7-14 **모델의 중요도**

상위에는 평일/휴일의 지난달 주문 수와 함께 delta_avg도 기여하고 있습니다. 이것은 가설대로 피자 배달 시간이 주문 건수 증감에 영향을 미친다는 의미입니다.

이렇게 해서 모델을 구현하고 모델 구현 시 필요한 평가 기능 등을 만들었습니다. 큰 흐름이 머릿속에 그려졌을 것입니다.

테크닉 67 모델 구현부터 평가까지의 과정을 함수화하자

이제부터는 여러 알고리즘이나 모델을 만들 수 있는 구조를 만들어 봅시다. 먼저 지금까지와 같이 모델 구현에서 평가까지의 과정을 함수로 만듭니다. 이때 model은 인수로 전달합니다. 이렇게 하면 함수 바깥에서 모델을 정의할 수 있기 때문에 확장성이 높아집니다. 또 한 가지는 머신러닝 모델에 투입하기 직전 설명 변수의 열 이름을 추가하는 것입니다. 이렇게 함으로써 구현한 모델로 새로운 데이터를 예측할 때, 열 이름을 정확하게 지정할 수 있습니다. 지금까지의 테크닉을 참고해 함수를 만들어 봅시다.

```python
def make_model_and_eval(model, X_train, X_test, y_train, y_test):
    model.fit(X_train, y_train)

    y_pred_train = model.predict(X_train)
    y_pred_test = model.predict(X_test)

    acc_train = accuracy_score(y_train, y_pred_train)
    acc_test = accuracy_score(y_test, y_pred_test)

    f1_train = f1_score(y_train, y_pred_train)
    f1_test = f1_score(y_test, y_pred_test)

    recall_train = recall_score(y_train, y_pred_train)
    recall_test = recall_score(y_test, y_pred_test)

    precision_train = precision_score(y_train, y_pred_train)
    precision_test = precision_score(y_test, y_pred_test)

    tn_train, fp_train, fn_train, tp_train = \
        confusion_matrix(y_train, y_pred_train).ravel()
    tn_test, fp_test, fn_test, tp_test = \
        confusion_matrix(y_test, y_pred_test).ravel()

    score_train = pd.DataFrame({
        'DataCategory': ['train'], 'acc': [acc_train], 'f1': [f1_train],
        'recall': [recall_train], 'precision': [precision_train],
        'tp': [tp_train], 'fn': [fn_train], 'fp': [fp_train], 'tn': [tn_train]})
    score_test = pd.DataFrame({
        'DataCategory': ['test'], 'acc': [acc_test], 'f1': [f1_test],
        'recall': [recall_test], 'precision': [precision_test],
        'tp': [tp_test], 'fn': [fn_test], 'fp': [fp_test], 'tn': [tn_test]})
```

```
score = pd.concat([score_train, score_test], ignore_index=True)
importance = pd.DataFrame({
    'cols': X_train.columns, 'importance': model.feature_importances_})
importance = importance.sort_values('importance', ascending=False)
cols = pd.DataFrame({'X_cols': X_train.columns})
display(score)
return score, importance, model, cols
```

```
In [14]: def make_model_and_eval(model, X_train, X_test, y_train, y_test):
             model.fit(X_train, y_train)

             y_pred_train = model.predict(X_train)
             y_pred_test = model.predict(X_test)

             acc_train = accuracy_score(y_train, y_pred_train)
             acc_test = accuracy_score(y_test, y_pred_test)

             f1_train = f1_score(y_train, y_pred_train)
             f1_test = f1_score(y_test, y_pred_test)

             recall_train = recall_score(y_train, y_pred_train)
             recall_test = recall_score(y_test, y_pred_test)

             precision_train = precision_score(y_train, y_pred_train)
             precision_test = precision_score(y_test, y_pred_test)

             tn_train, fp_train, fn_train, tp_train = #
                 confusion_matrix(y_train, y_pred_train).ravel()
             tn_test, fp_test, fn_test, tp_test = #
                 confusion_matrix(y_test, y_pred_test).ravel()

             score_train = pd.DataFrame({
                 'DataCategory': ['train'], 'acc': [acc_train], 'f1': [f1_train],
                 'recall': [recall_train], 'precision': [precision_train],
                 'tp': [tp_train], 'fn': [fn_train], 'fp': [fp_train], 'tn': [tn_train]})
             score_test = pd.DataFrame({
                 'DataCategory': ['test'], 'acc': [acc_test], 'f1': [f1_test],
                 'recall': [recall_test], 'precision': [precision_test],
                 'tp': [tp_test], 'fn': [fn_test], 'fp': [fp_test], 'tn': [tn_test]})

             score = pd.concat([score_train, score_test], ignore_index=True)
             importance = pd.DataFrame({
                 'cols': X_train.columns, 'importance': model.feature_importances_})
             importance = importance.sort_values('importance', ascending=False)
             cols = pd.DataFrame({'X_cols': X_train.columns})
             display(score)
             return score, importance, model, cols
```

그림 7-15 모델 구현에서 평가까지의 처리 함수화

기본적으로는 지금까지의 테크닉을 조합한 것입니다. 다만, 아래에서 세 번째 행의 cols 부분이 다릅니다. X_train을 모델에 투입하기 위해 해당 열 이름을 얻습니다.

앞에서와 같은 데이터와 결정 트리 모델을 전달해서 완전히 같은 결과가 나오는지 확인합니다.

```
model = DecisionTreeClassifier(random_state=0)
score, importance, model, cols = make_model_and_eval(
    model, X_train, X_test, y_train, y_test)
```

```
In [15]:  model = DecisionTreeClassifier(random_state=0)
          score, importance, model, cols = make_model_and_eval(
              model, X_train, X_test, y_train, y_test)
```

	DataCategory	acc	f1	recall	precision	tp	fn	fp	tn
0	train	1.000000	1.000000	1.000000	1.000000	742	0	0	744
1	test	0.588697	0.596923	0.593272	0.600619	194	133	129	181

그림 7-16 **함수를 이용한 결정 트리 모델 구현 및 평가**

테크닉 65 의 결과와 완전히 같으므로 함수가 정확하게 동작하고 있음을 알 수 있습니다. 다음 테크닉에서 평가 결과와 모델을 출력해 봅시다.

테크닉 68

모델 파일과 평가 결과를 출력하자

모델 구현 과정에서는 시행착오가 많으므로 여러 차례 평가 결과와 모델 파일을 출력하게 됩니다. 그러므로 모델이나 파일을 덮어쓰지 않도록 주의해야 합니다. 여기에서는 현재 시각을 얻어 폴더 이름에 추가함으로써 덮어쓰기를 방지하는 방법을 학습합니다.

```
import datetime

now = datetime.datetime.now().strftime('%Y%m%d%H%M%S')
target_output_dir_name = 'results_' + now
target_output_dir = os.path.join(output_dir, target_output_dir_name)
os.makedirs(target_output_dir, exist_ok=True)
print(target_output_dir)
```

```
In [17]:  import datetime

          now = datetime.datetime.now().strftime('%Y%m%d%H%M%S')
          target_output_dir_name = 'results_' + now
          target_output_dir = os.path.join(output_dir, target_output_dir_name)
          os.makedirs(target_output_dir, exist_ok=True)
          print(target_output_dir)

          data¥1_output¥results_20211013132524
```

그림 7-17 **출력 폴더 생성**

다음으로 평가 결과와 모델 파일을 출력합니다. 평가 결과는 지금까지와 마찬가지로 CSV 파일 등으로 저장하면 됩니다. 모델 파일은 pickle을 사용해 저장하고 신규 예측 시에 로딩해서 사용할 수 있습니다. 그럼 평가 결과와 모델을 저장해 봅시다.

```
score_name = 'score.csv'
importance_name = 'importance.csv'
cols_name = 'X_cols.csv'
model_nema = 'model.pickle'
score_path = os.path.join(target_output_dir, score_name)
importance_path = os.path.join(target_output_dir, importance_name)
cols_path = os.path.join(target_output_dir, cols_name)
model_path = os.path.join(target_output_dir, model_nema)

score.to_csv(score_path, index=False)
importance.to_csv(importance_path, index=False)
cols.to_csv(cols_path, index=False)

import pickle

with open(model_path, mode='wb') as f:
    pickle.dump(model, f, protocol=2)
```

```
In [17]: score_name = 'score.csv'
         importance_name = 'importance.csv'
         cols_name = 'X_cols.csv'
         model_nema = 'model.pickle'
         score_path = os.path.join(target_output_dir, score_name)
         importance_path = os.path.join(target_output_dir, importance_name)
         cols_path = os.path.join(target_output_dir, cols_name)
         model_path = os.path.join(target_output_dir, model_nema)

         score.to_csv(score_path, index=False)
         importance.to_csv(importance_path, index=False)
         cols.to_csv(cols_path, index=False)

         import pickle

         with open(model_path, mode='wb') as f:
             pickle.dump(model, f, protocol=2)
```

그림 7-18 평가 결과와 모델 파일 출력

score, importance, cols 세 가지를 CSV 파일로 저장합니다. pickle.dump를 이용해서
모델 파일을 저장합니다.

 테크닉 69 **알고리즘을 확장해 다각적으로 평가하자**

앞에서 출력 구조를 만들었습니다. 이번에는 여러 알고리즘을 한 번에 실행되도록 만들
어 봅시다. 하나의 알고리즘만 사용하는 경우는 매우 드물고 기본적으로 여러 알고리즘
을 시도해 평가에 더욱 최적화된 알고리즘을 선정해 갑니다.

이 책에서는 트리 계열 알고리즘인 **랜덤 포레스트**random forest와 **경사 하강 부스팅**gradient boosting 을 이용합니다. 자세한 설명은 생략하지만 두 알고리즘 모두 **앙상블 학습**ensemble learning이라 불리며, 이는 여러 결정 트리를 만들고 그 결과를 조합해 모델화한 것입니다. 이제까지의 테크닉에서 사용한 일반적인 결정 트리보다 정밀도가 높은 경우가 많습니다. 이 알고리즘 들은 dict 타입으로 정의하고 for문을 이용해 대응합니다. 그러므로 model_name 등을 열 로 추가하는 것을 잊지 않기 바랍니다. 지금까지의 구현 과정을 생각하며 조합해 봅시다.

```python
from sklearn.ensemble \
    import RandomForestClassifier, GradientBoostingClassifier

models = {'tree': DecisionTreeClassifier(random_state=0),
          'RandomForest': RandomForestClassifier(random_state=0),
          'GradientBoostingClassifier':
              GradientBoostingClassifier(random_state=0)}

now = datetime.datetime.now().strftime("%Y%m%d%H%M%S")
target_output_dir_name = 'results_' + now
target_output_dir = os.path.join(output_dir, target_output_dir_name)
os.makedirs(target_output_dir, exist_ok=True)
print(target_output_dir)
score_all = []
importance_all = []

for model_name, model in models.items():
    print(model_name)
    score, importance, model, cols = make_model_and_eval(
        model, X_train, X_test, y_train, y_test)
    score['model_name'] = model_name
    importance['model_name'] = model_name

    model_nema = f'model_{model_name}.pickle'
    model_path = os.path.join(target_output_dir, model_nema)
    with open(model_path, mode='wb') as f:
        pickle.dump(model, f, protocol=2)
    score_all.append(score)
    importance_all.append(importance)

score_all = pd.concat(score_all, ignore_index=True)
importance_all = pd.concat(importance_all, ignore_index=True)
cols = pd.DataFrame({'X_cols': X_train.columns})
score_name = 'score.csv'
importance_name = 'importance.csv'
cols_name = 'X_cols.csv'
score_path = os.path.join(target_output_dir, score_name)
```

```
importance_path = os.path.join(target_output_dir, importance_name)
cols_path = os.path.join(target_output_dir, cols_name)
score_all.to_csv(score_path, index=False)
importance_all.to_csv(importance_path, index=False)
cols.to_csv(cols_path, index=False)
```

```
In [18]: from sklearn.ensemble ₩
             import RandomForestClassifier, GradientBoostingClassifier

         models = {'tree': DecisionTreeClassifier(random_state=0),
                   'RandomForest': RandomForestClassifier(random_state=0),
                   'GradientBoostingClassifier':
                       GradientBoostingClassifier(random_state=0)}

         now = datetime.datetime.now().strftime("%Y%m%d%H%M%S")
         target_output_dir_name = 'results_' + now
         target_output_dir = os.path.join(output_dir, target_output_dir_name)
         os.makedirs(target_output_dir, exist_ok=True)
         print(target_output_dir)
         score_all = []
         importance_all = []

         for model_name, model in models.items():
             print(model_name)
             score, importance, model, cols = make_model_and_eval(
                 model, X_train, X_test, y_train, y_test)
             score['model_name'] = model_name
             importance['model_name'] = model_name

             model_nema = f'model_{model_name}.pickle'
             model_path = os.path.join(target_output_dir, model_nema)
             with open(model_path, mode='wb') as f:
                 pickle.dump(model, f, protocol=2)
             score_all.append(score)
             importance_all.append(importance)

         score_all = pd.concat(score_all, ignore_index=True)
         importance_all = pd.concat(importance_all, ignore_index=True)
         cols = pd.DataFrame({'X_cols': X_train.columns})
         score_name = 'score.csv'
         importance_name = 'importance.csv'
         cols_name = 'X_cols.csv'
         score_path = os.path.join(target_output_dir, score_name)
         importance_path = os.path.join(target_output_dir, importance_name)
         cols_path = os.path.join(target_output_dir, cols_name)
         score_all.to_csv(score_path, index=False)
         importance_all.to_csv(importance_path, index=False)
         cols.to_csv(cols_path, index=False)
```

그림 7-19 여러 알고리즘을 이용한 모델 구현

모델 정의, 폴더 생성, 모델 구현, 평가를 수행하고 출력하는 간단한 처리 흐름입니다.
코드가 길어 보이지만 그렇게 어렵지는 않을 것입니다. score와 importance는 model_
name 열을 추가함으로써 유니온 시에도 데이터가 섞이지 않도록 했습니다. 그림 7-20은
그림 7-19 직후 내용이지만 모델 정밀도에 초점을 맞춰 목록으로 표시했습니다.

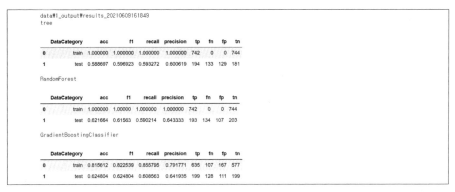

data\1_output\results_20210609161849
tree

	DataCategory	acc	f1	recall	precision	tp	fn	fp	tn
0	train	1.000000	1.000000	1.000000	1.000000	742	0	0	744
1	test	0.588697	0.596923	0.593272	0.600619	194	133	129	181

RandomForest

	DataCategory	acc	f1	recall	precision	tp	fn	fp	tn
0	train	1.000000	1.00000	1.000000	1.000000	742	0	0	744
1	test	0.621664	0.61563	0.590214	0.643333	193	134	107	203

GradientBoostingClassifier

	DataCategory	acc	f1	recall	precision	tp	fn	fp	tn
0	train	0.815612	0.822539	0.855795	0.791771	635	107	167	577
1	test	0.624804	0.624804	0.608563	0.641935	199	128	111	199

그림 7-20 **여러 모델을 이용한 평가 결과**

위 결과를 보면 결정 트리는 물론 랜덤 포레스트 역시 과적합입니다. 그와 대조적으로 경사 하강 부스팅은 과적합이 크게 완화된 것으로 보아 가장 효과적인 모델이라고 생각할 수 있습니다.

사실 결정 트리도 max_depth를 조정하는 등의 작업으로 과적합을 없애고 정밀도를 향상시킬 수 있으니 더 다각적인 관점을 갖는 것이 좋습니다.

테크닉 70 평일/휴일 모델을 한 번에 실행하자

마지막으로 평일/휴일 모델을 구현합니다. 테크닉 69 와 같이 데이터를 유니온 시 섞이지 않도록 주의합니다. 모델을 구현해 봅시다.

```python
X_cols = list(train_data.columns)
X_cols.remove('y_weekday')
X_cols.remove('y_weekend')
targets_y = ['y_weekday', 'y_weekend']

now = datetime.datetime.now().strftime("%Y%m%d%H%M%S")
target_output_dir_name = 'results_' + now
target_output_dir = os.path.join(output_dir, target_output_dir_name)
os.makedirs(target_output_dir, exist_ok=True)
print(target_output_dir)
```

```
score_all = []
importance_all = []

for target_y in targets_y:
    y_train = train_data[target_y]
    X_train = train_data[X_cols]
    y_test = test_data[target_y]
    X_test = test_data[X_cols]

    models = {'tree': DecisionTreeClassifier(random_state=0),
              'RandomForest': RandomForestClassifier(random_state=0),
              'GradientBoosting': GradientBoostingClassifier(random_state=0)}

    for model_name, model in models.items():
        print(model_name)
        score, importance, model, cols = make_model_and_eval(
            model, X_train, X_test, y_train, y_test)
        score['model_name'] = model_name
        importance['model_name'] = model_name
        score['model_target'] = target_y
        importance['model_target'] = target_y

        model_nema = f'model_{target_y}_{model_name}.pickle'
        model_path = os.path.join(target_output_dir, model_nema)
        with open(model_path, mode='wb') as f:
            pickle.dump(model, f, protocol=2)
        score_all.append(score)
        importance_all.append(importance)

score_all = pd.concat(score_all, ignore_index=True)
importance_all = pd.concat(importance_all, ignore_index=True)
cols = pd.DataFrame({'X_cols': X_train.columns})

score_name = 'score.csv'
importance_name = 'importance.csv'
cols_name = 'X_cols.csv'
score_path = os.path.join(target_output_dir, score_name)
importance_path = os.path.join(target_output_dir, importance_name)
cols_path = os.path.join(target_output_dir, cols_name)
score_all.to_csv(score_path, index=False)
importance_all.to_csv(importance_path, index=False)
cols.to_csv(cols_path, index=False)
```

```
In [19]:  X_cols = list(train_data.columns)
          X_cols.remove('y_weekday')
          X_cols.remove('y_weekend')
          targets_y = ['y_weekday', 'y_weekend']

          now = datetime.datetime.now().strftime("%Y%m%d%H%M%S")
          target_output_dir_name = 'results_' + now
          target_output_dir = os.path.join(output_dir, target_output_dir_name)
          os.makedirs(target_output_dir, exist_ok=True)
          print(target_output_dir)

          score_all = []
          importance_all = []

          for target_y in targets_y:
              y_train = train_data[target_y]
              X_train = train_data[X_cols]
              y_test = test_data[target_y]
              X_test = test_data[X_cols]

              models = {'tree': DecisionTreeClassifier(random_state=0),
                        'RandomForest': RandomForestClassifier(random_state=0),
                        'GradientBoosting': GradientBoostingClassifier(random_state=0)}

              for model_name, model in models.items():
                  print(model_name)
                  score, importance, model, cols = make_model_and_eval(
                      model, X_train, X_test, y_train, y_test)
                  score['model_name'] = model_name
                  importance['model_name'] = model_name
                  score['model_target'] = target_y
                  importance['model_target'] = target_y

                  model_nema = f'model_{target_y}_{model_name}.pickle'
                  model_path = os.path.join(target_output_dir, model_nema)
                  with open(model_path, mode='wb') as f:
                      pickle.dump(model, f, protocol=2)
                  score_all.append(score)
                  importance_all.append(importance)

          score_all = pd.concat(score_all, ignore_index=True)
          importance_all = pd.concat(importance_all, ignore_index=True)
          cols = pd.DataFrame({'X_cols': X_train.columns})

          score_name = 'score.csv'
          importance_name = 'importance.csv'
          cols_name = 'X_cols.csv'
          score_path = os.path.join(target_output_dir, score_name)
          importance_path = os.path.join(target_output_dir, importance_name)
          cols_path = os.path.join(target_output_dir, cols_name)
          score_all.to_csv(score_path, index=False)
          importance_all.to_csv(importance_path, index=False)
          cols.to_csv(cols_path, index=False)
```

그림 7-21 **평일/휴일 모델 구현**

테크닉 69 와 같은 흐름입니다. 이제 이 모델을 평가해 봅시다. 이전과 마찬가지로 경사 하강 부스팅의 정밀도가 가장 높을까요?

다음 코드를 각각의 셀에 하나씩 순서대로 실행해 봅시다.

```
score_all.loc[score_all['model_target']=='y_weekday']
score_all.loc[score_all['model_target']=='y_weekend']
```

```
In [20]:  score_all.loc[score_all['model_target']=='y_weekday']
```

Out[20]:

	DataCategory	acc	f1	recall	precision	tp	fn	fp	tn	model_name	model_target
0	train	1.000000	1.000000	1.000000	1.000000	731	0	0	755	tree	y_weekday
1	test	0.587127	0.589704	0.583333	0.596215	189	135	128	185	tree	y_weekday
2	train	1.000000	1.000000	1.000000	1.000000	731	0	0	755	RandomForest	y_weekday
3	test	0.627943	0.615883	0.586420	0.646464	190	134	103	210	RandomForest	y_weekday
4	train	0.814939	0.819672	0.854993	0.787154	625	106	169	586	GradientBoosting	y_weekday
5	test	0.667190	0.675841	0.682099	0.669697	221	103	109	204	GradientBoosting	y_weekday

```
In [21]:  score_all.loc[score_all['model_target']=='y_weekend']
```

Out[21]:

	DataCategory	acc	f1	recall	precision	tp	fn	fp	tn	model_name	model_target
6	train	1.000000	1.000000	1.000000	1.000000	704	0	0	782	tree	y_weekend
7	test	0.802198	0.799363	0.784375	0.814935	251	69	57	260	tree	y_weekend
8	train	1.000000	1.000000	1.000000	1.000000	704	0	0	782	RandomForest	y_weekend
9	test	0.844584	0.845554	0.846875	0.844237	271	49	50	267	RandomForest	y_weekend
10	train	0.915882	0.912770	0.928977	0.897119	654	50	75	707	GradientBoosting	y_weekend
11	test	0.869702	0.869702	0.865625	0.873817	277	43	40	277	GradientBoosting	y_weekend

그림 7-22 평일/휴일 모델 평가

역시 weekeday, weekend 모델 모두 경사 하강 부스팅의 정밀도가 높음을 알 수 있습니다. 여기까지의 결과를 보면 이 데이터에 대해서는 경사 하강 부스팅을 채용하는 것이 좋을 것입니다.

다음으로 경사 하강 부스팅 모델에서 중요도가 높은 변수는 무엇일까요? weekday에 대해서만 확인해 봅시다.

```
importance_all.loc[
    (importance_all['model_target'] == 'y_weekday') &
    (importance_all['model_name'] == 'GradientBoosting')].head(10)
```

```
In [22]:  importance_all.loc[
              (importance_all['model_target'] == 'y_weekday') &
              (importance_all['model_name'] == 'GradientBoosting')].head(10)
```

Out[22]:

	cols	importance	model_name	model_target
422	order_weekend	0.247604	GradientBoosting	y_weekday
423	order_weekday	0.228197	GradientBoosting	y_weekday
424	order_time_11	0.057058	GradientBoosting	y_weekday
425	order_takeout	0.045164	GradientBoosting	y_weekday
426	order_cancel	0.041055	GradientBoosting	y_weekday
427	order_time_15	0.035858	GradientBoosting	y_weekday
428	order_time_16	0.035653	GradientBoosting	y_weekday
429	delta_avg	0.035109	GradientBoosting	y_weekday
430	order_time_19	0.030646	GradientBoosting	y_weekday
431	order_time_12	0.028963	GradientBoosting	y_weekday

그림 7-23 중요도가 높은 변수 출력

경사 하강 부스팅 역시 결정 트리와 마찬가지로 평일/휴일의 지난달 주문 건수와 함께 delta_avg가 기여하는 것을 알 수 있습니다.

이것으로 머신러닝 모델 구현 및 평가를 마쳤습니다. 하나의 모델에서 시작해 하나씩 기능을 만들고 여러 알고리즘과 모델로 확장했습니다. 어떤 일이든 가장 처음에는 단순한 것부터 시작한다는 것을 알았을 것입니다. 다음 장에서는 새로운 데이터에 대해 예측해 봅시다.

머신러닝 모델로 새로운 데이터를 예측하기 위한 테크닉 10

6장에서는 머신러닝용 데이터를 가공하고 7장에서는 머신러닝 모델을 구현했습니다. 이번 장에서는 새로운 데이터를 예측하는 구조를 만듭니다. 이제까지의 과정은 모두 새로운 데이터를 예측하기 위한 것이었습니다.

이번 장에서는 주문 데이터의 업데이트를 가정한 구조를 만듭니다. 먼저 이제까지 사용한 2020년의 데이터를 사용해 새로운 데이터를 예측해 봅시다.

새로운 데이터에 대한 예측은 주문 데이터 가공에서 시작합니다. 데이터 가공이 완료되면, 모델을 이용해 예측하고 현장 보고서까지 작성하는 것이 목표입니다. 길었던 100개의 테크닉도 이제 거의 막바지입니다. 지금까지의 내용을 생각하며 진행해 봅시다.

- 테크닉 71: 폴더를 만들고 데이터 로딩을 준비하자
- 테크닉 72: 예측할 신규 데이터를 로딩하자
- 테크닉 73: 신규 데이터를 매장별로 집계하자
- 테크닉 74: 신규 데이터의 범주형 변수에 대응하자
- 테크닉 75: 모델 투입 직전의 형식으로 정리하자
- 테크닉 76: 모델 파일을 로딩하자
- 테크닉 77: 신규 데이터를 예측해 보자
- 테크닉 78: 예측 결과를 히트맵으로 그리자
- 테크닉 79: 실적 데이터를 만들자
- 테크닉 80: 현장용 보고서를 만들어 출력하자

상황

여러분은 머신러닝 모델을 구현했습니다. 이제 새로운 데이터를 예측해 봅시다. 먼저 새로운 데이터 예측 흐름을 만들기 위해 2021년 3월 주문 데이터를 새로운 데이터로 간주해 새로운 데이터를 예측해 봅시다.

전제조건 ---

이번 장에서는 6장에서 만든 주문 데이터와 각종 마스터 데이터, 그리고 7장에서 만든 모델 파일을 이용합니다.

표 8-1 **데이터 목록**

No.	파일명	설명
1	m_area.csv	지역 마스터. 시/도/군/구 정보 등
2	m_store.csv	매장 마스터. 매장명 등
3	tbl_order_202103.csv	주문 데이터. 이번 장에서는 신규 데이터로 이용
4-1	model_y_weekday_GradientBoosting.pickle	7장에서 만든 모델 파일. 평일 예측용 모델
4-2	model_y_weekend_GradientBoosting.pickle	7장에서 만든 모델 파일. 휴일 예측용 모델
5	X_cols.csv	7장에서 만든 모델의 설명 변수 목록

테크닉
71
폴더를 만들고 데이터 로딩을 준비하자

가장 먼저 고려해야 할 것은 무엇일까요? 바로 폴더 구성입니다. 이번에는 입력 데이터와 데이터 가공 후의 데이터 출력이 필요합니다. 그리고 7장과 달리 마스터 데이터를 가공에 사용하므로 마스터 폴더도 필요합니다. 또한, 7장에서 만든 모델 파일을 저장할 모델 폴더도 필요합니다. 모델 폴더는 데이터 폴더나 소스 파일(.ipynb 파일)과 같은 계층에 구성합니다. 그럼 폴더를 만들어 봅시다.

```
import os
data_dir = 'data'
input_dir = os.path.join(data_dir, '0_input')
output_dir = os.path.join(data_dir, '1_output')
master_dir = os.path.join(data_dir, '99_master')
model_dir = 'models'
os.makedirs(input_dir,exist_ok=True)
os.makedirs(output_dir,exist_ok=True)
os.makedirs(master_dir,exist_ok=True)
os.makedirs(model_dir,exist_ok=True)
```

```
In [5]: import os
        data_dir = 'data'
        input_dir = os.path.join(data_dir, '0_input')
        output_dir = os.path.join(data_dir, '1_output')
        master_dir = os.path.join(data_dir, '99_master')
        model_dir = 'models'
        os.makedirs(input_dir,exist_ok=True)
        os.makedirs(output_dir,exist_ok=True)
        os.makedirs(master_dir,exist_ok=True)
        os.makedirs(model_dir,exist_ok=True)
```

그림 8-1 폴더 생성

폴더를 만들었다면 이번 장에서 사용할 데이터를 배치합니다. 폴더가 많으므로 잘못 배치하지 않도록 확인합니다. 0_input 폴더에는 tbl_order_202103.csv를 저장합니다. 99_master에는 m_area.csv, m_store.csv를 저장합니다. 또한, 모델 파일인 model_y_weekday_GradientBoosting.pickle, model_y_weekend_GradientBoosting.pickle과 혼동 행렬 파일 X_cols.csv를 models 폴더에 저장합니다.

이제 준비를 마쳤으므로 데이터를 로딩해 봅시다.

테크닉 72 예측할 신규 데이터를 로딩하자

이제 데이터를 로딩합니다. 먼저 마스터 데이터를 로딩합니다. 앞에서 여러 차례 수행한 작업이므로 특별한 문제는 없을 것입니다.

```
import pandas as pd
m_area_file = 'm_area.csv'
m_store_file = 'm_store.csv'
```

```
m_area = pd.read_csv(os.path.join(master_dir, m_area_file))
m_store = pd.read_csv(os.path.join(master_dir, m_store_file))
```

```
In [6]:  import pandas as pd
         m_area_file = 'm_area.csv'
         m_store_file = 'm_store.csv'
         m_area = pd.read_csv(os.path.join(master_dir, m_area_file))
         m_store = pd.read_csv(os.path.join(master_dir, m_store_file))
```

그림 8-2 **마스터 데이터 로딩**

다음으로 대상이 되는 신규 데이터를 로딩합니다. 여기에서는 간이 데이터 확인 구조를 추가합니다. 5장의 내용을 돌아보면서 만들어 봅시다.

```
tg_ym = '202103'
target_file = 'tbl_order_' + tg_ym + '.csv'
target_data = pd.read_csv(os.path.join(input_dir, target_file))

import datetime

max_date = pd.to_datetime(target_data['order_accept_date']).max()
min_date = pd.to_datetime(target_data['order_accept_date']).min()
max_str_date = max_date.strftime('%Y%m')
min_str_date = min_date.strftime("%Y%m")

if tg_ym == min_str_date and tg_ym == max_str_date:
    print('날짜가 일치합니다')
else:
    raise Exception('날짜가 일치하지 않습니다')
```

```
In [3]:  tg_ym = '202103'
         target_file = 'tbl_order_' + tg_ym + '.csv'
         target_data = pd.read_csv(os.path.join(input_dir, target_file))

         import datetime

         max_date = pd.to_datetime(target_data['order_accept_date']).max()
         min_date = pd.to_datetime(target_data['order_accept_date']).min()
         max_str_date = max_date.strftime('%Y%m')
         min_str_date = min_date.strftime("%Y%m")

         if tg_ym == min_str_date and tg_ym == max_str_date:
             print('날짜가 일치합니다')
         else:
             raise Exception('날짜가 일치하지 않습니다')

         날짜가 일치합니다
```

그림 8-3 **데이터 확인 구조를 이용한 신규 데이터 로딩**

이것으로 필요한 데이터를 모두 로딩했습니다. 모델 파일 및 X_cols.csv 파일은 예측 수행 시 로딩합니다.

신규 데이터를 매장별로 집계하자

다음으로 데이터를 가공합니다. 머신러닝을 이용해 예측하려면 모델 구현 시 설명 변수 X의 데이터를 가공해야 합니다. 6장에서 매장별 집계를 수행하는 가공과 목적 변수를 만들어 연결하는 가공, 두 가지를 수행했습니다. 신규 데이터는 미지의 데이터이므로 목적 변수를 만들거나 연결할 필요는 없습니다. 먼저 매장별 데이터를 집계합니다. 여기에서는 6장에서 만든 함수를 활용합니다.

```python
def calc_delta(t):
    t1, t2 = t
    delta = t2 - t1
    return delta.total_seconds() / 60


def data_processing(order_data):
    order_data = order_data.loc[order_data['store_id'] != 999]
    order_data = pd.merge(order_data, m_store, on='store_id', how='left')
    order_data = pd.merge(order_data, m_area, on='area_cd', how='left')
    order_data.loc[order_data['takeout_flag'] == 0, 'takeout_name'] = 'delivery'
    order_data.loc[order_data['takeout_flag'] == 1, 'takeout_name'] = 'takeout'
    order_data.loc[order_data['status'] == 0, 'status_name'] = '주문 접수'
    order_data.loc[order_data['status'] == 1, 'status_name'] = '결제 완료'
    order_data.loc[order_data['status'] == 2, 'status_name'] = '배달 완료'
    order_data.loc[order_data['status'] == 9, 'status_name'] = '주문 취소'

    order_data.loc[:, 'order_accept_datetime'] = \
        pd.to_datetime(order_data['order_accept_date'])
    order_data.loc[:, 'delivered_datetime'] = \
        pd.to_datetime(order_data['delivered_date'])
    order_data.loc[:, 'delta'] = \
        order_data[['order_accept_datetime', 'delivered_datetime']].apply(
            calc_delta, axis=1)
    order_data.loc[:, 'order_accept_hour'] = \
        order_data['order_accept_datetime'].dt.hour
    order_data.loc[:, 'order_accept_weekday'] = \
        order_data['order_accept_datetime'].dt.weekday
    order_data.loc[order_data['order_accept_weekday'] >= 5,
                'weekday_info'] = '휴일'
    order_data.loc[order_data['order_accept_weekday'] < 5,
                'weekday_info'] = '평일'
```

```python
    store_data = order_data.groupby(['store_name']).count()[['order_id']]
    store_f = order_data.loc[
        (order_data['status_name'] == "배달 완료") |
        (order_data['status_name'] == "결제 완료")
        ].groupby(['store_name']).count()[['order_id']]
    store_c = order_data.loc[
        order_data['status_name'] == "주문 취소"
        ].groupby(['store_name']).count()[['order_id']]
    store_d = order_data.loc[
        order_data['takeout_name'] == "delivery"
        ].groupby(['store_name']).count()[['order_id']]
    store_t = order_data.loc[
        order_data['takeout_name'] == "takeout"
        ].groupby(['store_name']).count()[['order_id']]
    store_weekday = order_data.loc[
        order_data['weekday_info'] == "평일"
        ].groupby(['store_name']).count()[['order_id']]
    store_weekend = order_data.loc[
        order_data['weekday_info'] == "휴일"
        ].groupby(['store_name']).count()[['order_id']]
    times = order_data['order_accept_hour'].unique()
    store_time = []

    for time in times:
        time_tmp = order_data.loc[
            order_data['order_accept_hour'] == time
            ].groupby(['store_name']).count()[['order_id']]
        time_tmp.columns = [f'order_time_{time}']
        store_time.append(time_tmp)

    store_time = pd.concat(store_time, axis=1)
    store_delta = order_data.loc[
        order_data['status_name'] != "주문 취소"
        ].groupby(['store_name']).mean()[['delta']]
    store_data.columns = ['order']
    store_f.columns = ['order_fin']
    store_c.columns = ['order_cancel']
    store_d.columns = ['order_delivery']
    store_t.columns = ['order_takeout']
    store_delta.columns = ['delta_avg']
    store_weekday.columns = ['order_weekday']
    store_weekend.columns = ['order_weekend']
    store_data = pd.concat([
        store_data, store_f, store_c, store_d, store_t,
        store_weekday, store_weekend, store_time, store_delta], axis=1)
    return store_data
```

```
In [14]: def calc_delta(t):
             t1, t2 = t
             delta = t2 - t1
             return delta.total_seconds() / 60


         def data_processing(order_data):
             order_data = order_data.loc[order_data['store_id'] != 999]
             order_data = pd.merge(order_data, m_store, on='store_id', how='left')
             order_data = pd.merge(order_data, m_area, on='area_cd', how='left')
             order_data.loc[order_data['takeout_flag'] == 0, 'takeout_name'] = 'delivery'
             order_data.loc[order_data['takeout_flag'] == 1, 'takeout_name'] = 'takeout'
             order_data.loc[order_data['status'] == 0, 'status_name'] = '주문 접수'
             order_data.loc[order_data['status'] == 1, 'status_name'] = '결제 완료'
             order_data.loc[order_data['status'] == 2, 'status_name'] = '배달 완료'
             order_data.loc[order_data['status'] == 9, 'status_name'] = '주문 취소'

             order_data.loc[:, 'order_accept_datetime'] = \
                 pd.to_datetime(order_data['order_accept_date'])
             order_data.loc[:, 'delivered_datetime'] = \
                 pd.to_datetime(order_data['delivered_date'])
             order_data.loc[:, 'delta'] = \
                 order_data[['order_accept_datetime', 'delivered_datetime']].apply(
                     calc_delta, axis=1)
             order_data.loc[:, 'order_accept_hour'] = \
                 order_data['order_accept_datetime'].dt.hour
             order_data.loc[:, 'order_accept_weekday'] = \
                 order_data['order_accept_datetime'].dt.weekday
             order_data.loc[order_data['order_accept_weekday'] >= 5,
                            'weekday_info'] = '휴일'
             order_data.loc[order_data['order_accept_weekday'] < 5,
                            'weekday_info'] = '평일'

             store_data = order_data.groupby(['store_name']).count()[['order_id']]
             store_f = order_data.loc[
                 (order_data['status_name'] == "배달 완료") |
                 (order_data['status_name'] == "결제 완료")
                 ].groupby(['store_name']).count()[['order_id']]
             store_c = order_data.loc[
                 order_data['status_name'] == "주문 취소"
                 ].groupby(['store_name']).count()[['order_id']]
             store_d = order_data.loc[
                 order_data['takeout_name'] == "delivery"
                 ].groupby(['store_name']).count()[['order_id']]
             store_t = order_data.loc[
                 order_data['takeout_name'] == "takeout"
                 ].groupby(['store_name']).count()[['order_id']]
             store_weekday = order_data.loc[
                 order_data['weekday_info'] == "평일"
                 ].groupby(['store_name']).count()[['order_id']]
             store_weekend = order_data.loc[
                 order_data['weekday_info'] == "휴일"
                 ].groupby(['store_name']).count()[['order_id']]
             times = order_data['order_accept_hour'].unique()
             store_time = []

             for time in times:
                 time_tmp = order_data.loc[
                     order_data['order_accept_hour'] == time
                     ].groupby(['store_name']).count()[['order_id']]
                 time_tmp.columns = [f'order_time_{time}']
                 store_time.append(time_tmp)

             store_time = pd.concat(store_time, axis=1)
             store_delta = order_data.loc[
                 order_data['status_name'] != "주문 취소"
                 ].groupby(['store_name']).mean()[['delta']]
             store_data.columns = ['order']
             store_f.columns = ['order_fin']
             store_c.columns = ['order_cancel']
             store_d.columns = ['order_delivery']
             store_t.columns = ['order_takeout']
             store_delta.columns = ['delta_avg']
             store_weekday.columns = ['order_weekday']
             store_weekend.columns = ['order_weekend']
             store_data = pd.concat([
                 store_data, store_f, store_c, store_d, store_t,
                 store_weekday, store_weekend, store_time, store_delta], axis=1)
             return store_data
```

그림 8-4 매장별 집계 수행 함수

기본적으로는 6장 테크닉 56 에서 만든 함수를 그대로 사용해도 문제는 없습니다. 단,
그 함수 안에서 피자 배달 시간을 집계하기 위해 calc_delta 함수를 사용하므로 그 함
수도 필요합니다.

그 함수를 이용해 신규 데이터에 대한 매장별 집계를 수행합니다. 또한, 후반부에서 실적

데이터 집계를 수행하므로 actual_data로 저장해 둡니다.

```
store_data = data_processing(target_data)
store_data.reset_index(drop=False, inplace=True)
actual_data = store_data.copy()
```

```
In [9]: store_data = data_processing(target_data)
        store_data.reset_index(drop=False, inplace=True)
        actual_data = store_data.copy()
```

그림 8-5 매장별 집계 함수 실행

이어서 범주형 변수에 대한 대응 처리를 합니다.

신규 데이터의 범주형 변수에 대응하자

여기부터는 머신러닝 모델에 데이터를 투입하기 직전의 처리를 합니다. 먼저 원-핫 인코딩으로 store_name을 변수 데이터로 변환합니다. 이 처리는 7장 **테크닉 62** 에서 다루었습니다. 해당 내용을 참고해 데이터를 가공해 봅시다.

```
category_data = pd.get_dummies(store_data['store_name'],
                              prefix='store', prefix_sep='_')
del category_data['store_가덕해안로점']
store_data = pd.concat([store_data, category_data], axis=1)
store_data.head(3)
```

```
In [7]: category_data = pd.get_dummies(store_data['store_name'],
                                       prefix='store', prefix_sep='_')
        del category_data['store_가덕해안로점']
        store_data = pd.concat([store_data, category_data], axis=1)
        store_data.head(3)
```

Out[7]:

	store_name	order	order_fin	order_cancel	order_delivery	order_takeout	order_weekday	order_weekend	order_time_11	order_time_12	...	store_한누리대로점	store_한밭대로점
0	가덕해안로점	1032	844	188	774	258	771	261	88	100	...	0	0
1	가마산로2점	1511	1234	277	1141	370	1123	388	142	110	...	0	0
2	가마산로점	1065	861	204	782	283	789	276	103	107	...	0	0

3 rows × 212 columns

그림 8-6 범주형 변수 대응

7장 테크닉 62의 처리와 기본적으로 같습니다. 테크닉 62에서는 year_month나 store_name을 열에서 삭제했지만 여기에서는 삭제하지 않습니다. 매장별 집계 상태에서는 year_month 열이 없는 점, 다음 테크닉에서 X_cols.csv를 기반으로 설명 변수 X를 필터링하므로 store_name과 같은 열을 그대로 두어도 문제가 없어 특별히 처리하지 않습니다.

테크닉 75 모델 투입 직전의 형식으로 정리하자

드디어 모델을 이용해 예측을 하기 위한 데이터로 정리합니다. X_cols.csv를 설명 변수의 열 이름으로 로딩한 뒤 store_data의 열 이름을 필터링해서 완료합니다. 지금까지 학습해 온 여러분에게 특별히 어려운 처리는 아닐 것입니다.

```
X_cols_name = 'X_cols.csv'
X_cols = pd.read_csv(os.path.join(model_dir, X_cols_name))
X_cols = X_cols['X_cols']
```

```
In [11]: X_cols_name = 'X_cols.csv'
         X_cols = pd.read_csv(os.path.join(model_dir, X_cols_name))
         X_cols = X_cols['X_cols']
```

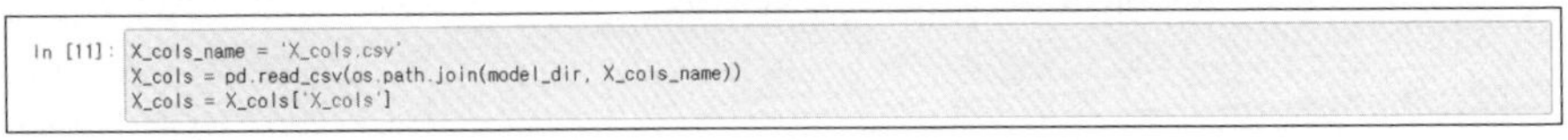

그림 8-7 **모델에 사용한 설명 변수 로딩**

csv를 로딩하고 열 이름에 X_cols를 지정해서 대상 열 이름을 X_cols로 정의합니다. 그럼 변수 X_cols를 이용해 열을 필터링해 봅시다.

```
X = store_data[X_cols].copy()
X.head(3)
```

```
In [9]: X = store_data[X_cols].copy()
        X.head(3)
```

Out[9]:

	order	order_fin	order_cancel	order_delivery	order_takeout	order_weekday	order_weekend	order_time_11	order_time_12	order_time_13	...	store_한누리대로점	store 한발 로
0	1032	844	188	774	258	771	261	88	100	101	...	0	
1	1511	1234	277	1141	370	1123	388	142	110	109	...	0	
2	1065	861	204	782	283	789	276	103	107	89	...	0	

3 rows × 211 columns

그림 8-8 **설명 변수의 열로 필터링**

이제 모델에 투입하기 직전의 데이터를 만들었습니다. 이와 같이 모델 구현 시 X_cols를 저장하고 이를 이용해 필터링하면, 만일 모델을 수정하는 등으로 설명 변수가 바뀌어도 유연하게 대응할 수 있습니다. 작은 팁으로 기억해 두면 좋습니다.

테크닉 76 모델 파일을 로딩하자

이제부터 모델 측을 준비합니다. 모델 파일을 로딩합니다. weekday와 weekend 2개 모델이 있으므로 pickle.load를 이용해 2개 모델을 모두 로딩합니다.

```
import pickle
model_weekday_name = 'model_y_weekday_GradientBoosting.pickle'
model_weekend_name = 'model_y_weekend_GradientBoosting.pickle'

model_weekday_path = os.path.join(model_dir, model_weekday_name)
model_weekend_path = os.path.join(model_dir, model_weekend_name)

with open(model_weekday_path, mode='rb') as f:
    model_weekday = pickle.load(f)

with open(model_weekend_path, mode='rb') as f:
    model_weekend = pickle.load(f)

print(model_weekday)
print(model_weekend)
```

```
In [13]: import pickle
         model_weekday_name = 'model_y_weekday_GradientBoosting.pickle'
         model_weekend_name = 'model_y_weekend_GradientBoosting.pickle'

         model_weekday_path = os.path.join(model_dir, model_weekday_name)
         model_weekend_path = os.path.join(model_dir, model_weekend_name)

         with open(model_weekday_path, mode='rb') as f:
             model_weekday = pickle.load(f)

         with open(model_weekend_path, mode='rb') as f:
             model_weekend = pickle.load(f)

         print(model_weekday)
         print(model_weekend)

         GradientBoostingClassifier(random_state=0)
         GradientBoostingClassifier(random_state=0)
```

그림 8-9 **모델 파일 로딩**

정의한 모델을 print로 출력하면 모델 구현 시의 파라미터 정보를 출력합니다.

 테크닉 77 **신규 데이터를 예측하자**

이제 데이터를 예측합니다. 7장에서 이미 모델 구현 시 예측을 수행했으므로 특별히 새로운 것은 없습니다. 먼저 predict의 결과를 출력해 봅시다.

```
pred_weekday = model_weekday.predict(X)
pred_weekend = model_weekend.predict(X)
pred_weekend[:10]
```

```
In [10]: pred_weekday = model_weekday.predict(X)
         pred_weekend = model_weekend.predict(X)
         pred_weekend[:10]
Out[10]: array([1., 1., 1., 1., 1., 1., 1., 1., 1., 1.])
```

그림 8-10 **예측 결과 출력**

확인을 위해 예측 결과를 10건만 출력했습니다. 결과를 보면 0 또는 1이 출력됩니다. 7장에서 확인한 것과 같습니다. 알고리즘 중에는 0 또는 1처럼 이진값이 아닌 예측 확률을 표시하는 것도 있습니다. 트리 계열 알고리즘도 확률을 출력할 수 있습니다. predict_proba를 이용해 확률을 표시해 봅시다.

```
pred_proba_weekday = model_weekday.predict_proba(X)
pred_proba_weekend = model_weekend.predict_proba(X)
pred_proba_weekend[:10]
```

```
In [12]:   pred_proba_weekday = model_weekday.predict_proba(X)
           pred_proba_weekend = model_weekend.predict_proba(X)
           pred_proba_weekend[:10]

Out[12]:   array([[0.05351037, 0.94648963],
                  [0.14219353, 0.85780647],
                  [0.08717618, 0.91282382],
                  [0.07102873, 0.92897127],
                  [0.04808021, 0.95191979],
                  [0.12835777, 0.87164223],
                  [0.10152683, 0.89847317],
                  [0.07721712, 0.92278288],
                  [0.10146196, 0.89853804],
                  [0.0813309 , 0.9186691 ]])
```

그림 8-11 **예측 확률 출력**

왼쪽은 0이라고 예측할 확률이고 오른쪽은 1이라고 예측할 확률입니다. 두 값을 더하면 1이 됩니다. predict는 이 확률이 0.5보다 큰 쪽을 출력합니다. 직전 셀에서 실행한 결과와 비교해 보면 좋을 것입니다. 1이라고 예측할 확률만 알면 충분하므로 오른쪽 값만 얻습니다.

```
pred_proba_weekday = pred_proba_weekday[:,1]
pred_proba_weekend = pred_proba_weekend[:,1]
pred_proba_weekend[:10]
```

```
In [13]:   pred_proba_weekday = pred_proba_weekday[:,1]
           pred_proba_weekend = pred_proba_weekend[:,1]
           pred_proba_weekend[:10]

Out[13]:   array([0.94648963, 0.85780647, 0.91282382, 0.92897127, 0.95191979,
                  0.87164223, 0.89847317, 0.92278288, 0.89853804, 0.9186691 ])
```

그림 8-12 **예측 확률 출력**

이것으로 1이라고 예측할 확률, 다시 말해, 주문 건수가 증가하는 확률로서의 세세한 임곗값을 설정할 수 있게 되었습니다.

이 결과를 데이터프레임으로 저장해 둡니다.

```
pred = pd.DataFrame({'pred_weekday': pred_weekday,
                     'pred_weekend': pred_weekend,
                     'score_weekday': pred_proba_weekday,
                     'score_weekend': pred_proba_weekend})
pred.loc[:, 'store_name'] = store_data['store_name']
```

```
pred.loc[:, 'year_month'] = tg_ym
pred.head(3)
```

```
In [13]:  pred = pd.DataFrame({'pred_weekday': pred_weekday,
                               'pred_weekend': pred_weekend,
                               'score_weekday': pred_proba_weekday,
                               'score_weekend': pred_proba_weekend})
          pred.loc[:, 'store_name'] = store_data['store_name']
          pred.loc[:, 'year_month'] = tg_ym
          pred.head(3)
```

Out [13]:

	pred_weekday	pred_weekend	score_weekday	score_weekend	store_name	year_month
0	0.0	1.0	0.268458	0.946490	가덕해안로점	202103
1	0.0	1.0	0.218300	0.857806	가마산로2점	202103
2	0.0	1.0	0.413996	0.912824	가마산로점	202103

그림 8-13 **예측 결과 및 확률 데이터화**

예측 결과를 저장할 때 store_data 안의 store_name 열을 그대로 부여하고 있습니다.
이것은 머신러닝 모델을 이용해 예측하기 전과 예측한 결과 데이터의 순서가 같기 때문
에 그대로 사용할 수 있습니다. 만일, 정렬 등으로 데이터 순서를 바꾸면 이런 방식은 사
용할 수 없으므로 주의합니다.

테크닉 78 예측 결과를 히트맵으로 그리자

확률을 계산한 결과를 히트맵heatmap으로 그려 봅시다. 먼저 필요한 열로 필터링하고
store_name을 index로 정의합니다.

```
pred_viz = pred[['store_name','score_weekday','score_weekend']].copy()
pred_viz.set_index('store_name', inplace=True)
pred_viz
```

```
In [15]: pred_viz = pred[['store_name','score_weekday','score_weekend']].copy()
         pred_viz.set_index('store_name', inplace=True)
         pred_viz
```

Out [15]:

	score_weekday	score_weekend
store_name		
가덕해안로점	0.286452	0.946490
가마산로2점	0.276997	0.857806
가마산로점	0.394612	0.912824
갑천항로점	0.405474	0.928971
강남대로2점	0.307603	0.951920
...	...	...
화곡로2점	0.327748	0.942329
화곡로점	0.216734	0.932055
화중로점	0.236831	0.930458
효덕로점	0.225743	0.799744
효원로점	0.497700	0.893753

193 rows × 2 columns

그림 8-14 **히트맵용 데이터 작성**

다음으로 seaborn을 이용해 히트맵을 만듭니다. 데이터가 너무 많으면 히트맵이 깨지므로 20개 매장만 시각화합니다.

```python
import seaborn as sns
import matplotlib as plt

# 한글 폰트 처리
import os

if os.name == 'nt':  # Windows
    plt.rc('font', family='Malgun Gothic')
elif os.name == 'posix':  # macOS
    plt.rc('font', family='AllieGothic')

plt.rc('axes', unicode_minus=False)  # minus font settings

sns.heatmap(pred_viz[:20].T)
```

```
In [16]: import seaborn as sns
         import matplotlib as plt

         # 한글 폰트 처리
         import os

         if os.name == 'nt':  # Windows
             plt.rc('font', family='Malgun Gothic')
         elif os.name == 'posix':  # macOS
             plt.rc('font', family='AllieGothic')

         plt.rc('axes', unicode_minus=False)  # minus font settings

         sns.heatmap(pred_viz[:20].T)

Out [16]: <AxesSubplot:xlabel='store_name'>
```

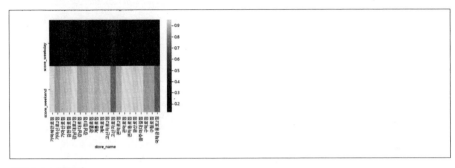

그림 8-15 **히트맵**

히트맵을 보면 전체적으로 2021년 3월에 비해 4월에는 weekend가 증가하는 경향이 있음을 예측할 수 있습니다.

테크닉 79 실적 데이터를 만들자

지금까지 머신러닝의 예측 결과를 얻고 시각화했습니다. 이제부터는 간략한 현장용 보고서에 관해 생각해 봅시다. 머신러닝의 예측 결과를 전달한다 하더라도 점수가 나열되어 있을 뿐이기 때문에 지난달의 상황이 어떠했는지 잘 알 수 없습니다. 그러므로 실적 데이터를 만들어 매장용 보고서에 추가하는 것이 좋습니다.

여기에서는 2021년 3월 데이터를 이용해 2021년 4월 데이터를 예측하고 있습니다. 그러므로 지난달, 즉, 입력 데이터는 2021년 3월의 데이터입니다. 이 데이터로는 전반부에 저장해 둔 actual_data를 사용합니다. 필요한 데이터를 추출하고 연월 데이터를 열 이름으로 지정합니다.

```python
target_cols = [
    'store_name', 'order', 'order_fin', 'order_cancel', 'order_delivery',
    'order_takeout', 'order_weekday', 'order_weekend', 'delta_avg']
actual_data = actual_data[target_cols]
actual_cols = ['store_name']
rename_cols = [f'{x}_{tg_ym}'
                for x in actual_data.columns if x != 'store_name']
actual_cols.extend(rename_cols)
```

```
actual_data.columns = actual_cols
actual_data.head(3)
```

```
In [16]: target_cols = [
    'store_name', 'order', 'order_fin', 'order_cancel', 'order_delivery',
    'order_takeout', 'order_weekday', 'order_weekend', 'delta_avg']
actual_data = actual_data[target_cols]
actual_cols = ['store_name']
rename_cols = [f'{x}_{tg_ym}'
              for x in actual_data.columns if x != 'store_name']
actual_cols.extend(rename_cols)
actual_data.columns = actual_cols
actual_data.head(3)
```

Out[16]:		store_name	order_202103	order_fin_202103	order_cancel_202103	order_delivery_202103	order_takeout_202103	order_weekday_202103	order_weekend_2021
	0	가덕해안로점	1032	844	188	774	258	771	
	1	가마산로2점	1511	1234	277	1141	370	1123	
	2	가마산로점	1065	861	204	782	283	789	

그림 8-16 **실적 데이터 작성**

이제 2021년 3월의 데이터임을 알 수 있습니다. 주문 건수나 주문 취소된 건수도 알 수 있어 현장에서의 검토에 사용할 수 있을 것입니다.

테크닉 80 현장용 보고서를 만들어 출력하자

마지막으로 현장용 보고서를 만들어 봅시다.

먼저 첫 번째로 score만으로는 판단을 내리기 어려우므로 score를 증가(큼), 증가, 감소, 감소(큼)의 네 부분으로 나눕니다.

```
pred.loc[pred['score_weekday'] >= 0.75,
        '주문 예측/평일'] = '증가(큼)'
pred.loc[(pred['score_weekday'] < 0.75) & (pred['score_weekday'] >= 0.5),
        '주문 예측/평일'] = '증가'
pred.loc[(pred['score_weekday'] < 0.5) & (pred['score_weekday'] >= 0.25),
        '주문 예측/평일'] = '감소'
pred.loc[pred['score_weekday'] < 0.25,
        '주문 예측/평일'] = '감소(큼)'

pred.loc[pred['score_weekend'] >= 0.75,
        '주문 예측/휴일'] = '증가(큼)'
```

```
pred.loc[(pred['score_weekend'] < 0.75) & (pred['score_weekend'] >= 0.5),
        '주문 예측/휴일'] = '증가'
pred.loc[(pred['score_weekend'] < 0.5) & (pred['score_weekend'] >= 0.25),
        '주문 예측/휴일'] = '감소'
pred.loc[pred['score_weekend'] < 0.25,
        '주문 예측/휴일'] = '감소(큼)'
```

```
In [17]: pred.loc[pred['score_weekday'] >= 0.75,
                  '주문 예측/평일'] = '증가(큼)'
         pred.loc[(pred['score_weekday'] < 0.75) & (pred['score_weekday'] >= 0.5),
                  '주문 예측/평일'] = '증가'
         pred.loc[(pred['score_weekday'] < 0.5) & (pred['score_weekday'] >= 0.25),
                  '주문 예측/평일'] = '감소'
         pred.loc[pred['score_weekday'] < 0.25,
                  '주문 예측/평일'] = '감소(큼)'

         pred.loc[pred['score_weekend'] >= 0.75,
                  '주문 예측/휴일'] = '증가(큼)'
         pred.loc[(pred['score_weekend'] < 0.75) & (pred['score_weekend'] >= 0.5),
                  '주문 예측/휴일'] = '증가'
         pred.loc[(pred['score_weekend'] < 0.5) & (pred['score_weekend'] >= 0.25),
                  '주문 예측/휴일'] = '감소'
         pred.loc[pred['score_weekend'] < 0.25,
                  '주문 예측/휴일'] = '감소(큼)'
```

그림 8-17 score 간략화

이어서 테크닉 79 의 실적 데이터를 결합합니다.

```
report = pred[['store_name', '주문 예측/평일', '주문 예측/휴일',
              'score_weekday', 'score_weekend']]
report = pd.merge(report, actual_data, on='store_name', how='left')
report.head(3)
```

	store_name	주문예측/평일	주문예측/휴일	score_weekday	score_weekend	order_202103	order_fin_202103	order_cancel_202103	order_delivery_202103	order_takeout_202103
0	가덕해안로점	감소(큼)	증가(큼)	0.181263	0.921702	1031	846	185	777	254
1	가마산로2점	감소(큼)	증가(큼)	0.123341	0.939298	1512	1239	273	1143	369
2	가마산로점	감소	증가(큼)	0.268647	0.902198	1065	861	204	785	280

그림 8-18 실적 데이터 결합

매장 담당자는 왼쪽 열부터 순서대로 중요한 정보를 확인할 수 있습니다. 먼저 주문이 늘어나는지 줄어드는지를 확인할 수 있고 지난달의 실적도 함께 볼 수 있습니다.

마지막으로 보고서를 출력해 봅시다. 이때 파일명에 예측을 수행한 연월을 넣습니다. 이 번에는 2021년 3월 데이터를 사용해 2021년 4월을 예측했으므로 202104가 됩니다.

```python
pred_ym = datetime.datetime.strptime(tg_ym, '%Y%m')
from dateutil.relativedelta import relativedelta
pred_ym = pred_ym + relativedelta(months=1)
pred_ym = datetime.datetime.strftime(pred_ym, '%Y%m')

report_name = f'report_pred_{pred_ym}.xlsx'
report.to_excel(os.path.join(output_dir, report_name), index=False)
```

```
In [23]:   pred_ym = datetime.datetime.strptime(tg_ym, '%Y%m')
           from dateutil.relativedelta import relativedelta
           pred_ym = pred_ym + relativedelta(months=1)
           pred_ym = datetime.datetime.strftime(pred_ym, '%Y%m')

           report_name = f'report_pred_{pred_ym}.xlsx'
           report.to_excel(os.path.join(output_dir, report_name), index=False)
```

그림 8-19 **현장용 보고서 출력**

이것으로 현장용 보고서 파일을 출력했습니다.

이것으로 신규 데이터를 예측하는 10개의 테크닉을 마쳤습니다. 어떻습니까? 신규 데이터를 예측할 때도 반드시 데이터를 가공해야 합니다. 데이터 가공부터 모델을 이용한 예측에 이르는 하나의 흐름을 구현함으로써 업데이트된 데이터에 대응할 수 있음을 알았을 것입니다. 9장에서는 머신러닝 모델 구현과 신규 데이터 예측을 전체적으로 수행합니다. 데이터가 업데이트되는 것을 항상 염두에 두고 시스템을 만들어 갑니다.

소규모 머신러닝 시스템을 만들기 위한 테크닉 10

6장, 7장, 8장에서 일련의 머신러닝 시스템 기능을 조금씩 구현했습니다. 6장에서는 데이터를 가공하고, 7장에서는 머신러닝 모델을 구현하고, 8장에서는 신규 데이터를 예측한 뒤 보고서를 작성했습니다. 점차 이해한 분도 있겠지만 여러 부속을 상황에 맞춰 재사용함으로써 시스템을 만들어 냈습니다. 9장에서는 업데이트를 고려해서 데이터를 축적하면서 데이터 가공, 모델 구현, 신규 데이터 예측을 수행하는 소규모 시스템을 만듭니다. 6장부터 8장까지의 지식을 모두 활용해 시스템을 만들게 될 것입니다. 데이터는 항상 업데이트됩니다. 그 점을 의식하면서 도전해 봅시다!

- 테크닉 81: 폴더를 만들고 초기 변수를 정의하자
- 테크닉 82: 신규 데이터를 로딩하고 매장별 데이터를 만들자
- 테크닉 83: 월별 매장 데이터를 업데이트하자
- 테크닉 84: 머신러닝용 데이터를 만들고 업데이트하자
- 테크닉 85: 머신러닝 모델용 사전 데이터를 가공하자
- 테크닉 86: 머신러닝 모델을 구현하고 평가하자
- 테크닉 87: 신규 데이터 예측을 위한 밑준비를 하자
- 테크닉 88: 신규 데이터를 예측하자
- 테크닉 89: 현장용 보고서를 만들어 출력하자
- 테크닉 90: 머신러닝 모델의 정밀도 추이를 시각화하자

상황

데이터 가공을 시작으로 머신러닝 모델을 구현하고, 신규 데이터 예측부터 보고서 작성에 이르는 일련의 흐름을 만들었습니다. 기능을 구현한 것은 기뻤지만 데이터가 축적되지 않았다는 사실을 깨달았습니다. 변경 시 데이터를 축적함으로써 모델 수정 및 신규 데이터에 대한 예측을 검증할 수 있을 것으로 생각했습니다. 그래서 이제까지 만든 기능을 활용해 매달 업데이트 시점에 데이터를 축적하고 그 데이터를 기반으로 새로운 모델을 만들어 나가기로 합니다.

전제조건

이번 장에서는 2021년 4월부터 2021년 8월까지의 주문 데이터와 각종 마스터 데이터, 6장에서 만든 store_monthly_data.csv, ml_base_data.csv, 7장에서 만든 모델 파일을 사용합니다.

표 9-1 데이터 목록

No.	파일명	설명
1	m_area.csv	지역 마스터. 시/도/군/구 정보 등
2	m_store.csv	매장 마스터. 매장명 등
3	tbl_order_202104.csv ～ tbl_order_202108.csv	주문 데이터. 2021년 4월부터 8월까지의 5개월분 데이터
4	store_monthly_data.csv	매장의 매달 집계 완료 데이터. 6장에서 작성
5	ml_base_data.csv	7장에서 만든 모델의 설명 변수 목록
6-1	model_y_weekday_GradientBoosting.pickle	7장에서 만든 모델 파일. 평일 예측용 모델
6-2	model_y_weekend_GradientBoosting.pickle	7장에서 만든 모델 파일. 휴일 예측용 모델
7	X_cols.csv	7장에서 만든 모델의 설명 변수명 목록

테크닉 81 폴더를 만들고 초기 변수를 정의하자

항상 그랬듯 폴더 구조부터 결정합니다. 단, 여기에서는 그 전에 데이터 흐름dataflow을 생각합니다. 데이터 흐름은 6장부터 8장까지의 흐름을 정리한 것이므로 잘 정리해 둡니다.

먼저 tbl_order 계열의 주문 데이터가 입력 데이터가 됩니다. 그 입력 데이터로부터 매장별로 집계를 수행합니다. 이 데이터는 store_monthly_data와 같으므로 이 데이터를 업데이트할 필요는 없습니다. 6장 시점에서는 2020년 4월부터 2021년 3월까지의 데이터를 모았습니다. 6장의 내용을 다시 떠올려 보면 알겠지만 이 데이터를 기반으로 ml_base_data를 만들었습니다. 다시 말해, store_monthly_data가 업데이트되는 시점에 ml_base_data도 업데이트해야 합니다. 지금까지 이야기한 바에 따르면 store_monthly_data와 ml_base_data가 계속 축적되어 갑니다. 엄밀히는 store_monthly_data만 확실히 업데이트한다면 ml_base_data는 원하는 시점에 최신화할 수 있습니다. 먼저 관리해야 할 데이터를 파악합니다.

그 후의 흐름을 보면 ml_base_data만으로 모델을 구현할 수 있습니다. 또한, 신규 데이터 예측에서는 입력 데이터인 대상 주문 데이터를 매장별로 집계한 데이터를 사용합니다. 이 데이터는 앞에서 store_monthly_data에 추가되었습니다. 이상이 전체적인 흐름입니다.

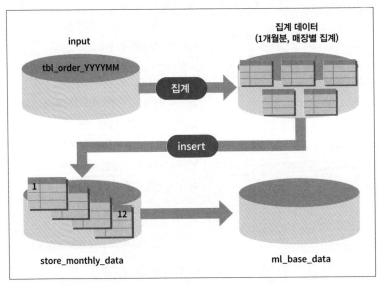

그림 9-1 데이터 흐름

먼저 폴더 구조를 생각해 봅시다.

8장에서 만든 것처럼 데이터 폴더와 모델 폴더는 같은 계층에서 나눕니다. 모델 폴더에는 8장과 마찬가지로 최신 모델을 넣습니다. 데이터 폴더는 다소 복잡합니다. 이번에는 앞에서보다 세부적으로 00_input, 01_store_monthly, 02_ml_base, '10_output_ml_result, 11_output_report, 99_master 폴더로 나눕니다. 폴더명의 첫 번째 자리가 0이면 입력 계열 데이터, 1이면 출력 계열 데이터입니다. 또한, 00_input에서 01_store_monthly가 업데이트되며 이를 기반으로 02_ml_base가 업데이트되는 형태가 되도록 번호를 지정합니다.

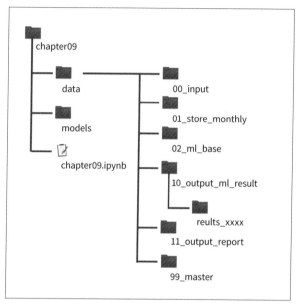

그림 9-2 **폴더 구조**

그럼 폴더를 만들어 봅시다. 이제 폴더는 아무런 어려움 없이 만들 수 있으리라 생각합니다.

```python
import os
data_dir = 'data'
input_dir = os.path.join(data_dir, '00_input')
store_monthly_dir = os.path.join(data_dir, '01_store_monthly')
ml_base_dir = os.path.join(data_dir, '02_ml_base')

output_ml_result_dir = os.path.join(data_dir, '10_output_ml_result')
output_report_dir = os.path.join(data_dir, '11_output_report')

master_dir = os.path.join(data_dir, '99_master')
model_dir = 'models'
```

```
os.makedirs(input_dir,exist_ok=True)
os.makedirs(store_monthly_dir,exist_ok=True)
os.makedirs(ml_base_dir,exist_ok=True)
os.makedirs(output_ml_result_dir,exist_ok=True)
os.makedirs(output_report_dir,exist_ok=True)
os.makedirs(master_dir,exist_ok=True)
os.makedirs(model_dir,exist_ok=True)
```

```
In [1]:  import os
         data_dir = 'data'
         input_dir = os.path.join(data_dir, '00_input')
         store_monthly_dir = os.path.join(data_dir, '01_store_monthly')
         ml_base_dir = os.path.join(data_dir, '02_ml_base')

         output_ml_result_dir = os.path.join(data_dir, '10_output_ml_result')
         output_report_dir = os.path.join(data_dir, '11_output_report')

         master_dir = os.path.join(data_dir, '99_master')
         model_dir = 'models'

         os.makedirs(input_dir,exist_ok=True)
         os.makedirs(store_monthly_dir,exist_ok=True)
         os.makedirs(ml_base_dir,exist_ok=True)
         os.makedirs(output_ml_result_dir,exist_ok=True)
         os.makedirs(output_report_dir,exist_ok=True)
         os.makedirs(master_dir,exist_ok=True)
         os.makedirs(model_dir,exist_ok=True)
```

그림 9-3 **폴더 작성**

폴더를 만들었다면 데이터를 지정한 폴더에 저장합니다. 00_input에는 tbl_order 계열 데이터, 01_store_monthly에는 6장에서 만든 store_monthly_data.csv, 02_ml_base 에는 마찬가지로 6장에서 만든 ml_base_data.csv를 저장합니다. 8장에서와 마찬가지로 models 폴더에는 모델 파일인 model_y_weekday_GradientBoosting.pickle, model_y_ weekend_GradientBoosting.pickle과 열 이름 파일인 X_cols.csv를 저장합니다. 99_ master에는 m_area.csv, m_store.csv를 저장합니다.

이것으로 준비를 마쳤습니다.

다음으로 초기 변수를 정의합니다. 업데이트된 데이터를 지정하기 위해 tg_ym을 시작으로 기본적인 데이터 파일 이름을 지정해 둡니다.

```
tg_ym = '202104'

target_file = 'tbl_order_' + tg_ym + '.csv'
m_area_file = 'm_area.csv'
m_store_file = 'm_store.csv'
store_monthly_file = 'store_monthly_data.csv'
ml_base_file = 'ml_base_data.csv'
```

```
In [2]:   tg_ym = '202104'

          target_file = 'tbl_order_' + tg_ym + '.csv'
          m_area_file = 'm_area.csv'
          m_store_file = 'm_store.csv'
          store_monthly_file = 'store_monthly_data.csv'
          ml_base_file = 'ml_base_data.csv'
```

그림 9-4 **초기 변수 정의**

대상 데이터를 지정할 tg_ym을 가장 첫 부분에 정의해 두면 코드 변경 지점을 쉽게 알수 있기 때문에 오류 발생 가능성이 낮아집니다. 만약 코드를 변경하고 싶지 않을 때는 config 파일 등을 이용해 대상 데이터를 지정하는 형태도 좋을 것입니다.

 테크닉 82 신규 데이터를 로딩하고 매장별 데이터를 만들자

이제 업데이트된 데이터를 로딩하고 매장별 집계를 수행합니다. 8장에서의 처리와 동일합니다. 먼저 데이터를 로딩합니다. 이와 함께 데이터 확인 구조도 추가합니다.

```python
import pandas as pd

m_area = pd.read_csv(os.path.join(master_dir, m_area_file))
m_store = pd.read_csv(os.path.join(master_dir, m_store_file))
target_data = pd.read_csv(os.path.join(input_dir, target_file))

import datetime

max_date = pd.to_datetime(target_data['order_accept_date']).max()
min_date = pd.to_datetime(target_data['order_accept_date']).min()
max_str_date = max_date.strftime('%Y%m')
min_str_date = min_date.strftime('%Y%m')

if tg_ym == min_str_date and tg_ym == max_str_date:
    print(f'날짜가 일치합니다')
else:
    raise Exception(f'날짜가 일치하지 않습니다')
```

```
In [3]:  import pandas as pd

         m_area = pd.read_csv(os.path.join(master_dir, m_area_file))
         m_store = pd.read_csv(os.path.join(master_dir, m_store_file))
         target_data = pd.read_csv(os.path.join(input_dir, target_file))

         import datetime

         max_date = pd.to_datetime(target_data['order_accept_date']).max()
         min_date = pd.to_datetime(target_data['order_accept_date']).min()
         max_str_date = max_date.strftime('%Y%m')
         min_str_date = min_date.strftime('%Y%m')

         if tg_ym == min_str_date and tg_ym == max_str_date:
             print(f'날짜가 일치합니다')
         else:
             raise Exception(f'날짜가 일치하지 않습니다')

         날짜가 일치합니다
```

그림 9-5 업데이트 데이터 로딩

다음으로 함수들을 정의합니다. 이 부분도 8장에 사용한 것과 모두 같습니다.

```python
def calc_delta(t):
    t1, t2 = t
    delta = t2 - t1
    return delta.total_seconds() / 60


def data_processing(order_data):
    order_data = order_data.loc[order_data['store_id'] != 999]
    order_data = pd.merge(order_data, m_store, on='store_id', how='left')
    order_data = pd.merge(order_data, m_area, on='area_cd', how='left')
    order_data.loc[order_data['takeout_flag'] == 0, 'takeout_name'] = 'delivery'
    order_data.loc[order_data['takeout_flag'] == 1, 'takeout_name'] = 'takeout'
    order_data.loc[order_data['status'] == 0, 'status_name'] = '주문 접수'
    order_data.loc[order_data['status'] == 1, 'status_name'] = '결제 완료'
    order_data.loc[order_data['status'] == 2, 'status_name'] = '배달 완료'
    order_data.loc[order_data['status'] == 9, 'status_name'] = '주문 취소'
    order_data.loc[:, 'order_accept_datetime'] = \
        pd.to_datetime(order_data['order_accept_date'])
    order_data.loc[:, 'delivered_datetime'] = \
        pd.to_datetime(order_data['delivered_date'])
    order_data.loc[:, 'delta'] = order_data[
        ['order_accept_datetime', 'delivered_datetime']].apply(calc_delta, axis=1)
    order_data.loc[:, 'order_accept_hour'] = \
        order_data['order_accept_datetime'].dt.hour
    order_data.loc[:, 'order_accept_weekday'] = \
        order_data['order_accept_datetime'].dt.weekday
    order_data.loc[order_data['order_accept_weekday'] >= 5,
                   'weekday_info'] = '휴일'
    order_data.loc[order_data['order_accept_weekday'] < 5,
                   'weekday_info'] = '평일'

    store_data = order_data.groupby(['store_name']).count()[['order_id']]
```

```python
    store_f = order_data.loc[
        (order_data['status_name'] == '배달 완료') |
        (order_data['status_name'] == '결제 완료')
        ].groupby(['store_name']).count()[['order_id']]
    store_c = order_data.loc[
        order_data['status_name'] == '주문 취소'
        ].groupby(['store_name']).count()[['order_id']]
    store_d = order_data.loc[
        order_data['takeout_name'] == 'delivery'
        ].groupby(['store_name']).count()[['order_id']]
    store_t = order_data.loc[
        order_data['takeout_name'] == 'takeout'
        ].groupby(['store_name']).count()[['order_id']]
    store_weekday = order_data.loc[
        order_data['weekday_info'] == '평일'
        ].groupby(['store_name']).count()[['order_id']]
    store_weekend = order_data.loc[
        order_data['weekday_info'] == '휴일'
        ].groupby(['store_name']).count()[['order_id']]
    times = order_data['order_accept_hour'].unique()
    store_time = []

    for time in times:
        time_tmp = order_data.loc[
            order_data['order_accept_hour'] == time
            ].groupby(['store_name']).count()[['order_id']]
        time_tmp.columns = [f'order_time_{time}']
        store_time.append(time_tmp)

    store_time = pd.concat(store_time, axis=1)
    store_delta = order_data.loc[
        order_data['status_name'] != '주문 취소'
        ].groupby(['store_name']).mean()[['delta']]
    store_data.columns = ['order']
    store_f.columns = ['order_fin']
    store_c.columns = ['order_cancel']
    store_d.columns = ['order_delivery']
    store_t.columns = ['order_takeout']
    store_delta.columns = ['delta_avg']
    store_weekday.columns = ['order_weekday']
    store_weekend.columns = ['order_weekend']
    store_data = pd.concat([
        store_data, store_f, store_c, store_d, store_t,
        store_weekday, store_weekend, store_time, store_delta], axis=1)
    return store_data
```

```
In [4]: def calc_delta(t):
            t1, t2 = t
            delta = t2 - t1
            return delta.total_seconds() / 60


        def data_processing(order_data):
            order_data = order_data.loc[order_data['store_id'] != 999]
            order_data = pd.merge(order_data, m_store, on='store_id', how='left')
            order_data = pd.merge(order_data, m_area, on='area_cd', how='left')
            order_data.loc[order_data['takeout_flag'] == 0, 'takeout_name'] = 'delivery'
            order_data.loc[order_data['takeout_flag'] == 1, 'takeout_name'] = 'takeout'
            order_data.loc[order_data['status'] == 0, 'status_name'] = '주문 접수'
            order_data.loc[order_data['status'] == 1, 'status_name'] = '결제 완료'
            order_data.loc[order_data['status'] == 2, 'status_name'] = '배달 완료'
            order_data.loc[order_data['status'] == 9, 'status_name'] = '주문 취소'
            order_data.loc[:, 'order_accept_datetime'] = ₩
                pd.to_datetime(order_data['order_accept_date'])
            order_data.loc[:, 'delivered_datetime'] = ₩
                pd.to_datetime(order_data['delivered_date'])
            order_data.loc[:, 'delta'] = order_data[
                ['order_accept_datetime', 'delivered_datetime']].apply(calc_delta, axis=1)
            order_data.loc[:, 'order_accept_hour'] = ₩
                order_data['order_accept_datetime'].dt.hour
            order_data.loc[:, 'order_accept_weekday'] = ₩
                order_data['order_accept_datetime'].dt.weekday
            order_data.loc[order_data['order_accept_weekday'] >= 5,
                            'weekday_info'] = '휴일'
            order_data.loc[order_data['order_accept_weekday'] < 5,
                            'weekday_info'] = '평일'

            store_data = order_data.groupby(['store_name']).count()[['order_id']]
            store_f = order_data.loc[
                (order_data['status_name'] == "배달 완료") |
                (order_data['status_name'] == "결제 완료")
                ].groupby(['store_name']).count()[['order_id']]
            store_c = order_data.loc[
                order_data['status_name'] == "주문 취소"
                ].groupby(['store_name']).count()[['order_id']]
            store_d = order_data.loc[
                order_data['takeout_name'] == "delivery"
                ].groupby(['store_name']).count()[['order_id']]
            store_t = order_data.loc[
                order_data['takeout_name'] == "takeout"
                ].groupby(['store_name']).count()[['order_id']]
            store_weekday = order_data.loc[
                order_data['weekday_info'] == "평일"
                ].groupby(['store_name']).count()[['order_id']]
            store_weekend = order_data.loc[
                order_data['weekday_info'] == "휴일"
                ].groupby(['store_name']).count()[['order_id']]
            times = order_data['order_accept_hour'].unique()
            store_time = []

            for time in times:
                time_tmp = order_data.loc[
                    order_data['order_accept_hour'] == time
                    ].groupby(['store_name']).count()[['order_id']]
                time_tmp.columns = [f'order_time_{time}']
                store_time.append(time_tmp)

            store_time = pd.concat(store_time, axis=1)
            store_delta = order_data.loc[
                order_data['status_name'] != "주문 취소"
                ].groupby(['store_name']).mean()[['delta']]
            store_data.columns = ['order']
            store_f.columns = ['order_fin']
            store_c.columns = ['order_cancel']
            store_d.columns = ['order_delivery']
            store_t.columns = ['order_takeout']
            store_delta.columns = ['delta_avg']
            store_weekday.columns = ['order_weekday']
            store_weekend.columns = ['order_weekend']
            store_data = pd.concat([
                store_data, store_f, store_c, store_d, store_t,
                store_weekday, store_weekend, store_time, store_delta], axis=1)
            return store_data
```

그림 9-6 매장별 집계 수행 함수

이때 store_name을 인덱스에서 열로 이동시키고 year_month도 추가합니다. 이 열들을
추가하지 않으면 store_monthly_data에 추가할 수 없습니다.

```
store_data = data_processing(target_data)
store_data.reset_index(drop=False, inplace=True)
store_data.loc[:,'year_month'] = tg_ym
```

```
store_data.head(1)
```

```
In [8]:   store_data = data_processing(target_data)
          store_data.reset_index(drop=False, inplace=True)
          store_data.loc[:,'year_month'] = tg_ym
          store_data.head(1)

Out[8]:
          store_name  order  order_fin  order_cancel  order_delivery  order_takeout  order_weekday  order_weekend  order_time_11  order_time_12  ...  order_time_14
       0  가덕해안로      1009   821        188           762             247            739            270            81             115            ...  99
          점

       1 rows × 21 columns
```

그림 9-7 매장별 집계 데이터 작성

업데이트 데이터에 대한 매장별 데이터 집계를 마쳤습니다.

이어서 store_monthly_data를 추가 업데이트합니다.

테크닉 83 월별 매장 데이터를 업데이트하자

업데이트는 단적으로 말하자면 데이터 유니온이므로 concat을 이용해 수행할 수 있습니다. 하지만 이 방법을 이용해 업데이트를 계속 반복하면 같은 연월, 같은 매장의 데이터가 중복해서 존재하게 됩니다. 그래서 반드시 중복 삭제 처리를 해야 합니다. 이때 최신 데이터만 남기도록 처리합니다.

```
store_monthly_data = pd.read_csv(
    os.path.join(store_monthly_dir, store_monthly_file))
print(f'업데이트 전: {len(store_monthly_data)}건')
store_monthly_data = pd.concat(
    [store_monthly_data, store_data], ignore_index=True)
store_monthly_data.loc[:, 'year_month'] = \
    store_monthly_data['year_month'].astype(str)
store_monthly_data.drop_duplicates(
    subset=['store_name', 'year_month'], inplace=True, keep='last')
print(f'업데이트 후:{len(store_monthly_data)}건')
store_monthly_data.to_csv(
    os.path.join(store_monthly_dir, store_monthly_file), index=False)
```

```
In [6]: store_monthly_data = pd.read_csv(
            os.path.join(store_monthly_dir, store_monthly_file))
        print(f'업데이트 전: {len(store_monthly_data)}건')
        store_monthly_data = pd.concat(
            [store_monthly_data, store_data], ignore_index=True)
        store_monthly_data.loc[:, 'year_month'] = ₩
            store_monthly_data['year_month'].astype(str)
        store_monthly_data.drop_duplicates(
            subset=['store_name', 'year_month'], inplace=True, keep='last')
        print(f'업데이트 후: {len(store_monthly_data)}건')
        store_monthly_data.to_csv(
            os.path.join(store_monthly_dir, store_monthly_file), index=False)

        업데이트 전: 2316건
        업데이트 후: 2509건
```

그림 9-8 **매장별 데이터 추가 업데이트**

2,316건에서 2,509건으로 증가한 것을 알 수 있습니다. 같은 셀을 다시 실행해 봅시다.

```
In [7]: store_monthly_data = pd.read_csv(
            os.path.join(store_monthly_dir, store_monthly_file))
        print(f'업데이트 전: {len(store_monthly_data)}건')
        store_monthly_data = pd.concat(
            [store_monthly_data, store_data], ignore_index=True)
        store_monthly_data.loc[:, 'year_month'] = ₩
            store_monthly_data['year_month'].astype(str)
        store_monthly_data.drop_duplicates(
            subset=['store_name', 'year_month'], inplace=True, keep='last')
        print(f'업데이트 후: {len(store_monthly_data)}건')
        store_monthly_data.to_csv(
            os.path.join(store_monthly_dir, store_monthly_file), index=False)

        업데이트 전: 2509건
        업데이트 후: 2509건
```

그림 9-9 **매장별 데이터 추가 업데이트를 재시도할 경우**

업데이트 건수가 2,509건에서 변하지 않음을 알 수 있습니다.

이것으로 추가 업데이트를 완료했습니다.

 ## 테크닉 84 머신러닝용 데이터를 만들고 업데이트하자

이제 머신러닝용 데이터를 만듭니다. 6장에서의 처리와 같습니다. 목적 변수를 만들고 목적 변수와 설명 변수를 연결합니다.

```
from dateutil.relativedelta import relativedelta

y = store_monthly_data[
    ['store_name', 'year_month', 'order_weekday', 'order_weekend']].copy()
y.loc[:, 'one_month_ago'] = pd.to_datetime(y['year_month'], format='%Y%m')
y.loc[:, 'one_month_ago'] = y['one_month_ago'].map(
```

```
        lambda x: x - relativedelta(months=1))
y.loc[:, 'one_month_ago'] = y['one_month_ago'].dt.strftime('%Y%m')

y_one_month_ago = y.copy()
y_one_month_ago.rename(columns={
    'order_weekday': 'order_weekday_one_month_ago',
    'order_weekend': 'order_weekend_one_month_ago',
    'year_month': 'year_month_for_join'}, inplace=True)

y = pd.merge(y, y_one_month_ago[[
    'store_name', 'year_month_for_join',
    'order_weekday_one_month_ago', 'order_weekend_one_month_ago']],
            left_on=['store_name', 'one_month_ago'],
            right_on=['store_name', 'year_month_for_join'], how='left')

y.dropna(inplace=True)
y.loc[y['order_weekday'] - y['order_weekday_one_month_ago'] > 0,
      'y_weekday'] = 1
y.loc[y['order_weekday'] - y['order_weekday_one_month_ago'] <= 0,
      'y_weekday'] = 0
y.loc[y['order_weekend'] - y['order_weekend_one_month_ago'] > 0,
      'y_weekend'] = 1
y.loc[y['order_weekend'] - y['order_weekend_one_month_ago'] <= 0,
      'y_weekend'] = 0

y.rename(columns={'year_month': 'target_year_month'}, inplace=True)
y = y[['store_name', 'target_year_month', 'one_month_ago',
      'y_weekday', 'y_weekend']].copy()
ml_data = pd.merge(y, store_monthly_data,
                   left_on=['store_name', 'one_month_ago'],
                   right_on=['store_name', 'year_month'],
                   how='left')

del ml_data["target_year_month"]
del ml_data["one_month_ago"]
ml_data.head(3)
```

```
y.dropna(inplace=True)
y.loc[y['order_weekday'] - y['order_weekday_one_month_ago'] > 0,
      'y_weekday'] = 1
y.loc[y['order_weekday'] - y['order_weekday_one_month_ago'] <= 0,
      'y_weekday'] = 0
y.loc[y['order_weekend'] - y['order_weekend_one_month_ago'] > 0,
      'y_weekend'] = 1
y.loc[y['order_weekend'] - y['order_weekend_one_month_ago'] <= 0,
      'y_weekend'] = 0

y.rename(columns={'year_month': 'target_year_month'}, inplace=True)
y = y[['store_name', 'target_year_month', 'one_month_ago',
       'y_weekday', 'y_weekend']].copy()
ml_data = pd.merge(y, store_monthly_data,
                   left_on=['store_name', 'one_month_ago'],
                   right_on=['store_name', 'year_month'],
                   how='left')

del ml_data["target_year_month"]
del ml_data["one_month_ago"]
ml_data.head(3)
```

Out [10]:

	store_name	y_weekday	y_weekend	order	order_fin	order_cancel	order_delivery	order_takeout	order_weekday	order_weekend	...	order_time_14	order
0	가더해안로점	0.0	1.0	1000	818	182	741	259	732	268	...	99	
1	가마산로2점	0.0	1.0	1470	1207	263	1099	371	1076	394	...	112	
2	가마산로점	0.0	1.0	1021	838	183	792	229	748	273	...	94	

3 rows × 23 columns

그림 9-10 머신러닝용 데이터 작성

다음으로 ml_base_data를 추가 업데이트합니다. 테크닉 83 과 거의 같습니다.

```
ml_base_data = pd.read_csv(os.path.join(ml_base_dir, ml_base_file))
print(f'업데이트 전 : {len(ml_base_data)}건')
ml_base_data = pd.concat([ml_base_data, ml_data], ignore_index=True)
ml_base_data.loc[:, 'year_month'] = ml_base_data['year_month'].astype(str)
ml_base_data.drop_duplicates(
    subset=['store_name', 'year_month'], inplace=True, keep='last')
print(f'업데이트 후 : {len(ml_base_data)}건')
ml_base_data.to_csv(os.path.join(ml_base_dir, ml_base_file), index=False)
```

In [12]:
```
ml_base_data = pd.read_csv(os.path.join(ml_base_dir, ml_base_file))
print(f'업데이트 전 : {len(ml_base_data)}건')
ml_base_data = pd.concat([ml_base_data, ml_data], ignore_index=True)
ml_base_data.loc[:, 'year_month'] = ml_base_data['year_month'].astype(str)
ml_base_data.drop_duplicates(
    subset=['store_name', 'year_month'], inplace=True, keep='last')
print(f'업데이트 후 : {len(ml_base_data)}건')
ml_base_data.to_csv(os.path.join(ml_base_dir, ml_base_file), index=False)
```

업데이트 전 : 2316건
업데이트 후 : 2316건

그림 9-11 머신러닝용 데이터 작성

2,123건에서 2,316건까지 증가한 것을 확인했습니다. 테크닉 83 과 마찬가지로 셀을 다시
실행하더라도 업데이트 건수가 변하지 않는 것도 확인할 수 있습니다.

이것으로 데이터 가공을 마쳤습니다. 테크닉 85, 86 에서는 머신러닝 모델을 구현합니다.
테크닉 87, 88, 89 에서는 신규 예측 후, 현장용 보고서를 출력합니다.

먼저 머신러닝 모델을 구현합니다.

테크닉 85 머신러닝 모델용 사전 데이터를 가공하자

머신러닝용 데이터를 업데이트했습니다. 업데이트된 데이터를 이용해 모델을 구현합니다. 먼저 데이터를 가공합니다. 전반부에는 범주형 변수에 대응하고, 후반부에는 학습 및 테스트 데이터를 분할합니다.

```python
category_data = pd.get_dummies(ml_base_data['store_name'],
                              prefix='store', prefix_sep='_')
del category_data['store_가덕해안로점']
del ml_base_data['year_month']
del ml_base_data['store_name']
ml_base_data = pd.concat([ml_base_data, category_data], axis=1)

from sklearn.model_selection import train_test_split

train_data, test_data = train_test_split(ml_base_data,
                                         test_size=0.3, random_state=0)
print(f'Train:{len(train_data)}건/ Test:{len(test_data)}')
print(f'Weekday Train0:{len(train_data.loc[train_data["y_weekday"] == 0])}건')
print(f'Weekday Train1:{len(train_data.loc[train_data["y_weekday"] == 1])}건')
print(f'Weekday Test0:{len(test_data.loc[test_data["y_weekday"] == 0])}건')
print(f'Weekday Test1:{len(test_data.loc[test_data["y_weekday"] == 1])}건')

print(f'Weekend Train0:{len(train_data.loc[train_data["y_weekend"] == 0])}건')
print(f'Weekend Train1:{len(train_data.loc[train_data["y_weekend"] == 1])}건')
print(f'Weekend Test0:{len(test_data.loc[test_data["y_weekend"] == 0])}건')
print(f'Weekend Test1:{len(test_data.loc[test_data["y_weekend"] == 1])}건')
```

```
In [13]:  category_data = pd.get_dummies(ml_base_data['store_name'],
                                        prefix='store', prefix_sep='_')
          del category_data['store_가덕해안로점']
          del ml_base_data['year_month']
          del ml_base_data['store_name']
          ml_base_data = pd.concat([ml_base_data, category_data], axis=1)

          from sklearn.model_selection import train_test_split

          train_data, test_data = train_test_split(ml_base_data,
                                                   test_size=0.3, random_state=0)
          print(f'Train:{len(train_data)}건/ Test:{len(test_data)}')
          print(f'Weekday Train0:{len(train_data.loc[train_data["y_weekday"] == 0])}건')
          print(f'Weekday Train1:{len(train_data.loc[train_data["y_weekday"] == 1])}건')
          print(f'Weekday Test0:{len(test_data.loc[test_data["y_weekday"] == 0])}건')
          print(f'Weekday Test1:{len(test_data.loc[test_data["y_weekday"] == 1])}건')

          print(f'Weekend Train0:{len(train_data.loc[train_data["y_weekend"] == 0])}건')
          print(f'Weekend Train1:{len(train_data.loc[train_data["y_weekend"] == 1])}건')
          print(f'Weekend Test0:{len(test_data.loc[test_data["y_weekend"] == 0])}건')
          print(f'Weekend Test1:{len(test_data.loc[test_data["y_weekend"] == 1])}건')
```

```
Train : 1621건 / Test:695
Weekday Train0 : 874건
Weekday Train1 : 747건
Weekday Test0 : 373건
Weekday Test1 : 322건
Weekend Train0 : 878건
Weekend Train1 : 743건
Weekend Test0 : 355건
Weekend Test1 : 340건
```

그림 9-12 **머신러닝용 사전 데이터 가공**

이 처리는 이제까지 수행한 것과 같으므로 이해하는 데 어려움이 없을 것입니다. 이것으로 모델 구현을 위한 준비를 거의 마쳤습니다.

테크닉 86 머신러닝 모델을 구현하고 평가하자

머신러닝 모델을 구현하기 위해 7장에서 만든 모델 구현 및 평가 수행 함수를 준비합니다.

```python
def make_model_and_eval(model, X_train, X_test, y_train, y_test):
    model.fit(X_train, y_train)
    y_pred_train = model.predict(X_train)
    y_pred_test = model.predict(X_test)
    acc_train = accuracy_score(y_train, y_pred_train)
    acc_test = accuracy_score(y_test, y_pred_test)
    f1_train = f1_score(y_train, y_pred_train)
    f1_test = f1_score(y_test, y_pred_test)
    recall_train = recall_score(y_train, y_pred_train)
    recall_test = recall_score(y_test, y_pred_test)
    precision_train = precision_score(y_train, y_pred_train)
    precision_test = precision_score(y_test, y_pred_test)
    tn_train, fp_train, fn_train, tp_train = \
        confusion_matrix(y_train, y_pred_train).ravel()
    tn_test, fp_test, fn_test, tp_test = \
        confusion_matrix(y_test, y_pred_test).ravel()
    score_train = pd.DataFrame({
        'DataCategory': ['train'], 'acc': [acc_train], 'f1': [f1_train],
        'recall': [recall_train], 'precision': [precision_train],
        'tp': [tp_train], 'fn': [fn_train], 'fp': [fp_train], 'tn': [tn_train]})
    score_test = pd.DataFrame({
        'DataCategory': ['test'], 'acc': [acc_test], 'f1': [f1_test],
        'recall': [recall_test], 'precision': [precision_test],
        'tp': [tp_test], 'fn': [fn_test], 'fp': [fp_test], 'tn': [tn_test]})
    score = pd.concat([score_train, score_test], ignore_index=True)
```

```
    importance = pd.DataFrame(
        {'cols': X_train.columns, 'importance': model.feature_importances_})
    importance = importance.sort_values('importance', ascending=False)
    cols = pd.DataFrame({'X_cols': X_train.columns})
    display(score)
    return score, importance, model, cols
```

```
In [12]: def make_model_and_eval(model, X_train, X_test, y_train, y_test):
             model.fit(X_train, y_train)
             y_pred_train = model.predict(X_train)
             y_pred_test = model.predict(X_test)
             acc_train = accuracy_score(y_train, y_pred_train)
             acc_test = accuracy_score(y_test, y_pred_test)
             f1_train = f1_score(y_train, y_pred_train)
             f1_test = f1_score(y_test, y_pred_test)
             recall_train = recall_score(y_train, y_pred_train)
             recall_test = recall_score(y_test, y_pred_test)
             precision_train = precision_score(y_train, y_pred_train)
             precision_test = precision_score(y_test, y_pred_test)
             tn_train, fp_train, fn_train, tp_train = #
                 confusion_matrix(y_train, y_pred_train).ravel()
             tn_test, fp_test, fn_test, tp_test = #
                 confusion_matrix(y_test, y_pred_test).ravel()
             score_train = pd.DataFrame({
                 'DataCategory': ['train'], 'acc': [acc_train], 'f1': [f1_train],
                 'recall': [recall_train], 'precision': [precision_train],
                 'tp': [tp_train], 'fn': [fn_train], 'fp': [fp_train], 'tn': [tn_train]})
             score_test = pd.DataFrame({
                 'DataCategory': ['test'], 'acc': [acc_test], 'f1': [f1_test],
                 'recall': [recall_test], 'precision': [precision_test],
                 'tp': [tp_test], 'fn': [fn_test], 'fp': [fp_test], 'tn': [tn_test]})
             score = pd.concat([score_train, score_test], ignore_index=True)
             importance = pd.DataFrame(
                 {'cols': X_train.columns, 'importance': model.feature_importances_})
             importance = importance.sort_values('importance', ascending=False)
             cols = pd.DataFrame({'X_cols': X_train.columns})
             display(score)
             return score, importance, model, cols
```

그림 9-13 **모델 구현 및 평가 수행 함수**

다음으로 모델을 구현하고 출력합니다. 모델은 평일/휴일의 2개 모델을 만듭니다. 알고리
즘도 지금까지와 마찬가지로 결정 트리, 랜덤 포레스트, 경사 하강 부스트 세 가지를 사
용합니다. 이 내용은 **테크닉 70** 을 참고합니다. 단, 출력 위치는 현재 시각이 아닌 tg_ym
으로 폴더 이름을 붙여 지정합니다.

```
from sklearn.metrics import accuracy_score, f1_score, recall_score, \
    precision_score, confusion_matrix
from sklearn.ensemble import RandomForestClassifier, GradientBoostingClassifier
from sklearn.tree import DecisionTreeClassifier
import pickle

X_cols = list(train_data.columns)
X_cols.remove('y_weekday')
X_cols.remove('y_weekend')
targets_y = ['y_weekday', 'y_weekend']

target_output_dir_name = f'results_{tg_ym}'
```

```python
target_output_dir = os.path.join(output_ml_result_dir, target_output_dir_name)
os.makedirs(target_output_dir, exist_ok=True)
print(target_output_dir)

score_all = []
importance_all = []

for target_y in targets_y:
    y_train = train_data[target_y]
    X_train = train_data[X_cols]
    y_test = test_data[target_y]
    X_test = test_data[X_cols]

    models = {'tree': DecisionTreeClassifier(random_state=0),
              'RandomForest': RandomForestClassifier(random_state=0),
              'GradientBoosting': GradientBoostingClassifier(random_state=0)}

    for model_name, model in models.items():
        print(model_name)
        score, importance, model, cols = make_model_and_eval(
            model, X_train, X_test, y_train, y_test)
        score['model_name'] = model_name
        importance['model_name'] = model_name
        score['model_target'] = target_y
        importance['model_target'] = target_y

        model_nema = f'model_{target_y}_{model_name}.pickle'
        model_path = os.path.join(target_output_dir, model_nema)
        with open(model_path, mode='wb') as f:
            pickle.dump(model, f, protocol=2)
        score_all.append(score)
        importance_all.append(importance)

score_all = pd.concat(score_all, ignore_index=True)
importance_all = pd.concat(importance_all, ignore_index=True)
cols = pd.DataFrame({'X_cols': X_train.columns})
score_name = 'score.csv'
importance_name = 'importance.csv'
cols_name = 'X_cols.csv'
score_path = os.path.join(target_output_dir, score_name)
importance_path = os.path.join(target_output_dir, importance_name)
cols_path = os.path.join(target_output_dir, cols_name)
score_all.to_csv(score_path, index=False)
importance_all.to_csv(importance_path, index=False)
cols.to_csv(cols_path, index=False)
```

```
from sklearn.metrics import accuracy_score, f1_score, recall_score, \
    precision_score, confusion_matrix
from sklearn.ensemble import RandomForestClassifier, GradientBoostingClassifier
from sklearn.tree import DecisionTreeClassifier
import pickle

X_cols = list(train_data.columns)
X_cols.remove('y_weekday')
X_cols.remove('y_weekend')
targets_y = ['y_weekday', 'y_weekend']

target_output_dir_name = f'results_{tg_ym}'
target_output_dir = os.path.join(output_ml_result_dir, target_output_dir_name)
os.makedirs(target_output_dir, exist_ok=True)
print(target_output_dir)

score_all = []
importance_all = []

for target_y in targets_y:
    y_train = train_data[target_y]
    X_train = train_data[X_cols]
    y_test = test_data[target_y]
    X_test = test_data[X_cols]

    models = {'tree': DecisionTreeClassifier(random_state=0),
              'RandomForest': RandomForestClassifier(random_state=0),
              'GradientBoosting': GradientBoostingClassifier(random_state=0)}

    for model_name, model in models.items():
        print(model_name)
        score, importance, model, cols = make_model_and_eval(
            model, X_train, X_test, y_train, y_test)
        score['model_name'] = model_name
        importance['model_name'] = model_name
        score['model_target'] = target_y
        importance['model_target'] = target_y

        model_nema = f'model_{target_y}_{model_name}.pickle'
        model_path = os.path.join(target_output_dir, model_nema)
        with open(model_path, mode='wb') as f:
            pickle.dump(model, f, protocol=2)
        score_all.append(score)
        importance_all.append(importance)

score_all = pd.concat(score_all, ignore_index=True)
importance_all = pd.concat(importance_all, ignore_index=True)
cols = pd.DataFrame({'X_cols': X_train.columns})
score_name = 'score.csv'
importance_name = 'importance.csv'
cols_name = 'X_cols.csv'
score_path = os.path.join(target_output_dir, score_name)
importance_path = os.path.join(target_output_dir, importance_name)
cols_path = os.path.join(target_output_dir, cols_name)
score_all.to_csv(score_path, index=False)
importance_all.to_csv(importance_path, index=False)
cols.to_csv(cols_path, index=False)
```

```
data\10_output_ml_result\results_202104
tree
```

	DataCategory	acc	f1	recall	precision	tp	fn	fp	tn
0	train	1.000000	1.000000	1.000000	1.000000	747	0	0	874
1	test	0.625899	0.585987	0.571429	0.601307	184	138	122	251

```
RandomForest
```

	DataCategory	acc	f1	recall	precision	tp	fn	fp	tn
0	train	1.000000	1.000000	1.000000	1.000000	747	0	0	874
1	test	0.657554	0.600671	0.555901	0.653285	179	143	95	278

```
GradientBoosting
```

	DataCategory	acc	f1	recall	precision	tp	fn	fp	tn
0	train	0.793954	0.783679	0.809906	0.759097	605	142	192	682
1	test	0.670504	0.639370	0.630435	0.648562	203	119	110	263

```
tree
```

	DataCategory	acc	f1	recall	precision	tp	fn	fp	tn
0	train	1.00000	1.000000	1.00	1.000000	743	0	0	878
1	test	0.71223	0.688474	0.65	0.731788	221	119	81	274

```
RandomForest
```

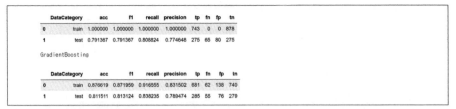

DataCategory		acc	f1	recall	precision	tp	fn	fp	tn
0	train	1.000000	1.000000	1.000000	1.000000	743	0	0	878
1	test	0.791367	0.791367	0.808824	0.774648	275	65	80	275

GradientBoosting

DataCategory		acc	f1	recall	precision	tp	fn	fp	tn
0	train	0.876619	0.871959	0.916555	0.831502	681	62	138	740
1	test	0.811511	0.813124	0.838235	0.789474	285	55	76	279

그림 9-14 **모델 구현 및 평가**

이것으로 모델 구현을 마쳤습니다.

10_output_ml_result 폴더에 모델이 만들어집니다. 여기에서 models에 있는 모델 파일과 교환해도 되지만, 매달 업데이트해야 할 것인지는 숫자 또는 월별 모델의 정밀도를 보고 판단하는 것이 좋기 때문에 자동으로 업데이트하는 형태로 구현하지 않습니다. 의도치 못한 데이터가 들어왔을 때 역효과가 발생할 가능성도 있으므로 어떤 모델을 사용해 신규 데이터를 예측할 것인지 신중하게 검토합니다.

테크닉
87 # 신규 데이터 예측을 위한 밑준비를 하자

이제부터 신규 데이터를 예측해 봅시다. 먼저 밑준비를 합니다.

범주형 변수에 대응한 처리를 하고 설명 변수 열을 이용해 필터링할 데이터 및 모델 파일을 준비합니다. 먼저 데이터를 준비합니다. 이 처리 역시 8장에서의 처리와 같으므로 특별히 어렵지는 않을 것입니다.

```python
category_data = pd.get_dummies(store_data['store_name'],
                               prefix='store', prefix_sep='_')
del category_data['store_가덕해안로점']
store_data = pd.concat([store_data, category_data], axis=1)

X_cols_name = 'X_cols.csv'
X_cols = pd.read_csv(os.path.join(model_dir, X_cols_name))
X_cols = X_cols['X_cols']

X = store_data[X_cols].copy()
```

```
in [14]: category_data = pd.get_dummies(store_data['store_name'],
                                         prefix='store', prefix_sep='_')
         del category_data['store_가덕해안로점']
         store_data = pd.concat([store_data, category_data], axis=1)

         X_cols_name = 'X_cols.csv'
         X_cols = pd.read_csv(os.path.join(model_dir, X_cols_name))
         X_cols = X_cols['X_cols']

         X = store_data[X_cols].copy()
```

그림 9-15 **예측용 데이터 준비**

예측용 데이터를 준비했습니다. 이어서 모델을 준비합니다.

```
model_weekday_name = 'model_y_weekday_GradientBoosting.pickle'
model_weekend_name = 'model_y_weekend_GradientBoosting.pickle'

model_weekday_path = os.path.join(model_dir, model_weekday_name)
model_weekend_path = os.path.join(model_dir, model_weekend_name)

with open(model_weekday_path, mode='rb') as f:
    model_weekday = pickle.load(f)
with open(model_weekend_path, mode='rb') as f:
    model_weekend = pickle.load(f)
```

```
in [20]: model_weekday_name = 'model_y_weekday_GradientBoosting.pickle'
         model_weekend_name = 'model_y_weekend_GradientBoosting.pickle'

         model_weekday_path = os.path.join(model_dir, model_weekday_name)
         model_weekend_path = os.path.join(model_dir, model_weekend_name)

         with open(model_weekday_path, mode='rb') as f:
             model_weekday = pickle.load(f)
         with open(model_weekend_path, mode='rb') as f:
             model_weekend = pickle.load(f)
```

그림 9-16 **모델 파일 로딩**

이것으로 예측을 수행하기 위한 준비를 마쳤습니다. 다음으로 신규 데이터를 예측합니다.

신규 데이터를 예측하자

이제 신규 데이터를 예측합니다. 이 부분의 처리도 8장을 참고해서 작성합니다. 지금까지의 과정과 같은 처리가 계속되지만 복습이라 생각하고 진행하기 바랍니다. 처리 자체는 같으나 전체적인 흐름이 정리되어 감을 느낄 수 있을 것입니다.

```
pred_weekday = model_weekday.predict(X)
pred_weekend = model_weekend.predict(X)
pred_proba_weekday = model_weekday.predict_proba(X)[:, 1]
pred_proba_weekend = model_weekend.predict_proba(X)[:, 1]
pred = pd.DataFrame({'pred_weekday': pred_weekday,
                     'pred_weekend': pred_weekend,
                     'score_weekday': pred_proba_weekday,
                     'score_weekend': pred_proba_weekend})
pred.loc[:, 'store_name'] = store_data['store_name']
pred.loc[:, 'year_month'] = tg_ym
pred.head(3)
```

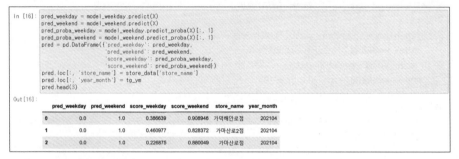

그림 9-17 신규 데이터 예측

이것으로 신규 데이터 예측을 마쳤습니다. 이어서, 현장용 보고서를 만들고 출력해서 데이터 업데이트 시 수행할 기본 처리를 마칩니다.

테크닉 89 현장용 보고서를 만들고 출력하자

여기에서는 현장용 보고서를 만듭니다. 8장과 마찬가지로 이번 업데이트 데이터를 실적 데이터로 사용합니다. 보고서를 만들어 봅시다.

```
target_cols = [
    'store_name', 'order', 'order_fin', 'order_cancel', 'order_delivery',
```

```
        'order_takeout', 'order_weekday', 'order_weekend', 'delta_avg']
store_data = store_data[target_cols]
actual_cols = ['store_name']
rename_cols = [x + f'_{tg_ym}'
                for x in store_data.columns if x != 'store_name']
actual_cols.extend(rename_cols)
store_data.columns = actual_cols
store_data.head(3)
```

```
In [17]:  target_cols = [
              'store_name', 'order', 'order_fin', 'order_cancel', 'order_delivery',
              'order_takeout', 'order_weekday', 'order_weekend', 'delta_avg']
          store_data = store_data[target_cols]
          actual_cols = ['store_name']
          rename_cols = [x + f'_{tg_ym}'
                          for x in store_data.columns if x != 'store_name']
          actual_cols.extend(rename_cols)
          store_data.columns = actual_cols
          store_data.head(3)
```

	store_name	order_202104	order_fin_202104	order_cancel_202104	order_delivery_202104	order_takeout_202104	order_weekday_202104	order_weekend_2021
0	가덕해안로점	1008	818	190	759	249	739	
1	가마산로2점	1468	1200	268	1085	383	1076	
2	가마산로점	1036	852	184	785	251	761	

그림 9-18 **실적 데이터 작성**

다음으로 score를 4분할해서 실적 데이터를 결합해 현장용 보고서를 마무리합니다. 마지막으로 보고서를 출력합니다.

```
pred.loc[pred['score_weekday'] >= 0.75, '주문 예측/평일'] = '증가(큼)'
pred.loc[(pred['score_weekday'] < 0.75) &
         (pred['score_weekday'] >= 0.5), '주문 예측/평일'] = '증가'
pred.loc[(pred['score_weekday'] < 0.5) &
         (pred['score_weekday'] >= 0.25), '주문 예측/평일'] = '감소'
pred.loc[pred['score_weekday'] < 0.25, '주문 예측/평일'] = '감소(큼)'

pred.loc[pred['score_weekend'] >= 0.75, '주문 예측/휴일'] = '증가(큼)'
pred.loc[(pred['score_weekend'] < 0.75) &
         (pred['score_weekend'] >= 0.5), '주문 예측/휴일'] = '증가'
pred.loc[(pred['score_weekend'] < 0.5) &
         (pred['score_weekend'] >= 0.25), '주문 예측/휴일'] = '감소'
pred.loc[pred['score_weekend'] < 0.25, '주문 예측/휴일'] = '감소(큼)'

report = pred[['store_name', '주문 예측/평일', '주문 예측/휴일',
               'score_weekday', 'score_weekend']]
report = pd.merge(report, store_data, on='store_name', how='left')

pred_ym = datetime.datetime.strptime(tg_ym, '%Y%m')
```

```
from dateutil.relativedelta import relativedelta

pred_ym = pred_ym + relativedelta(months=1)
pred_ym = datetime.datetime.strftime(pred_ym, '%Y%m')

report_name = f'report_pred_{pred_ym}.xlsx'
print(report_name)
report.to_excel(os.path.join(output_report_dir, report_name), index=False)
```

```
In [18]:   pred.loc[pred['score_weekday'] >= 0.75, '주문 예측/평일'] = '증가(큼)'
           pred.loc[(pred['score_weekday'] < 0.75) &
                   (pred['score_weekday'] >= 0.5), '주문 예측/평일'] = '증가'
           pred.loc[(pred['score_weekday'] < 0.5) &
                   (pred['score_weekday'] >= 0.25), '주문 예측/평일'] = '감소'
           pred.loc[pred['score_weekday'] < 0.25, '주문 예측/평일'] = '감소(큼)'

           pred.loc[pred['score_weekend'] >= 0.75, '주문 예측/휴일'] = '증가(큼)'
           pred.loc[(pred['score_weekend'] < 0.75) &
                   (pred['score_weekend'] >= 0.5), '주문 예측/휴일'] = '증가'
           pred.loc[(pred['score_weekend'] < 0.5) &
                   (pred['score_weekend'] >= 0.25), '주문 예측/휴일'] = '감소'
           pred.loc[pred['score_weekend'] < 0.25, '주문 예측/휴일'] = '감소(큼)'

           report = pred[['store_name', '주문 예측/평일', '주문 예측/휴일',
                         'score_weekday', 'score_weekend']]
           report = pd.merge(report, store_data, on='store_name', how='left')

           pred_ym = datetime.datetime.strptime(tg_ym, '%Y%m')

           from dateutil.relativedelta import relativedelta

           pred_ym = pred_ym + relativedelta(months=1)
           pred_ym = datetime.datetime.strftime(pred_ym, '%Y%m')

           report_name = f'report_pred_{pred_ym}.xlsx'
           print(report_name)
           report.to_excel(os.path.join(output_report_dir, report_name), index=False)

           report_pred_202105.xlsx
```

그림 9-19 **실적 데이터 작성**

이것으로 2021년 4월 데이터가 만들어졌을 때의 처리를 완료했습니다. 데이터 흐름을 한
번 더 시각화해서 테크닉과의 관계를 확인해 봅시다. 먼저 데이터 가공입니다. 테크닉 82,
83, 84 에서 주요 데이터를 가공합니다. 매장별 집계 데이터인 store_monthly_data와
머신러닝용 데이터인 ml_base_data가 업데이트되어 데이터가 항상 누적됩니다. store_
monthly_data를 업데이트해 두면 ml_base_data는 언제라도 만들 수 있습니다.

다음으로 테크닉 85, 86 에서 머신러닝 모델을 구현합니다. 테크닉 85 에서 데이터를 가
공하고 테크닉 86 에서 모델을 구현합니다. 테크닉 87, 88, 89 에서는 신규 데이터를 예측
하며, 테크닉 87 에서 데이터 사전 가공, 테크닉 88 에서 데이터 예측, 테크닉 89 에서 보
고서를 작성합니다. 머신러닝 모델 구현은 물론 신규 데이터 예측도 기본적으로는 사전
가공에서 시작해 모델 구현 및 예측이라는 흐름으로 진행합니다. 어떻습니까? 매우 분명
해지지 않았습니까? 처리 흐름을 확실히 알고 있으면 문제가 발생해도 쉽게 발견할 수 있
으며 다른 사람과의 협업도 수월해집니다.

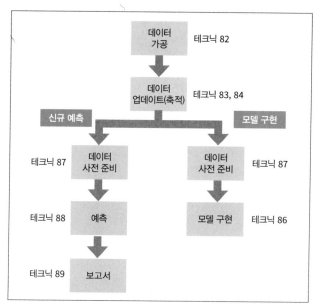

그림 9-20 **처리 흐름**

그리고 다음 테크닉을 진행하기 전에 테크닉 81 에 있는 tg_ym값을 202105부터 202108 까지 바꿔 가며 다섯 번째 셀부터 실행합니다. 그 결과 2021년 4월부터 2021년 8월까지의 5개월에 대한 모델 구현 결과와 예측 결과를 얻을 수 있습니다.

테크닉 90 머신러닝 모델의 정밀도 추이를 시각화하자

이제 마지막 테크닉에서는 무엇을 하면 좋을까요? 그것은 바로 데이터를 축적하는 가치를 알 수 있도록 하는 내용이 되었으면 합니다. 2021년 4월부터 2021년 5월까지의 예측 결과나 모델의 정밀도 평가 결과가 축적되어 있습니다. 여기에서는 모델의 정밀도 평가 추이를 확인해 봅시다. 먼저 10_output_ml_result에 있는 모델 정밀도 평가 결과를 폴더별로 얻은 뒤 score_csv를 결합합니다. 이때 폴더 이름을 넣지 않으면 언제 만들어진 모델의 정밀도인지 알 수 없으므로 주의합니다.

```
ml_results_dirs = os.listdir(output_ml_result_dir)
score_all = []
for ml_results_dir in ml_results_dirs:
    score_file_path = os.path.join(output_ml_result_dir,
                                   ml_results_dir, 'score.csv')
    score_monthly = pd.read_csv(score_file_path)
    score_monthly['dirs'] = ml_results_dir
    score_all.append(score_monthly)
score_all = pd.concat(score_all, ignore_index=True)
score_all.head()
```

그림 9-21 **모델 정밀도 평과 결합**

dirs열을 통해 모델 정밀도 평가 추이를 확인할 수 있습니다.

여기에서는 GradientBoosting, 테스트 데이터로 필터링해서 휴일/평일 모델을 모두 시각화해 봅시다.

```
score_all_gb = score_all.loc[
    (score_all['model_name'] == 'GradientBoosting') &
    (score_all['DataCategory'] == 'test')]
model_targets = score_all_gb['model_target'].unique()

import matplotlib.pyplot as plt

for model_target in model_targets:
    view_data = score_all_gb.loc[
        score_all_gb['model_target'] == model_target]
    plt.scatter(view_data['dirs'], view_data['acc'])
```

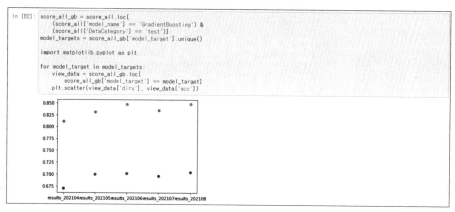

```
In [82]: score_all_gb = score_all.loc[
             (score_all['model_name'] == 'GradientBoosting') &
             (score_all['DataCategory'] == 'test')]
         model_targets = score_all_gb['model_target'].unique()

         import matplotlib.pyplot as plt

         for model_target in model_targets:
             view_data = score_all_gb.loc[
                 score_all_gb['model_target'] == model_target]
             plt.scatter(view_data['dirs'], view_data['acc'])
```

그림 9-22 **모델 정밀도 평가 결과 추이**

결과를 보면 4월부터 6월까지는 정밀도가 조금 증가하는 경향이 나타나지만 7월분을 포함한 데이터로 학습하면 정밀도가 낮아집니다. 세세한 부분까지는 확실하게 검증해 봐야하지만 6월부터 대책을 시작한 효과가 7월에 나타나기 시작함에 따라 그 경향이 다소 변했을 가능성이 있습니다.

이렇게 데이터를 축적함으로써 다양한 지식을 얻을 수 있습니다. 데이터를 축적하는 것의 장점을 조금은 알 수 있게 되었을 것입니다.

이것으로 소규모 머신러닝 시스템을 만드는 10개 테크닉을 마쳤습니다. 이제 6장부터 8장까지 개별적으로 수행한 것들이 멋지게 연결되었습니다. 데이터는 항상 업데이트됩니다. 새로운 데이터를 차례차례 활용하며 축적함으로써 다양한 지식을 얻을 수 있습니다. 그때는 데이터나 처리 흐름을 의식해 프로그램을 구성해 두면 실수를 방지할 수 있고 설령 입력 데이터나 마스터 데이터가 변경된다고 해도 침착하게 대응할 수 있습니다.

이제 이 책의 테크닉도 10개밖에 남지 않았습니다. 마지막 테크닉에서는 **테크닉 90** 에서 축적한 데이터를 사용해 머신러닝 시스템의 대시보드를 만듭니다.

머신러닝 시스템 대시보드를 만들기 위한 테크닉 10

8장까지 머신러닝 시스템 기능을 조금씩 만들었고, 9장에서는 데이터 축적을 고려하며 소규모의 머신러닝 시스템을 구현했습니다. 지금까지 진행한 결과, 데이터를 축적함으로써 얻을 수 있는 지식의 가치가 조금은 보이기 시작했을까요? 드디어 10장에서는 그 집대성으로, 이 가치 있는 정보를 공유하기 위한 대시보드를 만들어 봅시다. 아무리 가치 있는 정보라 하더라도 올바르게 전달되지 않으면 의미가 없습니다. 1부에서 학습한 지식도 총동원해서 마지막 테크닉에 도전해 봅시다.

- 테크닉 91: 단일 데이터를 로딩하자
- 테크닉 92: 업데이트 데이터를 로딩해 매장별 데이터를 만들자
- 테크닉 93: 머신러닝 모델의 중요 변수 데이터를 로딩하고 결합하자
- 테크닉 94: 머신러닝 모델의 예측 결과를 로딩하고 결합하자
- 테크닉 95: 머신러닝 모델용 사전 데이터를 가공하자
- 테크닉 96: 매장 분석용 대시보드를 만들자
- 테크닉 97: 머신러닝 모델의 정밀도 평가 대시보드를 만들자
- 테크닉 98: 머신러닝 모델의 혼동 행렬 대시보드를 만들자
- 테크닉 99: 머신러닝 모델의 변수 중요도 분석 대시보드를 만들자
- 테크닉 100: 머신러닝 모델의 예측 결과를 시각화해서 검증하자

상황

여러분은 매달 업데이트되는 데이터를 잘 축적하는 구조를 익혔고, 축적된 데이터를 통해 볼 수 있는 경향을 주위 사람들과 공유하며 새로운 대책으로 연결하려고 합니다. 그래서 지금까지 만든 대시보드에 월별 정보를 추가한 매장용 대시보드를 만들기로 했습니다. 또한, 머신러닝 모델을 평가 검증하기 위한 대시보드도 만들면 평가 검증을 지속적이고 효율적으로 할 수 있을 것입니다.

전제조건 -

이번 장에서 사용하는 데이터는 9장에서 만든 store_monthly_data.csv와 ml_base_data.csv, 그리고 월별로 만든 머신러닝 결과 파일입니다. 사전 준비로 9장의 data 폴더를 그대로 10장의 폴더로 복사합니다.

표 10-1 데이터 목록

No.	파일명	설명
1	store_monthly_data.csv	매장의 매달 집계 완료 데이터. 6장에서 작성
2	ml_base_data.csv	7장에서 만든 모델의 설명 변수 목록
3	score.csv	머신러닝 모델의 정밀도 평가 결과 파일. 9장에서 월별로 작성
4	importance.csv	머신러닝 모델의 중요 변수 데이터 파일. 9장에서 월별로 작성
5	report_pred_YYYYMM.xlsx	머신러닝 모델의 예측 결과 파일. 9장에서 월별로 작성

테크닉
91

단일 데이터를 로딩하자

축적된 데이터에 대한 지식을 끌어내기 위한 대시보드를 만들어 봅시다. 테크닉 91 에서 테크닉 95 까지는 데이터를 가공합니다. 9장까지의 과정에서 축적된 데이터를 사용하므로 폴더 구조에 관해서는 달리 고려하지 않아도 됩니다. 먼저 특별한 처리 없이 로딩할 수 있는 store_monthly_data.csv와 ml_base_data.csv와 같은 단일 데이터를 로딩합니다.

```
import os
import pandas as pd

data_dir = 'data'
store_monthly_dir = os.path.join(data_dir, '01_store_monthly')
ml_base_dir = os.path.join(data_dir, '02_ml_base')

output_ml_result_dir = os.path.join(data_dir, '10_output_ml_result')
output_report_dir = os.path.join(data_dir, '11_output_report')

store_monthly_file = 'store_monthly_data.csv'
ml_base_file = 'ml_base_data.csv'

store_monthly_data = pd.read_csv(
    os.path.join(store_monthly_dir, store_monthly_file))
ml_base_data = pd.read_csv(os.path.join(ml_base_dir, ml_base_file))
display(store_monthly_data.head(3))
display(ml_base_data.head(3))
```

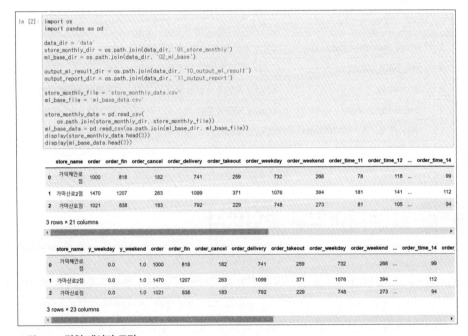

그림 10-1 단일 데이터 로딩

파일 로딩은 이제 익숙할 것입니다. 계속해서 테크닉 90 에서와 마찬가지로 머신러닝 모델의 정밀도 평가 결과를 로딩합니다.

업데이트 데이터를 로딩해
매장별 데이터를 만들자

테크닉 90 에서도 설명했듯 모델 정밀도 평가 결과는 score.csv에 저장되어 있으며 결합할 때 데이터에 폴더 이름 등을 추가하지 않으면 구별할 수 없게 됩니다. 먼저 **테크닉 90** 과같은 형태로 실행합니다.

```python
ml_results_dirs = os.listdir(output_ml_result_dir)
score_all = []

for ml_results_dir in ml_results_dirs:
    score_file_path = os.path.join(
        output_ml_result_dir, ml_results_dir, 'score.csv')
    score_monthly = pd.read_csv(score_file_path)
    score_monthly['dirs'] = ml_results_dir
    score_all.append(score_monthly)

score_all = pd.concat(score_all, ignore_index=True)
score_all.head()
```

```
In [3]:  ml_results_dirs = os.listdir(output_ml_result_dir)
         score_all = []

         for ml_results_dir in ml_results_dirs:
             score_file_path = os.path.join(
                 output_ml_result_dir, ml_results_dir, 'score.csv')
             score_monthly = pd.read_csv(score_file_path)
             score_monthly['dirs'] = ml_results_dir
             score_all.append(score_monthly)

         score_all = pd.concat(score_all, ignore_index=True)
         score_all.head()
```

	DataCategory	acc	f1	recall	precision	tp	fn	fp	tn	model_name	model_target	dirs
0	train	1.000000	1.000000	1.000000	1.000000	747	0	0	874	tree	y_weekday	results_202104
1	test	0.625899	0.585987	0.571429	0.601307	184	138	122	251	tree	y_weekday	results_202104
2	train	1.000000	1.000000	1.000000	1.000000	747	0	0	874	RandomForest	y_weekday	results_202104
3	test	0.657554	0.600671	0.555901	0.653285	179	143	95	278	RandomForest	y_weekday	results_202104
4	train	0.793954	0.783679	0.809906	0.759097	605	142	192	682	GradientBoosting	y_weekday	results_202104

그림 10-2 정밀도 평가 결과 로딩

dirs에 results_202104가 들어 있습니다. **테크닉 90** 에서는 무시했으나 데이터 클렌징cleaning을 통해 연월 열을 만듭니다. '_'로 문자열을 구분한 뒤 뒷부분을 얻으면 연월이 됩니다.

테크닉 92 업데이트 데이터를 로딩해 매장별 데이터를 만들자 **255**

```
score_all.loc[:,'year_month'] = score_all['dirs'].str.split('_', expand=True)[1]
score_all.head()
```

	DataCategory	acc	f1	recall	precision	tp	fn	fp	tn	model_name	model_target	dirs	year_month
0	train	1.000000	1.000000	1.000000	1.000000	747	0	0	874	tree	y_weekday	results_202104	202104
1	test	0.625899	0.585987	0.571429	0.601307	184	138	122	251	tree	y_weekday	results_202104	202104
2	train	1.000000	1.000000	1.000000	1.000000	747	0	0	874	RandomForest	y_weekday	results_202104	202104
3	test	0.657554	0.600671	0.555901	0.653285	179	143	95	278	RandomForest	y_weekday	results_202104	202104
4	train	0.793954	0.783679	0.809906	0.759097	605	142	192	682	GradientBoosting	y_weekday	results_202104	202104

그림 10-3 **연월 추출**

모델 정밀도 평가 결과를 깔끔한 형태로 정리했습니다.

계속해서 모델의 중요 변수 데이터도 결합합니다.

테크닉 93 머신러닝 모델의 중요 변수 데이터를 로딩하고 결합하자

중요 변수는 정밀도 평가 결과와 마찬가지로 데이터 폴더에 저장되어 있습니다. 파일 이름은 importance.csv입니다.

```
ml_results_dirs = os.listdir(output_ml_result_dir)
importance_all = []

for ml_results_dir in ml_results_dirs:
    importance_file_path = os.path.join(
        output_ml_result_dir, ml_results_dir, 'importance.csv')
    importance_monthly = pd.read_csv(importance_file_path)
    importance_monthly['dirs'] = ml_results_dir
    importance_all.append(importance_monthly)

importance_all = pd.concat(importance_all, ignore_index=True)
importance_all.loc[:, 'year_month'] = \
    importance_all['dirs'].str.split('_', expand=True)[1]
importance_all.head()
```

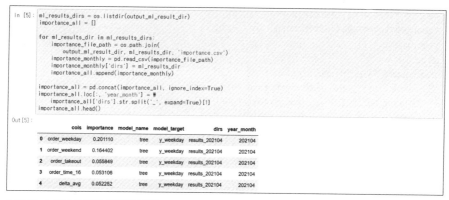

```
In [5]:  ml_results_dirs = os.listdir(output_ml_result_dir)
         importance_all = []

         for ml_results_dir in ml_results_dirs:
             importance_file_path = os.path.join(
                 output_ml_result_dir, ml_results_dir, 'importance.csv')
             importance_monthly = pd.read_csv(importance_file_path)
             importance_monthly['dirs'] = ml_results_dir
             importance_all.append(importance_monthly)

         importance_all = pd.concat(importance_all, ignore_index=True)
         importance_all.loc[:, 'year_month'] = ₩
             importance_all['dirs'].str.split('_', expand=True)[1]
         importance_all.head()
```

	cols	importance	model_name	model_target	dirs	year_month
0	order_weekday	0.201110	tree	y_weekday	results_202104	202104
1	order_weekend	0.164402	tree	y_weekday	results_202104	202104
2	order_takeout	0.055849	tree	y_weekday	results_202104	202104
3	order_time_16	0.053106	tree	y_weekday	results_202104	202104
4	delta_avg	0.052252	tree	y_weekday	results_202104	202104

그림 10-4 **중요도 변수 데이터 결합**

정밀도 평가 결과 처리 때와 그 방법은 거의 같습니다. 이후, 정밀도 평가 결과와 중요 변수 데이터 구성이 변하지 않는다면 **테크닉 82** 와 함께 한 번의 for문을 실행해서 두 값을 모두 얻게 만드는 것도 한 방법입니다. 여러분이 직접 도전해 보기 바랍니다.

 ## 테크닉 94 머신러닝 모델의 예측 결과를 로딩하고 결합하자

다음은 예측 결과를 결합합니다. 9장을 그대로 따라서 실습했다면 2020년 4월부터 2021년 3월까지의 데이터를 이용해서 학습한 모델을 기반으로, 2021년 4월부터 2021년 8월까지의 예측 데이터를 얻었을 것입니다. 예측 결과를 남겨 둠으로써 실제 데이터에 대한 대답을 얻을 수 있습니다. 학습/테스트와 같은 기간의 데이터를 분할한 것과는 다른 데이터이므로 실질적인 의미에서의 정밀도를 얻을 수 있습니다. 또한, 시간의 경과나 시장 구조 변화, 즉 데이터의 변화에 따라 모델의 성능이 저하되는 것도 발견할 수 있을 것입니다.

먼저 데이터를 결합시킵니다. 이 처리는 **테크닉 92, 93** 과 달리 11_output_report 폴더 안에 예측 대상 연월의 엑셀로 저장되어 있습니다. 결합할 때는 score가 필요하므로 결합 키가 되는 store_name, score_weekday, score_weekend의 3개 열로 필터링합니다.

```
report_files = os.listdir(output_report_dir)
report_files = os.listdir(output_report_dir)
report_all = []

for report_file in report_files:
    report_file_path = os.path.join(output_report_dir, report_file)
    report_monthly = pd.read_excel(report_file_path)
    report_monthly = report_monthly[
        ['store_name', 'score_weekday', 'score_weekend']].copy()
    report_monthly['files'] = report_file
    report_all.append(report_monthly)

report_all = pd.concat(report_all, ignore_index=True)
report_all.head()
```

```
In [6]:  report_files = os.listdir(output_report_dir)
         report_all = []

         for report_file in report_files:
             report_file_path = os.path.join(output_report_dir, report_file)
             report_monthly = pd.read_excel(report_file_path)
             report_monthly = report_monthly[
                 ['store_name', 'score_weekday', 'score_weekend']].copy()
             report_monthly['files'] = report_file
             report_all.append(report_monthly)

         report_all = pd.concat(report_all, ignore_index=True)
         report_all.head()

Out[6]:
         store_name  score_weekday  score_weekend              files
      0  가덕해안로점       0.386639       0.908946   report_pred_202105.xlsx
      1  가마산로2점        0.460977       0.828372   report_pred_202105.xlsx
      2  가마산로점        0.226875       0.880049   report_pred_202105.xlsx
      3  감천항로점        0.570091       0.799574   report_pred_202105.xlsx
      4  강남대로2점        0.339473       0.850424   report_pred_202105.xlsx
```

그림 10-5 **예측 결과 데이터 결합**

여기에서도 연월 열이 필요하므로 files를 분할해 예측 연월을 얻습니다. '.'으로 문자열
을 나눈 뒤, 열두 번째 문자 이후를 얻으면 예측 연월이 됩니다.

```
report_all.loc[:, 'pred_year_month'] = \
    report_all['files'].str.split('.', expand=True)[0]
report_all.loc[:, 'pred_year_month'] = \
    report_all['pred_year_month'].str[12:]
report_all.head()
```

```
In [8]:  report_all.loc[:, 'pred_year_month'] = ¥
             report_all['files'].str.split('.', expand=True)[0]
         report_all.loc[:, 'pred_year_month'] = ¥
             report_all['pred_year_month'].str[12:]
         report_all.head()

Out[8]:
```

	store_name	score_weekday	score_weekend	files	pred_year_month
0	가덕해안로점	0.386639	0.908946	report_pred_202105.xlsx	202105
1	가마산로2점	0.460977	0.828372	report_pred_202105.xlsx	202105
2	가마산로점	0.226875	0.880049	report_pred_202105.xlsx	202105
3	감천항로점	0.570091	0.799574	report_pred_202105.xlsx	202105
4	강남대로2점	0.339473	0.850424	report_pred_202105.xlsx	202105

그림 10-6 **예측 연월 정보 추출**

이것으로 예측 연월 열을 만들었습니다.

그렇다면 머신러닝 모델이 도출한 이 예측 점수가 과연 올바를까요? 이를 검증하기 위해 예측 연월 실적 데이터를 결합해 봅시다.

테크닉 95 머신러닝 모델용 사전 데이터를 가공하자

이번 머신러닝 모델은 지난달보다 이번 달의 주문이 증가했는가 아닌가에 관한 것입니다. 머신러닝용 데이터인 ml_base_data는 이미 y_weekday, y_weekend라는 열에 실적 데이터의 결과를 학습 데이터로 가지고 있습니다. 그래서 ml_base_data를 활용합니다. 여기에서 한 가지 주의할 점은 ml_base_data의 year_month 열이 예측 시점 연월이라는 것입니다. 1개월 후에 대한 예측을 수행했으므로 ml_base_data의 연월에 1을 더해야만 합니다. 다시 말해, ml_base_data의 연월 열의 값이 2021년 7월일 때 y_weekday, y_weekend의 값은 2021년 8월의 주문이 2021년 7월보다 증가하면 1, 감소하면 0이 됩니다. 그러므로 실제로는 2021년 8월의 실적에 해당합니다. 이 점에 주의해서 ml_base_data를 준비합니다.

```
ml_data = ml_base_data[
    ['store_name', 'y_weekday', 'y_weekend', 'year_month']].copy()
ml_data.loc[:, 'pred_year_month'] = \
    pd.to_datetime(ml_data['year_month'], format='%Y%m')

from dateutil.relativedelta import relativedelta

ml_data.loc[:, 'pred_year_month'] = \
    ml_data['pred_year_month'].map(lambda x: x + relativedelta(months=1))
```

```
ml_data.loc[:, 'pred_year_month'] = \
    ml_data['pred_year_month'].dt.strftime('%Y%m')
del ml_data['year_month']
ml_data.head(3)
```

그림 10-7 머신러닝용 데이터 연월 추가

이것으로 1개월을 더한 상태의 연월을 만들었습니다. 조인할 것이므로 예측 결과 데이터의 report_all의 연월 열과 같은 이름으로 만듭니다.

이제 report_all과 결합합니다.

```
report_valid = pd.merge(report_all, ml_data,
                        on=['store_name', 'pred_year_month'],
                        how='left')
report_valid
```

그림 10-8 예측 결과 데이터와 검증 데이터 결합

결과를 보면 뒤쪽 데이터에서 y_weekday, y_weekend가 결손되었음을 알 수 있습니다. 이는 2021년 9월 실적이며 아직 실적 정보가 없기 때문입니다. 결손값은 제거합니다.

```
report_valid.dropna(inplace=True)
report_valid
```

In [9]: report_valid.dropna(inplace=True)
report_valid

Out[9]:

	store_name	score_weekday	score_weekend	files	pred_year_month	y_weekday	y_weekend
0	가덕해안로점	0.386639	0.908946	report_pred_202105.xlsx	202105	0.0	1.0
1	가마산로2점	0.460977	0.828372	report_pred_202105.xlsx	202105	0.0	1.0
2	가마산로점	0.226875	0.880049	report_pred_202105.xlsx	202105	0.0	1.0
3	감천항로점	0.570091	0.799574	report_pred_202105.xlsx	202105	0.0	1.0
4	강남대로2점	0.339473	0.850424	report_pred_202105.xlsx	202105	0.0	1.0
...	...	...	...	...	...	...	...
767	화곡로2점	0.480060	0.310159	report_pred_202108.xlsx	202108	0.0	0.0
768	화곡로점	0.645345	0.132988	report_pred_202108.xlsx	202108	0.0	0.0
769	화중로점	0.423293	0.190939	report_pred_202108.xlsx	202108	0.0	0.0
770	효덕로점	0.656029	0.413316	report_pred_202108.xlsx	202108	0.0	0.0
771	효원로점	0.671745	0.249384	report_pred_202108.xlsx	202108	0.0	0.0

772 rows × 7 columns

그림 10-9 **결손 데이터 제거**

뒤쪽에 있던 2021년 9월의 데이터가 삭제되었고 8월까지의 데이터만 남아있음을 알 수 있습니다.

이것으로 데이터 가공을 마쳤습니다. 이제부터는 지금까지 만든 데이터를 이용해 대시보드를 만듭니다.

테크닉 96 매장 분석용 대시보드를 만들자

머신러닝 모델의 대시보드를 만들기 전에 1부에서 실습한 것과 같은, 현재 상태를 알기 위한 대시보드를 하나 만들어 둡니다. 그렇게 함으로써 후반부에 만들 머신러닝용 대시보드에도 활용할 수 있습니다.

축적된 데이터로 store_monthly_data가 있습니다. 이 데이터를 이용하면 월 단위로 매장별 실적을 시각화할 수 있습니다. 여기에서는 3장에서 이용한 ipywidgets를 이용해 매장 이름을 필터로 사용해 전환할 수 있도록 합니다. 확실히 완료한 주문 건수를 order_fin, 취소된 주문을 order_cancel이라는 시계열로 시각화합니다.

```python
import seaborn as sns
from IPython.display import display, clear_output
from ipywidgets import Select, SelectMultiple
import matplotlib.pyplot as plt

# 한글 폰트 처리
import os

if os.name == 'nt':  # Windows
    plt.rc('font', family='Malgun Gothic')
elif os.name == 'posix':  # macOS
    plt.rc('font', family='AllieGothic')

store_list = store_monthly_data['store_name'].unique()


def make_graph_96(val):
    clear_output()
    display(select_96)

    fig = plt.figure(figsize=(17, 4))
    plt.subplots_adjust(wspace=0.25, hspace=0.6)

    for i, trg in enumerate(val['new']):
        pick_data = store_monthly_data.loc[
            store_monthly_data['store_name'] == trg]

        graph_fin = pick_data[[
            'store_name', 'order_fin', 'year_month']].copy()
        graph_fin.loc[:, 'type'] = 'fin'
        graph_fin = graph_fin.rename(columns={'order_fin': 'count'})

        graph_cancel = pick_data[[
            'store_name', 'order_cancel', 'year_month']].copy()
        graph_cancel.loc[:, 'type'] = 'cancel'
        graph_cancel = graph_cancel.rename(columns={'order_cancel': 'count'})

        ax = fig.add_subplot(1, len(val['new']), (i + 1))
        sns.pointplot(x="year_month", y="count",
                      data=graph_fin, color='orange')
        sns.pointplot(x="year_month", y="count",
                      data=graph_cancel, color='blue')
```

```
        ax.set_title(trg)


select_96 = SelectMultiple(options=store_list)
select_96.observe(make_graph_96, names='value')
display(select_96)
```

```
In [12]:  import seaborn as sns
          from IPython.display import display, clear_output
          from ipywidgets import Select, SelectMultiple
          import matplotlib.pyplot as plt

          # 한글 폰트 처리
          import os

          if os.name == 'nt':  # Windows
              plt.rc('font', family='Malgun Gothic')
          elif os.name == 'posix':  # macOS
              plt.rc('font', family='AllieGothic')

          store_list = store_monthly_data['store_name'].unique()


          def make_graph_96(val):
              clear_output()
              display(select_96)

              fig = plt.figure(figsize=(17, 4))
              plt.subplots_adjust(wspace=0.25, hspace=0.6)

              for i, trg in enumerate(val['new']):
                  pick_data = store_monthly_data.loc[
                      store_monthly_data['store_name'] == trg]

                  graph_fin = pick_data[[
                      'store_name', 'order_fin', 'year_month']].copy()
                  graph_fin.loc[:, 'type'] = 'fin'
                  graph_fin = graph_fin.rename(columns={'order_fin': 'count'})

                  graph_cancel = pick_data[[
                      'store_name', 'order_cancel', 'year_month']].copy()
                  graph_cancel.loc[:, 'type'] = 'cancel'
                  graph_cancel = graph_cancel.rename(columns={'order_cancel': 'count'})

                  ax = fig.add_subplot(1, len(val['new']), (i + 1))
                  sns.pointplot(x="year_month", y="count",
                                data=graph_fin, color='orange')
                  sns.pointplot(x="year_month", y="count",
                                data=graph_cancel, color='blue')
                  ax.set_title(trg)

          select_96 = SelectMultiple(options=store_list)
          select_96.observe(make_graph_96, names='value')
          display(select_96)
```

그림 10-10 **매장 분석용 대시보드**

3장에서 학습한 내용을 응용해 그래프를 그릴 수 있었을 것입니다. 2부에서는 처음으로 대시보드를 만드는 것이므로 그 방법을 잊어버린 분들도 계시지 않을까요?

테크닉 97 머신러닝 모델의 정밀도 평가 대시보드를 만들자

이제 머신러닝 대시보드를 만듭니다. 먼저 테크닉 90 에서 만들었던 정밀도 평가 결과 대시보드를 만듭니다. 매월 업데이트된 데이터로 매월 모델을 구현하므로 업데이트 시점에서의 정밀도를 시각화합니다. 테크닉 90 에서는 현재 사용하는 모델인 GradientBoosting의 데이터로 필터링했지만 여기에서는 model_name을 필터로 이용해서 전환할 수 있도록 합니다. 평일 모델과 휴일 모델의 정밀도를 나란히 표시합니다.

```python
opt1 = ''


def s1_update_97(val):
    global opt1
    opt1 = val['new']
    graph_97()


def graph_97():
    clear_output()
    display(select1_97)

    graph_df_wd = score_all.loc[
        (score_all['model_name'] == opt1) &
        (score_all['model_target'] == 'y_weekday')].copy()
    graph_df_we = score_all.loc[
        (score_all['model_name'] == opt1) &
        (score_all['model_target'] == 'y_weekend')].copy()

    fig, (ax1, ax2) = plt.subplots(1, 2, figsize=(15, 5))
    plt.subplots_adjust(wspace=0.25, hspace=0.6)
    ax1 = fig.add_subplot(1, 2, 1)
    sns.barplot(x='dirs', y='acc', data=graph_df_wd, hue='DataCategory')
    ax1.set_title('평일')
```

```
    ax2 = fig.add_subplot(1, 2, 2)
    sns.barplot(x='dirs', y='acc', data=graph_df_we, hue='DataCategory')
    ax2.set_title('휴일')


s1_option_97 = score_all['model_name'].unique()
select1_97 = Select(options=s1_option_97)
select1_97.observe(s1_update_97, names='value')
display(select1_97)
```

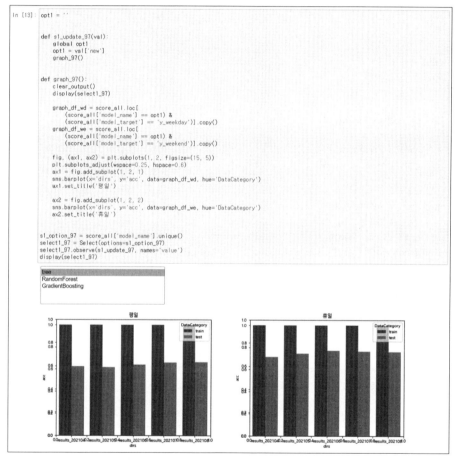

그림 10-11 **모델 정밀도 평가 대시보드**

이것으로 학습/테스트 정밀도를 한눈에 확인할 수 있습니다. **테크닉 90** 과 마찬가지로
7월 데이터를 학습에 포함시키면 정밀도가 다소 낮아지는 것을 알 수 있습니다

머신러닝 모델의 혼동 행렬 대시보드를 만들자

계속해서 **혼동 행렬**을 시각화합니다. 마찬가지로 필터를 사용합니다. model_name과 평일/휴일 모델을 필터로 만들고, 학습과 테스트 데이터에서의 결과를 나란히 표시합니다.

이번에는 여러 필터를 사용하므로 오류가 발생하지 않도록 주의해서 프로그램을 작성합니다.

```python
opt1 = ''
opt2 = ''


def s1_update_98(val):
    global opt1
    opt1 = val['new']
    graph_98()


def s2_update_98(val):
    global opt2
    opt2 = val['new']
    graph_98()


def graph_98():
    clear_output()
    display(select1_98, select2_98)

    for i, ym in enumerate(score_all['year_month'].unique()):
        fig, (ax1, ax2) = plt.subplots(1, 2, figsize=(15, 5))
        plt.subplots_adjust(wspace=0.25, hspace=0.6)

        tmp = score_all.loc[(score_all['model_name'] == opt1) &
                            (score_all['model_target'] == opt2) &
                            (score_all['DataCategory'] == 'train') &
                            (score_all['year_month'] == ym)]
        if len(tmp) == 1:
            maxcnt = tmp["tp"].values[0] + tmp["fn"].values[0] + \
                tmp["fp"].values[0] + tmp["tn"].values[0]
            cm = [[tmp['tp'].values[0] / maxcnt, tmp['fn'].values[0] / maxcnt],
                [tmp['fp'].values[0] / maxcnt, tmp['tn'].values[0] / maxcnt]]
```

```
        ax1 = fig.add_subplot(1, 2, 1)
        sns.heatmap(cm, vmax=0.5, vmin=0, cmap='Blues', annot=True,
                    xticklabels=False, yticklabels=False, cbar=False)
        ax1.set_title(f'{ym} train')

    tmp = score_all.loc[(score_all['model_name'] == opt1) &
                        (score_all['model_target'] == opt2) &
                        (score_all['DataCategory'] == 'test') &
                        (score_all['year_month'] == ym)]
    if len(tmp) == 1:
        maxcnt = tmp["tp"].values[0] + tmp["fn"].values[0] + \
                 tmp["fp"].values[0] + tmp["tn"].values[0]
        cm = [[tmp['tp'].values[0] / maxcnt, tmp['fn'].values[0] / maxcnt],
              [tmp['fp'].values[0] / maxcnt, tmp['tn'].values[0] / maxcnt]]
        ax2 = fig.add_subplot(1, 2, 2)
        sns.heatmap(cm, vmax=0.5, vmin=0, cmap='Blues', annot=True,
                    xticklabels=False, yticklabels=False, cbar=False)
        ax2.set_title(f'{ym} test')


s1_option_98 = score_all['model_name'].unique()
s2_option_98 = score_all['model_target'].unique()

select1_98 = Select(options=s1_option_98)
select1_98.observe(s1_update_98, names='value')

select2_98 = Select(options=s2_option_98)
select2_98.observe(s2_update_98, names='value')

display(select1_98, select2_98)
```

```
        tmp = score_all.loc[(score_all['model_name'] == opt1) &
                            (score_all['model_target'] == opt2) &
                            (score_all['DataCategory'] == 'test') &
                            (score_all['year_month'] == ym)]
        if len(tmp) == 1:
            maxcnt = tmp['tp'].values[0] + tmp['fn'].values[0] + ¥
                     tmp['fp'].values[0] + tmp['tn'].values[0]
            cm = [[tmp['tp'].values[0] / maxcnt, tmp['fn'].values[0] / maxcnt],
                  [tmp['fp'].values[0] / maxcnt, tmp['tn'].values[0] / maxcnt]]
            ax2 = fig.add_subplot(1, 2, 2)
            sns.heatmap(cm, vmax=0.5, vmin=0, cmap='Blues', annot=True,
                        xticklabels=False, yticklabels=False, cbar=False)
            ax2.set_title(f'{ym} test')


s1_option_98 = score_all['model_name'].unique()
s2_option_98 = score_all['model_target'].unique()

select1_98 = Select(options=s1_option_98)
select1_98.observe(s1_update_98, names='value')

select2_98 = Select(options=s2_option_98)
select2_98.observe(s2_update_98, names='value')

display(select1_98, select2_98)
```

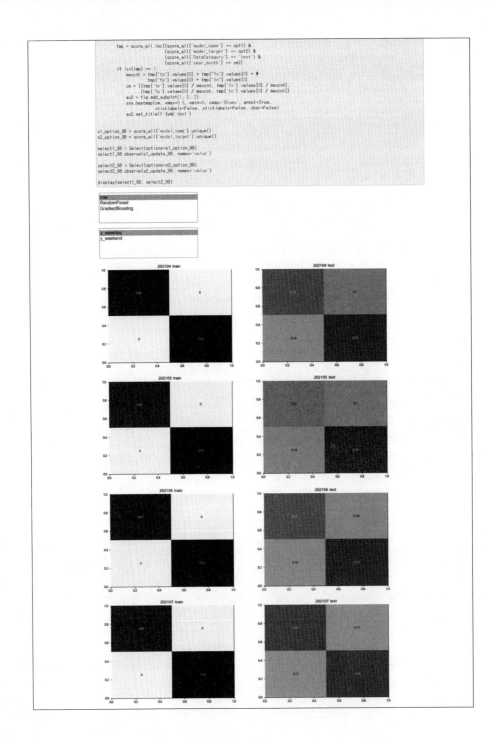

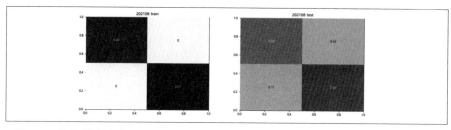

그림 10-12 혼동 행렬 대시보드

정답률은 물론 예측의 치우침도 한눈에 확인할 수 있어 평가의 폭이 넓어집니다. 7장의 모델 구현에서는 특별히 다루지 않았지만 결정 트리나 랜덤 포레스트와 같은 모델 평가에도 도전해 보기 바랍니다. 혼동 행렬로 확인해 봐도 GradientBoosting 이외에는 과적합되어 있음을 알 수 있습니다.

테크닉 99 머신러닝 모델의 변수 중요도 분석 대시보드를 만들자

이어서 변수 중요도를 시각화합니다. 필터는 model_name과 모델을 구현한 연월 year_month를 설정합니다. 테크닉 96 의 내용을 참고해서 도전해 봅시다.

```
opt1 = ''
opt2 = ''


def s1_update(val):
    global opt1
    opt1 = val['new']
    if opt2 != '':
        graph_by_multi()


def s2_update(val):
    global opt2
    opt2 = val['new']
    if opt1 != '':
        graph_by_multi()
```

```python
def graph_by_multi():
    clear_output()
    display(select1, select2)

    importance_tg_wd = importance_all.loc[
        (importance_all['model_name'] == opt1) &
        (importance_all['year_month'] == opt2) &
        (importance_all['model_target'] == 'y_weekday')].copy()

    importance_tg_we = importance_all.loc[
        (importance_all['model_name'] == opt1) &
        (importance_all['year_month'] == opt2) &
        (importance_all['model_target'] == 'y_weekend')].copy()

    importance_tg_wd.sort_values('importance', ascending=False, inplace=True)
    importance_tg_we.sort_values('importance', ascending=False, inplace=True)

    importance_tg_wd = importance_tg_wd.head(10)
    importance_tg_we = importance_tg_we.head(10)

    fig, (ax1, ax2) = plt.subplots(1, 2, figsize=(15, 5))
    plt.subplots_adjust(wspace=0.25, hspace=0.6)
    ax1 = fig.add_subplot(1, 2, 1)
    plt.barh(importance_tg_wd['cols'], importance_tg_wd['importance'])
    ax1.set_title('평일')

    ax2 = fig.add_subplot(1, 2, 2)
    plt.barh(importance_tg_we['cols'], importance_tg_we['importance'])
    ax2.set_title('휴일')


s1_option = importance_all['model_name'].unique()
s2_option = importance_all['year_month'].unique()

select1 = Select(options=s1_option)
select1.observe(s1_update, names='value')

select2 = Select(options=s2_option)
select2.observe(s2_update, names='value')

display(select1, select2)
```

```
In [15]:  opt1 = ''
          opt2 = ''


          def s1_update(val):
              global opt1
              opt1 = val['new']
              if opt2 != '':
                  graph_by_multi()


          def s2_update(val):
              global opt2
              opt2 = val['new']
              if opt1 != '':
                  graph_by_multi()


          def graph_by_multi():
              clear_output()
              display(select1, select2)

              importance_tg_wd = importance_all.loc[
                  (importance_all['model_name'] == opt1) &
                  (importance_all['year_month'] == opt2) &
                  (importance_all['model_target'] == 'y_weekday')].copy()

              importance_tg_we = importance_all.loc[
                  (importance_all['model_name'] == opt1) &
                  (importance_all['year_month'] == opt2) &
                  (importance_all['model_target'] == 'y_weekend')].copy()

              importance_tg_wd.sort_values('importance', ascending=False, inplace=True)
              importance_tg_we.sort_values('importance', ascending=False, inplace=True)

              importance_tg_wd = importance_tg_wd.head(10)
              importance_tg_we = importance_tg_we.head(10)

              fig, (ax1, ax2) = plt.subplots(1, 2, figsize=(15, 5))
              plt.subplots_adjust(wspace=0.25, hspace=0.6)
              ax1 = fig.add_subplot(1, 2, 1)
              plt.barh(importance_tg_wd['cols'], importance_tg_wd['importance'])
              ax1.set_title('평일')

              ax2 = fig.add_subplot(1, 2, 2)
              plt.barh(importance_tg_we['cols'], importance_tg_we['importance'])
              ax2.set_title('휴일')

          s1_option = importance_all['model_name'].unique()
          s2_option = importance_all['year_month'].unique()

          select1 = Select(options=s1_option)
          select1.observe(s1_update, names='value')

          select2 = Select(options=s2_option)
          select2.observe(s2_update, names='value')

          display(select1, select2)
```

그림 10-13 **변수 중요도 분석 대시보드**

GradientBoosting에서는 order_weekend나 order_weekday가 지배적이며, delta_avg 도 다소나마 상위에 있음을 알 수 있습니다. 필터를 이용해 다른 모델을 확인해 봅시다. 모델에 관계없이 order_weekend와 order_weekday가 비교적 크게 기여하고 있습니다.

테크닉 100 머신러닝 모델의 예측 결과를 시각화해서 검증하자

드디어 마지막 테크닉입니다. 가장 마지막 테크닉에서는 간략한 시각화를 합니다. 하지만 여기에서는 중요한 지식이 숨어 있습니다. 머신러닝은 미지의 데이터를 예측하는 것이 목적입니다. 그래서 5월부터 8월까지의 실제 정밀도를 시각화합니다. 가로축에는 평일/휴일 모델, 세로축에는 예측 수행 연월을 가진 정답률을 히트맵으로 만듭니다.

```
view_data = report_valid.copy()
view_data.loc[(view_data['score_weekday'] >= 0.5) &
              (view_data['y_weekday'] == 1), 'correct_weekday'] = 1
view_data.loc[(view_data['score_weekday'] < 0.5) &
              (view_data['y_weekday'] == 0), 'correct_weekday'] = 1
view_data.loc[(view_data['score_weekend'] >= 0.5) &
              (view_data['y_weekend'] == 1), 'correct_weekend'] = 1
view_data.loc[(view_data['score_weekend'] < 0.5) &
              (view_data['y_weekend'] == 0), 'correct_weekend'] = 1
view_data.loc[:, 'count'] = 1
view_data.fillna(0, inplace=True)
view_data = view_data.groupby('pred_year_month').sum()[
    ['correct_weekday', 'correct_weekend', 'count']]
view_data.loc[:, 'acc_weekday'] = \
    view_data['correct_weekday'] / view_data['count']
view_data.loc[:, 'acc_weekend'] = \
    view_data['correct_weekend'] / view_data['count']
view_data = view_data[['acc_weekday', 'acc_weekend']]

sns.heatmap(view_data.T, cmap='Blues', annot=True,
            yticklabels=2, linewidths=.5)
```

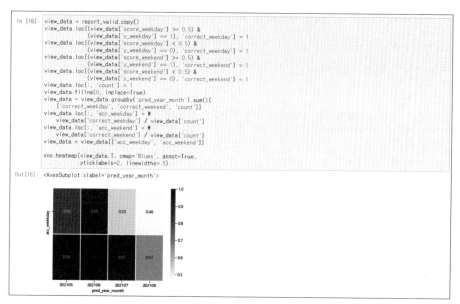

```
In [16]:  view_data = report_valid.copy()
          view_data.loc[(view_data['score_weekday'] >= 0.5) &
                        (view_data['y_weekday'] == 1), 'correct_weekday'] = 1
          view_data.loc[(view_data['score_weekday'] < 0.5) &
                        (view_data['y_weekday'] == 0), 'correct_weekday'] = 1
          view_data.loc[(view_data['score_weekend'] >= 0.5) &
                        (view_data['y_weekend'] == 1), 'correct_weekend'] = 1
          view_data.loc[(view_data['score_weekend'] < 0.5) &
                        (view_data['y_weekend'] == 0), 'correct_weekend'] = 1
          view_data.loc[:, 'count'] = 1
          view_data.fillna(0, inplace=True)
          view_data = view_data.groupby('pred_year_month').sum()[
              ['correct_weekday', 'correct_weekend', 'count']]
          view_data.loc[:, 'acc_weekday'] = ¥
              view_data['correct_weekday'] / view_data['count']
          view_data.loc[:, 'acc_weekend'] = ¥
              view_data['correct_weekend'] / view_data['count']
          view_data = view_data[['acc_weekday', 'acc_weekend']]

          sns.heatmap(view_data.T, cmap='Blues', annot=True,
                      yticklabels=2, linewidths=.5)

Out[16]:  <AxesSubplot:xlabel='pred_year_month'>
```

그림 10-14 예측 결과 검증용 대시보드

시각화 결과를 보면 8월 정답률이 상당히 낮은 것을 알 수 있습니다. 지금까지 시간이라는 축을 크게 고려하지 않은 모델을 만들었습니다. 학습과 테스트 데이터의 분할도 시계열을 크게 의식하지 않고 모든 데이터를 대상으로 무작위로 분할했습니다. 통계적으로 전체를 보면 정밀도가 높아 보이지만, 이번과 같이 월별로 보면 약간 정밀도가 떨어지는 달이 있음을 알 수 있습니다. 이후 데이터가 축적되면 좀더 시계열을 고려해 모델을 구현하는 것이 좋습니다. 이번과 같이 간단할 때는 모델을 구현하는 시점에 깨닫는 경우가 많으나 실제로는 검증하는 과정에서 눈에 띄는 경우도 많습니다.

그런 관점에서도 PDCA Plan-Do-Check-Action 사이클을 빠르게 돌리는 것을 고려해, 지속해서 검증하기 위한 구조를 이른 단계에서 구축하는 것이 좋습니다.

이것으로 열 가지 테크닉을 마쳤습니다. 그리고 동시에 100개의 테크닉을 모두 완료했습니다. 마지막 열 가지 테크닉은 좋은 의미로든 그렇지 않은 의미로든 깨닫는 바가 있었을 것입니다. 머신러닝은 무적의 도구가 아닙니다. 그러므로 검증 구조를 만드는 것이 더욱 중요합니다.

2부에서는 머신러닝 시스템을 구현하기 위해 기능을 하나씩 이해하면서 만들었습니다. 6장에서는 머신러닝을 위한 데이터 가공, 7장에서는 모델 구현, 8장에서는 신규 데이터 예측 기능을 만들었습니다. 이를 모두 모아 9장에서 데이터나 처리 흐름을 정리하면서, 지속해서 데이터를 축적하고 머신러닝을 이용한 현장 개선 보고서를 만드는 구조를 만들었습니다. 또한, 10장에서는 1부에서 얻은 지식을 활용해 스스로 구현한 머신러닝 모델 자체를 분석할 수 있는 대시보드와 검증 구조를 만들었습니다. 이제는 모델을 더욱 발전시켜 현장에서의 대책으로 연결하고, 효과를 올려 봅시다. PC 한 대만으로도 시작할 수 있습니다.

 **마치며**

《파이썬 머신러닝 실무 테크닉 100》을 마쳤습니다.

1부에서는 데이터 분석의 기본이 되는 데이터 가공부터 효과적인 시각화를 위한 기술, 그것을 현장에서 활용하기 위한 사고방식을 학습했습니다. 그것을 기반으로 데이터 분석 시스템을 구현하고, 지속적인 실행의 의미와 그 효과를 알 수 있었습니다. 그리고 2부에 서는 과거 상황으로부터 미래를 예측하기 위해 머신러닝을 학습하고, 얻은 정보를 대책으로 연결하는 방법과 그 효과를 평가하는 방법에 관해 이해했을 것입니다.

다양한 라이브러리가 제공되고, 기술서에서 시작해 인터넷으로 간단하게 정보를 수집할 수 있는 시대입니다. 단순한 시각화는 물론 데이터 분석 그리고 머신러닝까지 마음만 먹으면 누구나 실천할 수 있는 시대 아닐까요? 하지만 기술을 익히더라도 그것을 어떻게 활용하는지 모르면 고객뿐 아니라 동료들 사이에서도 이해받지 못하고 모처럼의 지식이 쓸모 없어질 수도 있습니다. 이 책은 단순히 기술을 전하는 목적이 아니라 기술 너머에 무엇이 있는지, 기술을 통해 현장에 어떻게 도움을 줄 수 있는지 공감을 얻을 수 있을 때까지 전달되게 하자는 생각으로 썼습니다.

우리는 고객이나 현장을 고려한 구조를 구현한다는 점을 중요하게 생각합니다. 다양한 데이터 분석 프로젝트나 AI 프로젝트를 수행하는 과정에서 필요한 요소 또는 평가되는 요소의 하나로 적절한 정보를 빠르게 만들어 내는 것이 있습니다. 이를 위해서는 개발한 당사자가 아니더라도 처리할 수 있는 다시 말해, 손쉽게 반복적으로 이용할 수 있는 시스템이 필요합니다. 이 책에서 설명한 가설이나 구조 또는 폴더 구성이 다양한 상황에서 최적의 것이라고 할 수는 없습니다. 하지만 몸에 익힌 지식에 정말 조금의 개선을 더함으로써 다양한 상황에 대응할 수 있을 것입니다.

책을 쓰면서 많은 분의 도움을 받았습니다. 시리즈 전편의 저자인 마츠다 유우마 님께는 전문가 관점에서의 조언을 받았고 치바 야헤이 님께는 특히 환경 면에서 많은 도움을 받았습니다. 엔지니어로서 수많은 안건에 중심 역할을 담당하고 있는 당사의 파트너 스즈키 히토시 님, 타카키 요스케 님께도 적절한 조언을 받았습니다. 타나베 준카 님께는 기획 단계에서의 기술 조사에서 큰 도움을 받았습니다. 또한, 책 조판 과정에서 츠유키 히로시 님, 나카무라 치에 님, 카미야 히데아키 님, 사키 모모코 님, 모리 마사루 님께 도움을 받았습니다. 그리고 모든 연구 개발을 함께해 준 고요 건설 주식회사의 우카이 료우키 님, 사카모토 준 님, 키쿠하라 노리코 님께는 관리자로서의 시점과 현장의 시각에 관한 귀한 조언을 받았습니다. 마지막으로 임직원 여러분께 감사드립니다. 여러분의 노력과 가족 여러분의 이해와 협력으로 이 책을 완성할 수 있었습니다. 마음 깊이 감사드립니다.

찾아보기

기타

4분면 매트릭스	193
F1 점수	192

C

categorical variable	187
cleaning	255
clustering	43

D

dataflow	227
debug	113
decision tree	191
dropdown	55
dropna	183

E

ensemble learning	201

F

feature_importances	196
fit	191

G

get_dummies	188
gradient boosting	201

H

heatmap	221
hexagonal binning	45
hist	40

J

join	9
Jupyter Notebook	xvi

K

K-means 알고리즘	45

L

logging	154

M

master data	125
matplotlib	38
metrics	194

N

normalization	46

O

one-hot encoding	187

outlier 45
overfitting 194

P

pickle 199
pickle.dump 200
pickle.load 217
pivot table 41
predict 192, 219
predict_proba 218

R

random forest 201
random seed 189
Reinforcement Learning 45

S

scikit-learn 189
seaborn 44, 50, 83
select box 58
slidebar 61
Supervised Learning 45

T

toggle button 63
t-SNE 48

U

union 9
Unsupervised Learning 45

ㄱ

강화 학습 45
결손값 16, 167
결정 트리 191
경사 하강 부스팅 201
과적합 194

교차 집계
교차 집계 41
기본 폴더 구성 125
꺾은선 그래프 56

ㄴ

난수 시드 46, 189

ㄷ

다중 공선성 188
대시보드 51, 80
데이터 통계량 16
데이터 타입 32
데이터 확인 구조 211, 231
데이터 흐름 227, 228
드롭다운 55
디버그 113

ㄹ

랜덤 포레스트 201
로깅 154

ㅁ

마스터 데이터 125
모델 구현 196
모델 평가 269
목적 변수 178

ㅂ

범주형 변수 187
분류 163
비지도 학습 45

ㅅ

사분위수 79
상관 계수 78
상관관계 76
설명 변수 178

리스트 박스   58
슬라이드바   61

ㅇ

앙상블 학습   201
원-핫 인코딩   187
유니온   9
육각형 비닝   45

ㅈ

재현율   192
정밀도   192
정밀도 평가   249
정확도   192
조인   9
주피터 노트북   xvi
지도 학습   45

ㅊ

차원 소멸   48

ㅋ

클러스터링   43
클렌징   255

ㅌ

토글 버튼   63
트리 계열 알고리즘   196
특잇값   45

ㅍ

폴더 구조   163
표준화   46
피봇 테이블   41
필터   266

ㅎ

함수화   110
혼동 행렬   192, 266
히스토그램   39
히트맵   220